스마트한 생활을 위한 버전2

카페와 블로그

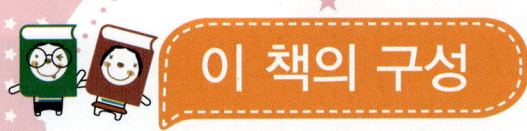

이 책의 구성

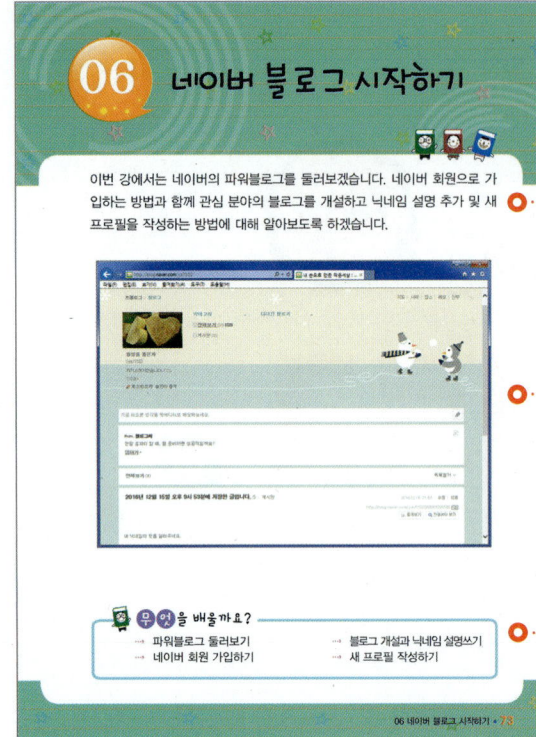

★ 들어가기
각 장마다 배우게 될 내용을 설명합니다.

★ 미리보기
각 장마다 배우게 되는 예제의 완성된 모습을 미리 확인할 수 있습니다.

★ 무엇을 배울까요?
본문에서 어떤 기능들을 배울지 간략하게 살펴봅니다.

★ 따라하기
예제를 만드는 과정을 순서대로 따라하면서 쉽게 기능을 습득할 수 있습니다.

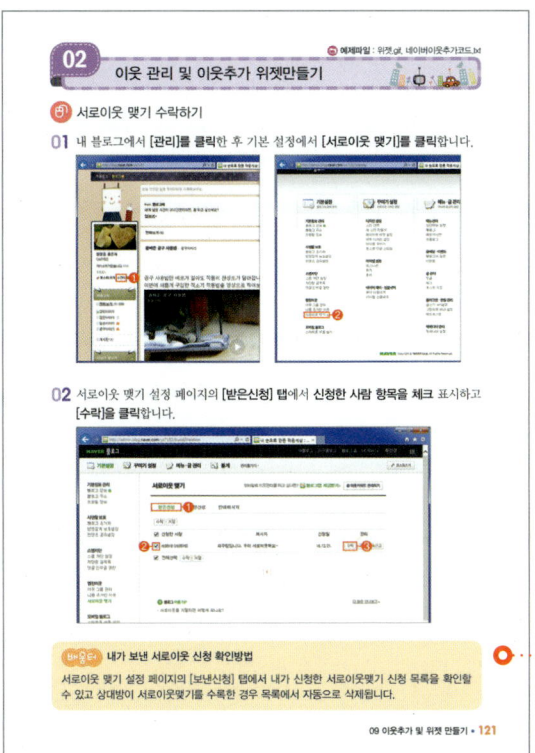

★ 배움터
본문에서 다루지 못한 내용이나 알아두어야 할 사항들을 추가적으로 설명합니다.

★ 디딤돌 학습
각 장마다 배운 내용을 토대로 한 번 더 복습할 수 있도록 응용된 문제를 제공합니다. 혼자 연습해봄으로써 실력을 다질 수 있습니다.

★ 도움터
혼자 연습해 볼 수 있도록 필요한 정보 또는 방법을 지원합니다.

목차

01장 | 다음카페 회원 가입하기
1. 다음 회원으로 가입하기 • 7
2. 원하는 카페 검색하여 가입하기 • 11
* 디딤돌 학습 • 19

02장 | 카페 개설과 메뉴 관리하기
1. 카페 개설과 기본 정보 수정하기 • 21
2. 카페 메뉴 관리하기 • 26
* 디딤돌 학습 • 34

03장 | 카페 디자인 개성있게 꾸미기
1. 카페 타이틀과 대문 꾸미기 • 36
2. 영역별로 카페 꾸미기 • 42
* 디딤돌 학습 • 46

04장 | 카페에 다양한 자료 올리기
1. 사진과 동영상이 있는 게시글 올리기 • 48
2. 지도와 투표가 있는 게시글 올리기 • 53
* 디딤돌 학습 • 59

05장 | 똑소리 나게 카페 회원관리하기
1. 공지글 지정 및 회원 등업하기 • 61
2. 메일/쪽지 보내기와 통계 확인하기 • 68
* 디딤돌 학습 • 72

06장 | 네이버 블로그 시작하기

1. 네이버 회원 가입하기 • 74
2. 블로그 개설과 새 프로필 입력하기 • 80
* 디딤돌 학습 • 85

07장 | 내 블로그 꾸미기

1. 스킨 적용과 레이아웃 지정하기 • 87
2. 세부 디자인 설정하기 • 94
* 디딤돌 학습 • 98

08장 | 카테고리 추가 및 포스트쓰기

1. 블로그 카테고리 추가 및 이동하기 • 100
2. 사진 편집과 말풍선 삽입하기 • 104
* 디딤돌 학습 • 114

09장 | 이웃 추가 및 위젯 만들기

1. 블로그 이웃과 서로 이웃 추가하기 • 116
2. 이웃 관리 및 이웃추가 위젯 만들기 • 121
* 디딤돌 학습 • 128

10장 | 블로그에서 소통하기

1. 댓글 쓰기 및 댓글 환경설정하기 • 130
2. 여러 가지 방법으로 블로그 공유하기 • 135
3. 블로그 공유를 위한 보호설정하기 • 138
* 디딤돌 학습 • 143

01 다음카페 회원 가입하기

이번 장에서는 휴대폰 인증 방법을 통해 '다음' 회원으로 가입한 후 자신의 관심 분야의 카페를 검색하고 가입하는 방법과 함께 실명 확인 방법, 카페 회원으로 가입 방법, 가입 후 가입 인사 및 등업 요청을 하는 방법에 대해 알아보도록 하겠습니다.

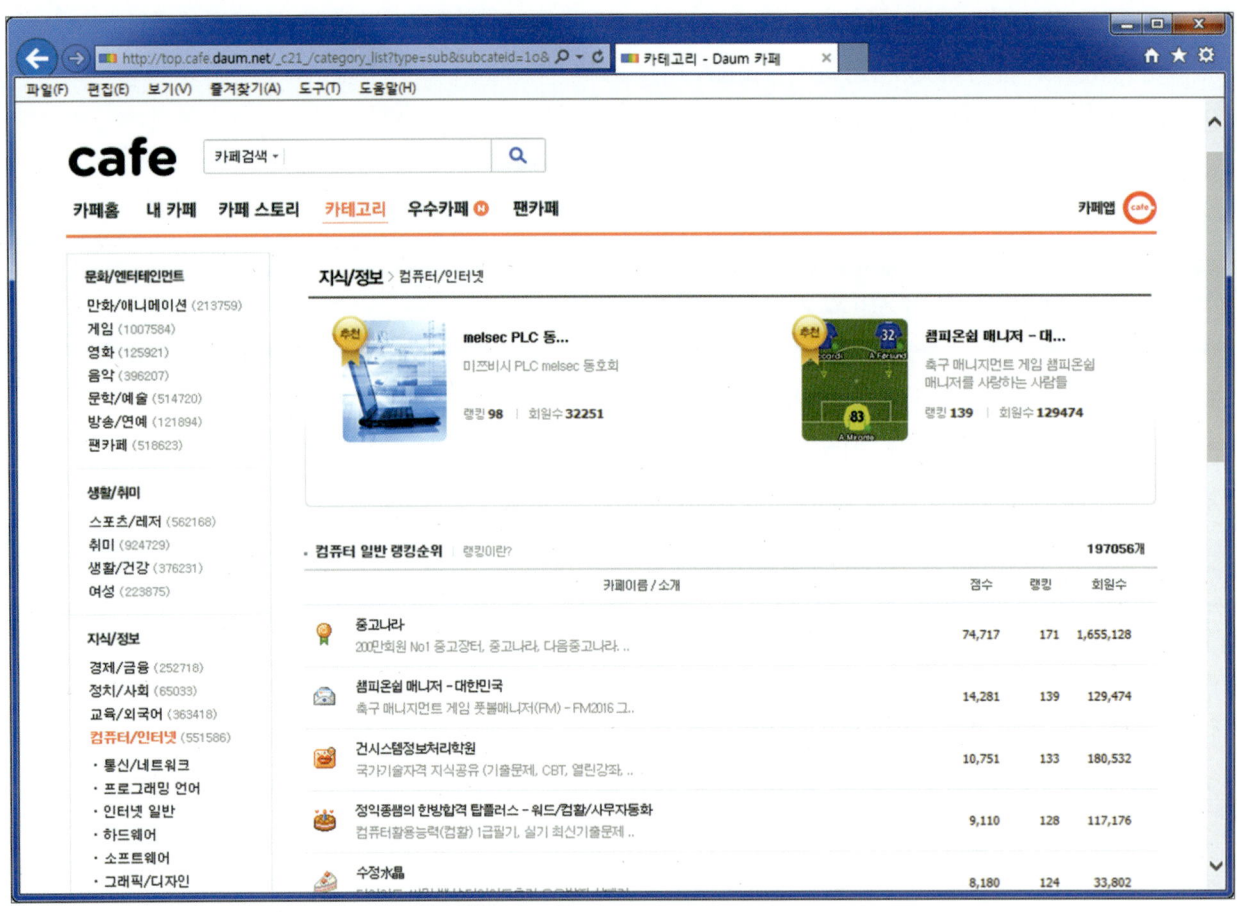

을 배울까요?

⋯▶ '다음' 회원으로 가입하기　　　⋯▶ 카페 검색하고 둘러보고 가입하기

다음 회원으로 가입하기

휴대폰으로 다음 회원가입하기

01 **인터넷 익스플로러를 실행**합니다. 주소 표시줄에 '**www.daum.net**'을 **입력**하고 Enter 키를 눌러 다음 홈페이지로 접속되면 오른쪽 위쪽에서 [**회원가입**]을 **클릭**합니다.

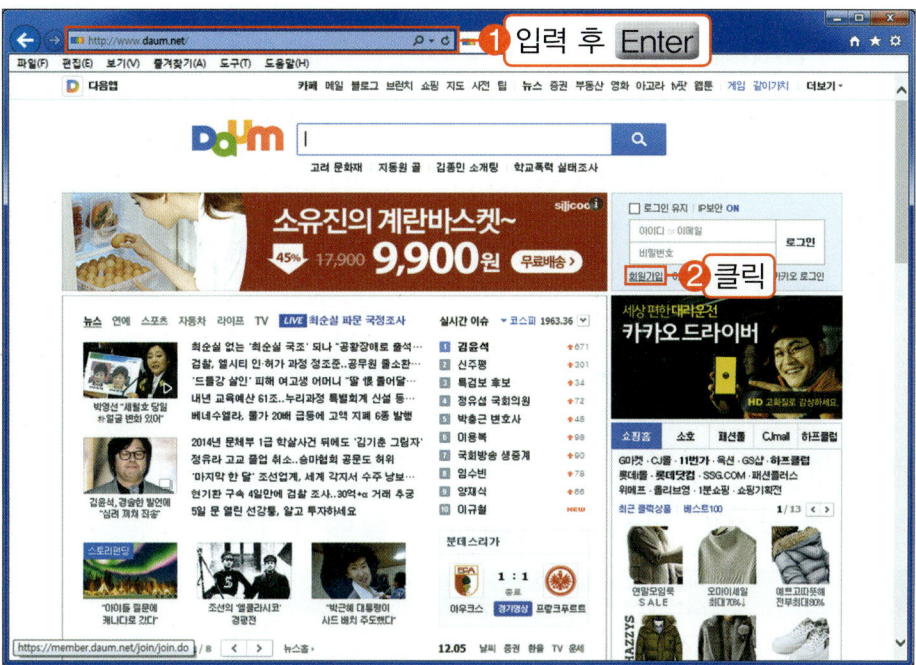

02 개인 가입 약관 동의 페이지에서 [**Daum 서비스 약관 동의**]와 [**Daum 개인정보 수집 및 이용 동의**] 항목을 각각 **체크** 표시한 후 [**동의하기**]를 **클릭**합니다.

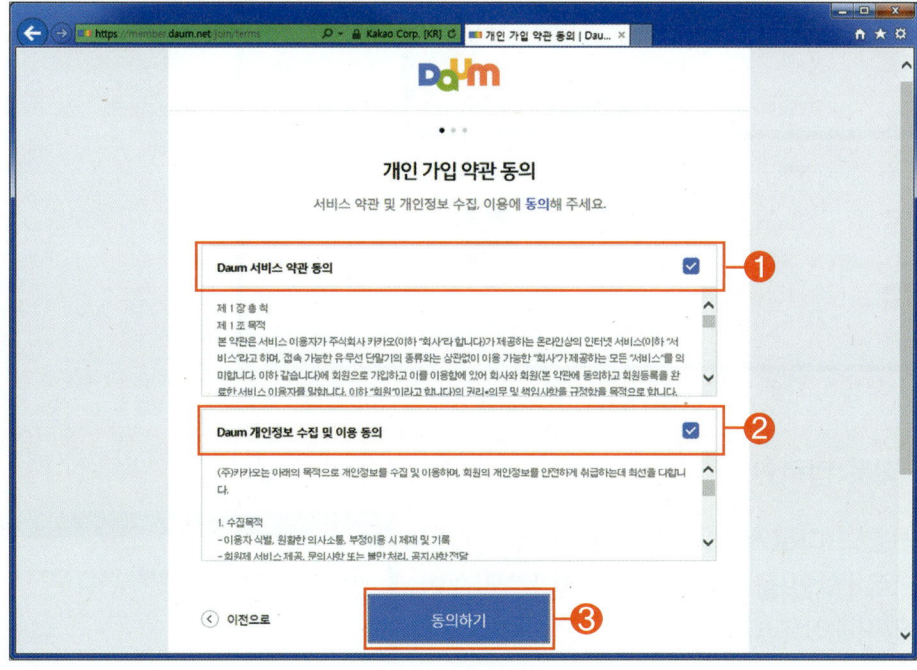

03 가입 정보 입력 페이지가 나타나면 사용할 **Daum 아이디와 비밀번호, 이름을 각각 입력**합니다.

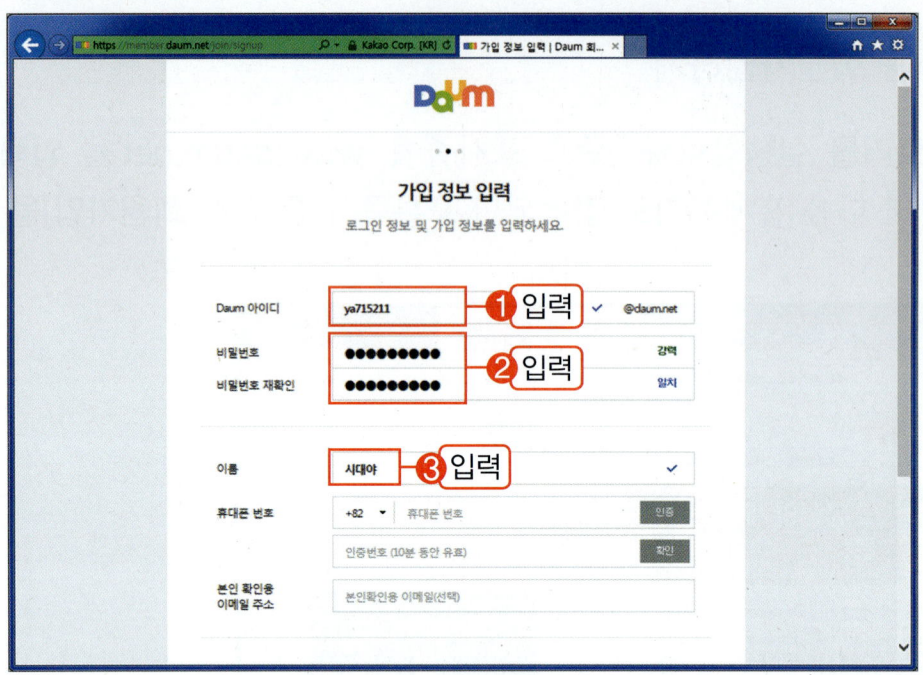

04 휴대폰 번호 입력란에 자신 명의로된 **휴대폰 번호를 입력**한 후 **[인증]을 클릭**하여 그림과 같은 메시지 상자가 나타나면 **[확인]을 클릭**합니다.

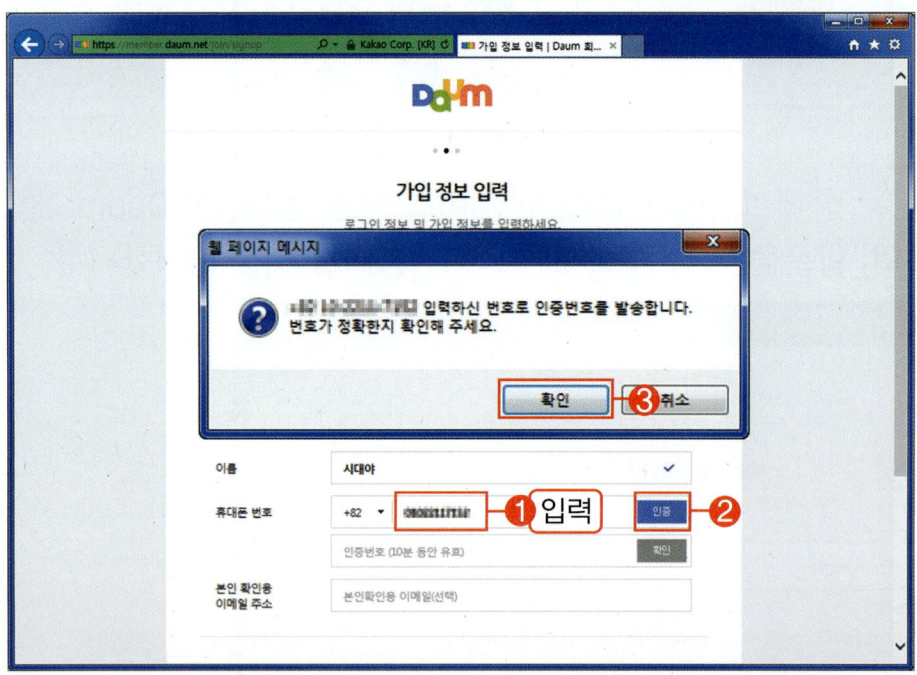

> **배움터** 인증번호를 잘못 입력한 경우
>
> 문자로 전송받은 인증번호와 다르게 입력한 경우 아래와 같은 오류 메시지가 표시되므로 [확인]을 누른 후 전송 받은 인증번호를 입력란에 바르게 입력해야 합니다.
>
>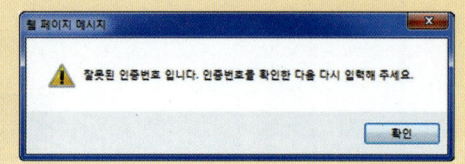

05 휴대폰으로 인증번호가 전송되면 '**인증번호를 입력(10분 이내)**' 입력란에 **입력**한 후 **[확인]**을 **클릭**합니다. '일치'라는 메시지가 표시되면 **[다음 단계]**를 **클릭**합니다.

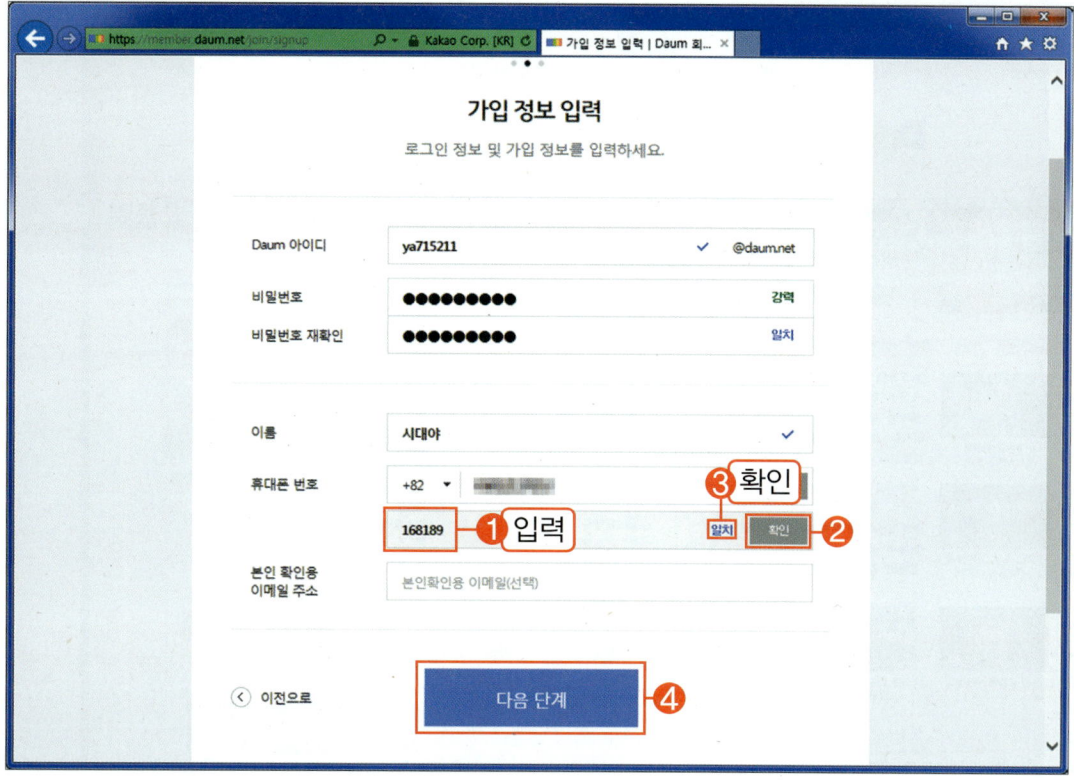

06 'Daum 회원이 되신 것을 환영합니다.'라는 메시지가 나타나면 **[서비스로 돌아가기]**를 **클릭**합니다.

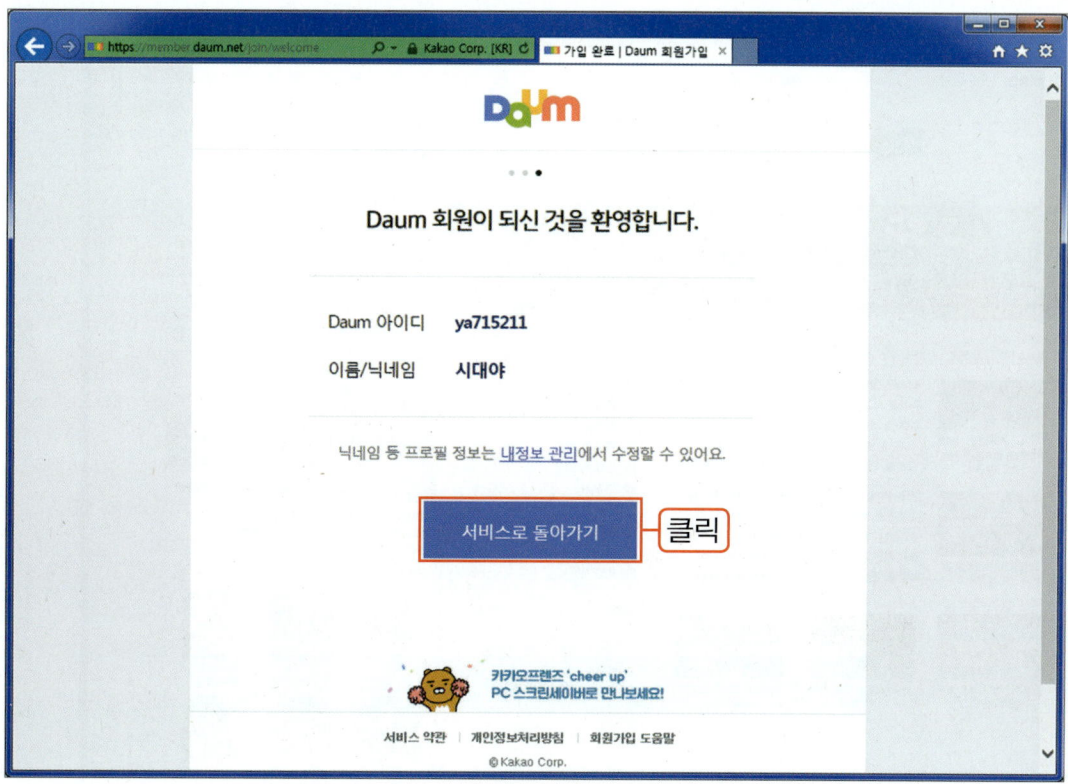

07 다음 메인 페이지가 표시되면서 오른쪽 위에서 자신의 이름으로 **로그인이 되면** [로그아웃]을 클릭합니다.

08 다시 로그인을 하기 위해 그림과 같이 가입시 입력한 **Daum 아이디와 비밀번호를 각각 입력**합니다. [로그인]을 클릭하여 **로그인이 되는지 확인**합니다.

원하는 카페 검색하여 가입하기

카테고리에서 카페 검색하기

01 다음 홈페이지의 위쪽에서 [카페]를 클릭한 후 카페 페이지로 이동되면 [카테고리]를 선택한 후 세부 카테고리에서 [컴퓨터/인터넷]을 선택합니다.

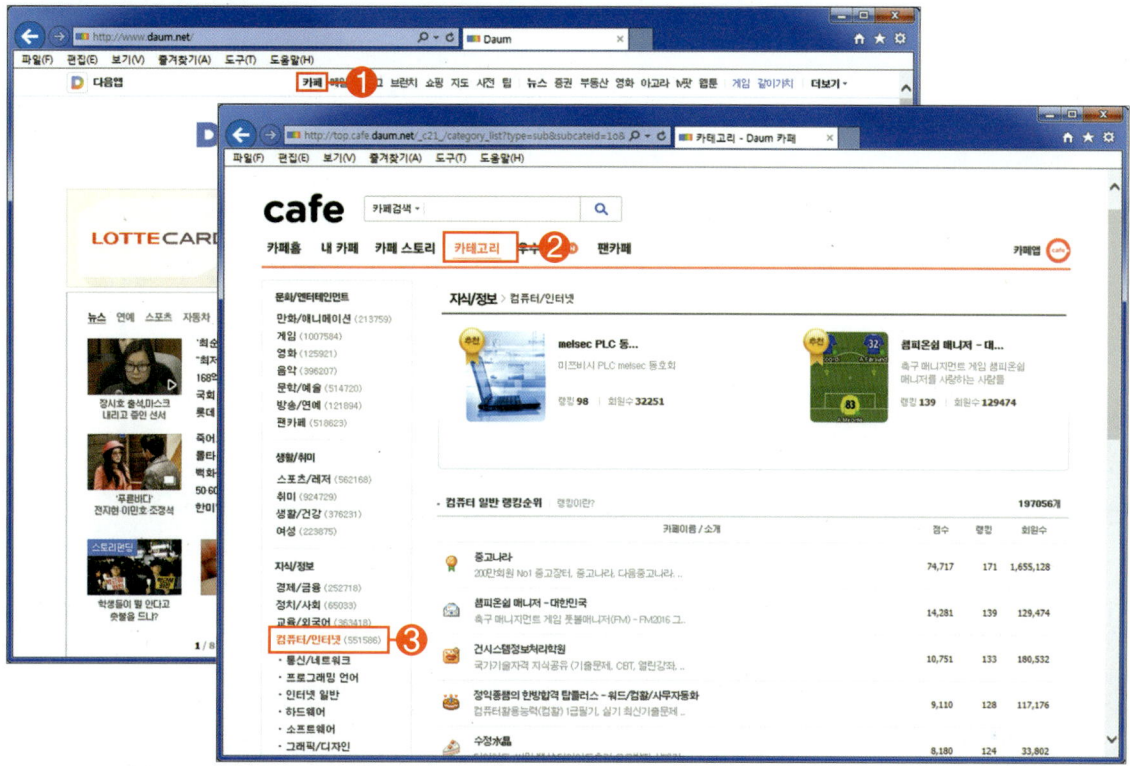

02 다시 [컴퓨터 일반]을 선택하여 컴퓨터 일반 카테고리 목록이 표시되면 **원하는 카페 이름을 선택**합니다.

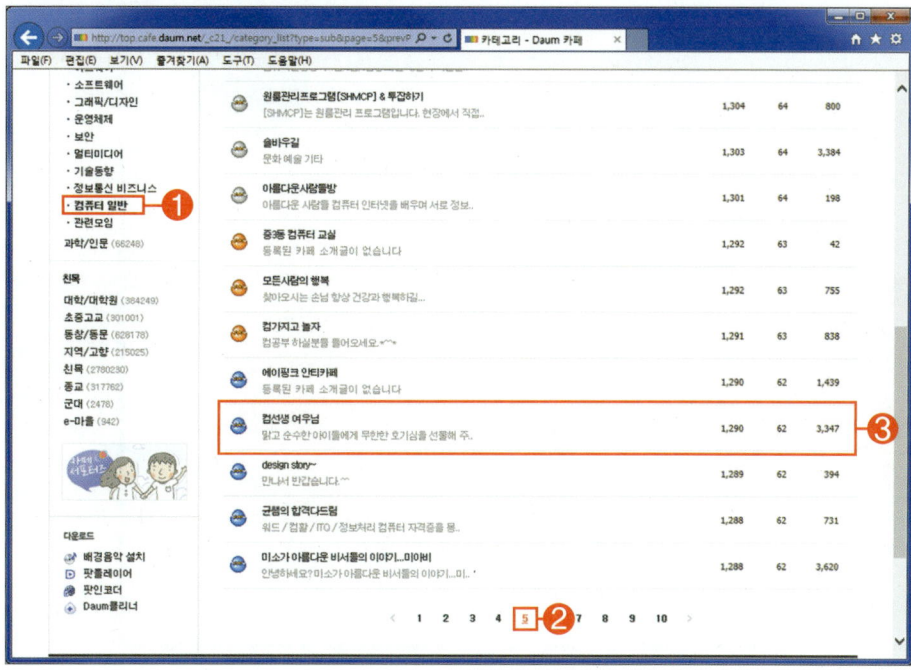

01 다음카페 회원 가입하기 • **11**

03 선택한 카페로 접속되면 [**프로필**]을 **클릭**하여 카페의 기본정보 및 운영회칙 등의 **정보를 확인**합니다.

실명 확인하고 카페 가입하기

01 다음 아이디로 로그인된 상태에서 가입을 원하는 카페 메인 화면의 [**카페 가입하기**]**를 누릅니다.** '실명확인'을 묻는 조건이 표시되면 [**실명 확인하기**]**를 선택**합니다.

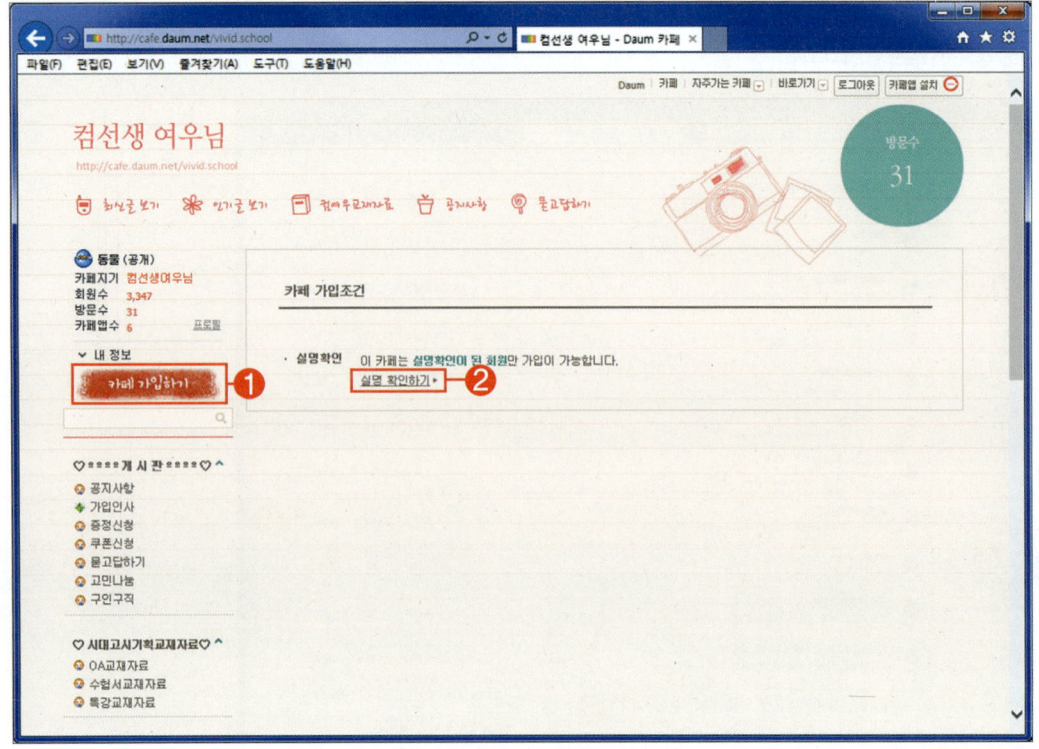

02 실명확인 페이지가 나타나면 [필수] 항목을 체크 표시한 후 [휴대폰 본인 확인]의 [인증하기]를 클릭합니다.

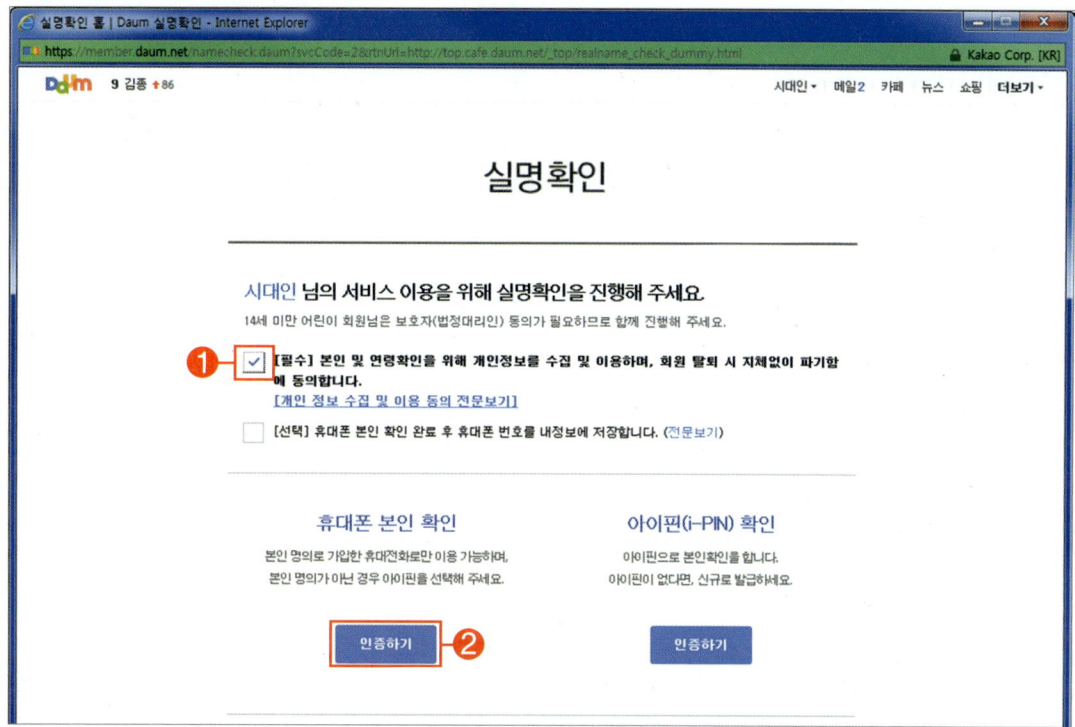

03 휴대폰 통신사 목록 페이지가 나타나면 자신이 **가입한 휴대폰 통신사를 클릭**합니다. 본인 확인 페이지에서 **이름, 자신 명의의 휴대폰번호, 보안숫자 등을 입력**한 후 **이용약관에 체크** 표시하고 [확인]을 클릭합니다.

 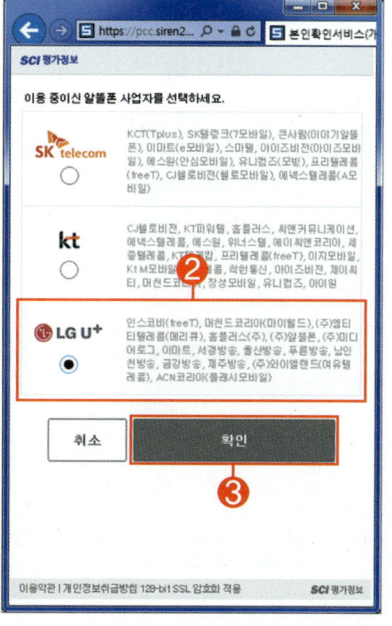 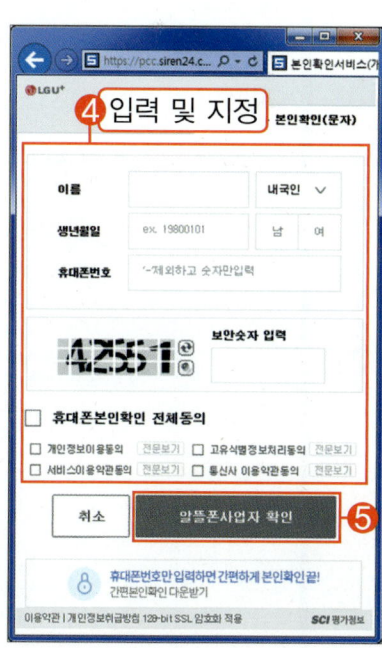

배움터

자신이 가입한 휴대폰 통신사에 따라 휴대폰 인증 화면이 다르게 표시될 수 있으며, 알뜰폰 사용자의 경우 알뜰폰 사업자를 선택하는 단계를 한 번 더 거치게 됩니다.

04 다시 휴대폰으로 전송된 **숫자를 '인증번호' 입력란에 입력**한 후 [확인]을 클릭합니다. '인증이 정상적으로 처리되었습니다'라는 메시지 상자가 나타나면 **[확인]을 클릭**합니다.

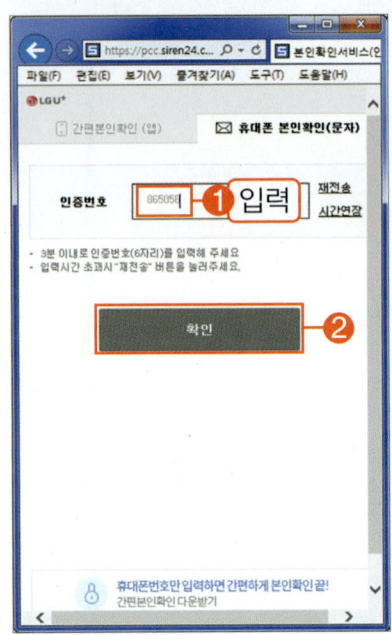
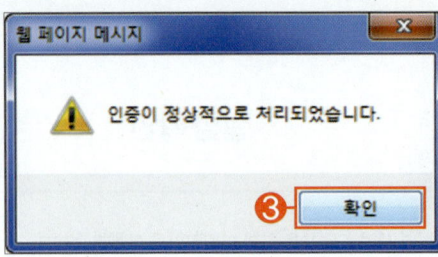

05 비밀번호를 다시 입력하라는 페이지가 나타나면 자신의 **비밀번호를 입력하고 [확인]을 클릭**합니다.

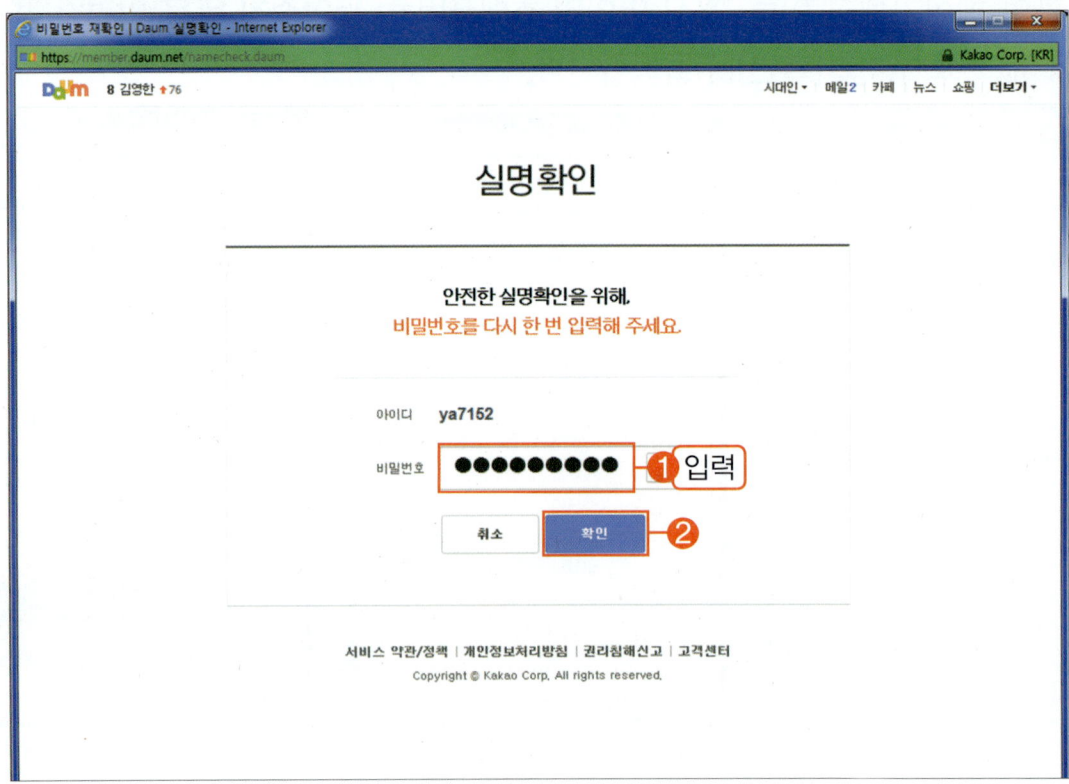

06 실명이 완료되었다는 페이지와 함께 화면 아래쪽에 암호 저장 여부를 묻는 메시지가 나타나면 **[이 사이트의 경우 저장 안 함]을 선택**하고 **[서비스로 돌아가기]를 클릭**합니다.

07 카페 가입신청 페이지가 표시되면 약관을 읽어본 후 **동의 항목을 체크**합니다. 카페에서 요구하는 가입 질문에 답한 후 **[가입]을 클릭**합니다.

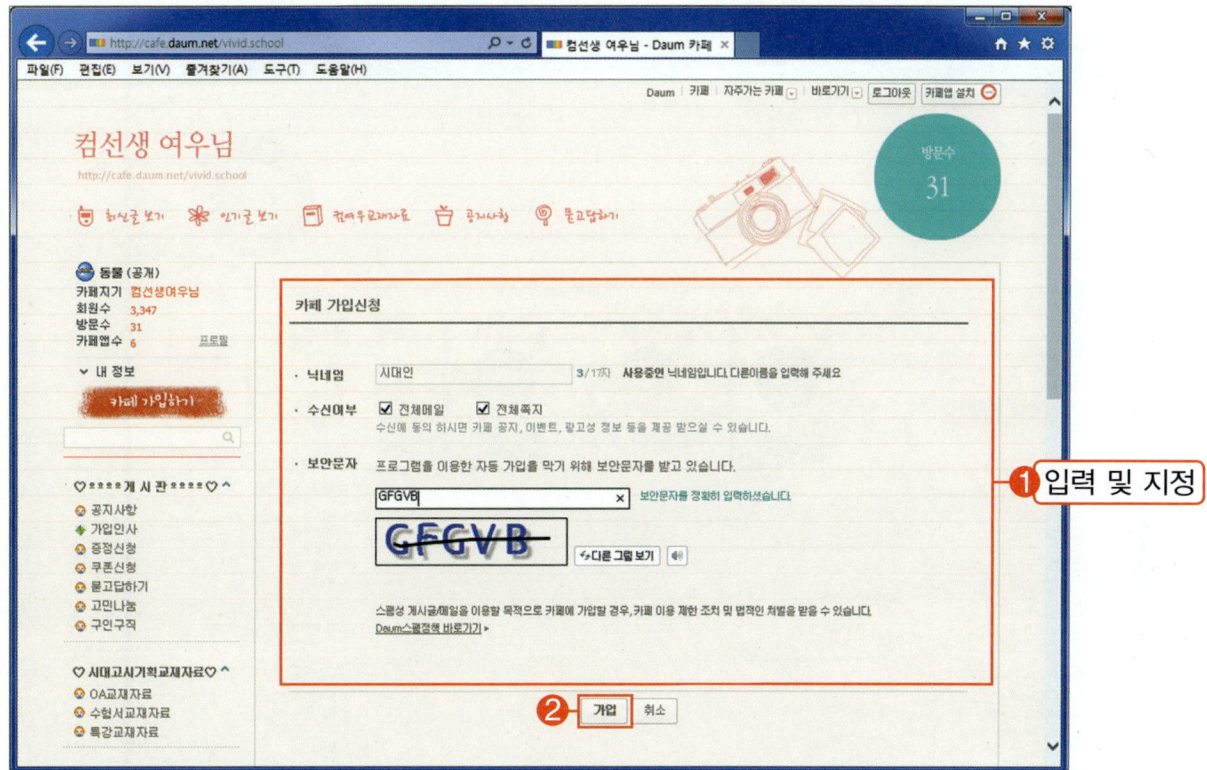

08 카페 회원으로 가입되었다는 메시지와 함께 자신의 **등급을 확인한 후** [확인]을 **클릭**합니다.

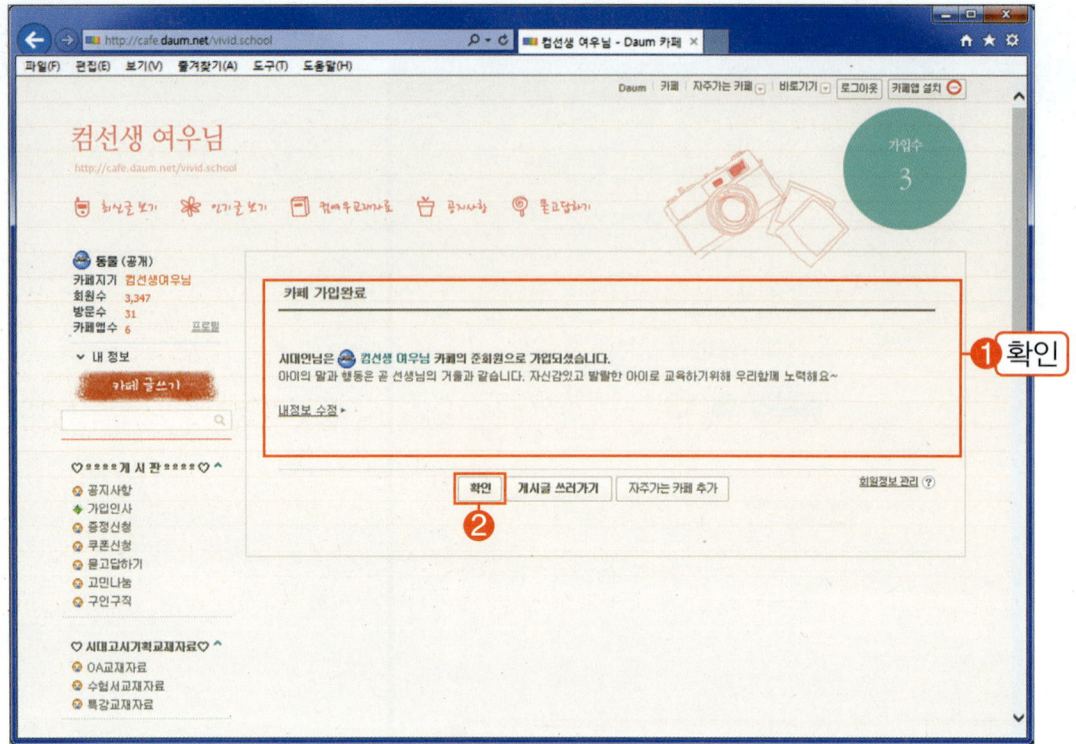

가입인사 및 등업 요청하기

01 등업 관련 공지사항을 확인하기 위해 **[공지사항] 메뉴를 클릭**합니다.

02 공지사항 게시글 목록이 표시되면 위쪽의 [공지]에서 '**가입신청시 유의사항**' 게시글을 클릭하여 카페에서 요구하는 **공지 내용을 확인**합니다.

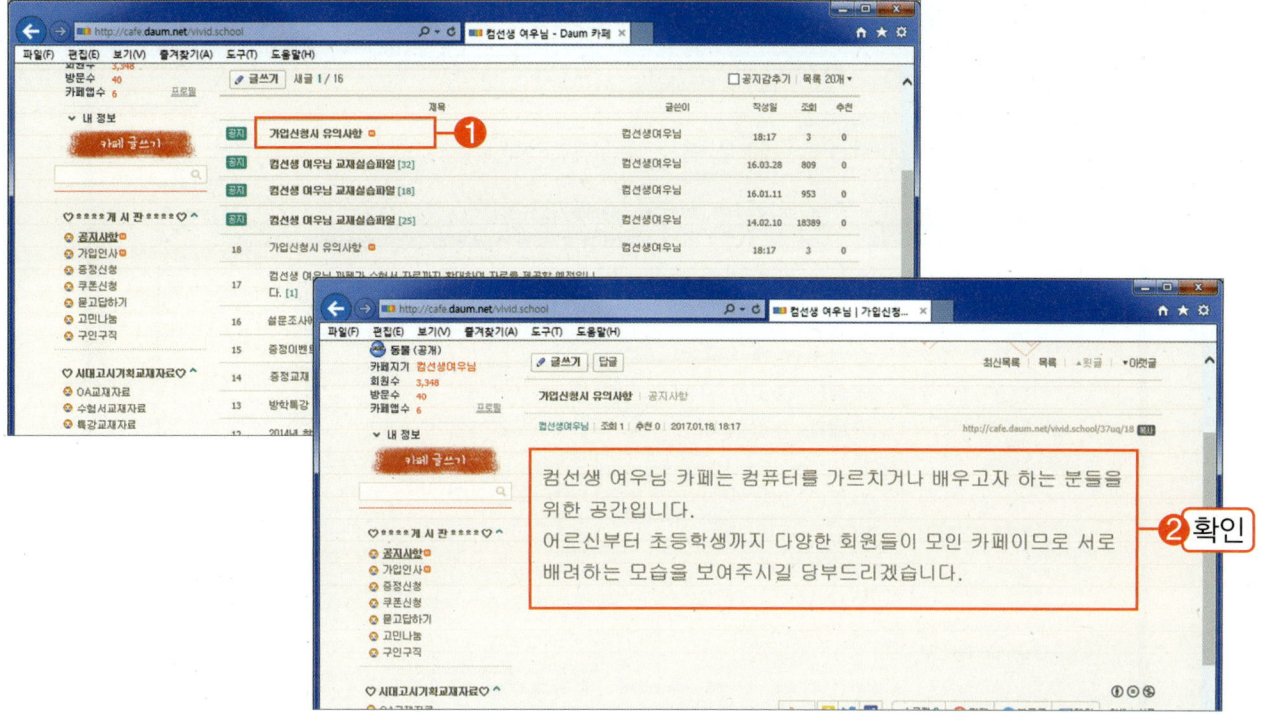

03 등업을 요청하는 글을 쓰기 위해 **[가입인사] 메뉴를 선택**한 후 **[글쓰기]를 클릭**합니다.

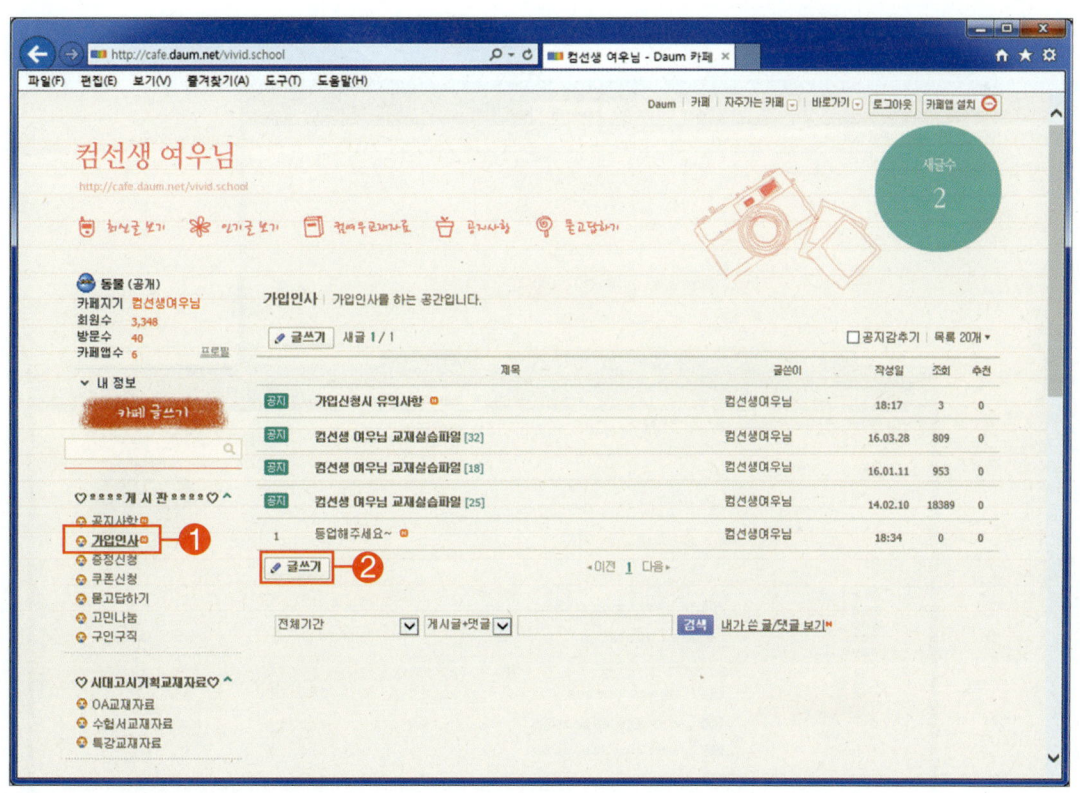

04 제목을 **입력**한 뒤 내용 입력란에 표시된 **가입신청서 내용에 답**하고 **[확인]**을 클릭합니다.

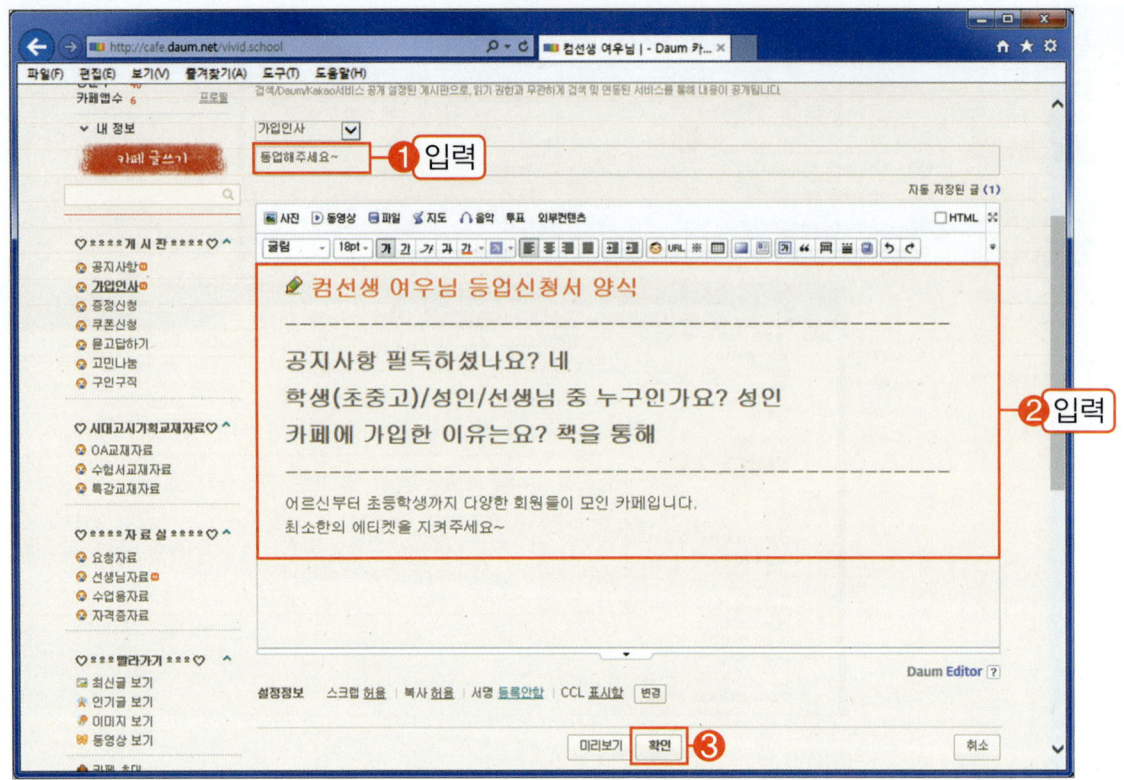

05 '게시글이 등록되었습니다.'라는 메시지가 표시되면 **[목록보기]를 클릭**하여 내가 쓴 글이 등록된 것을 확인합니다.

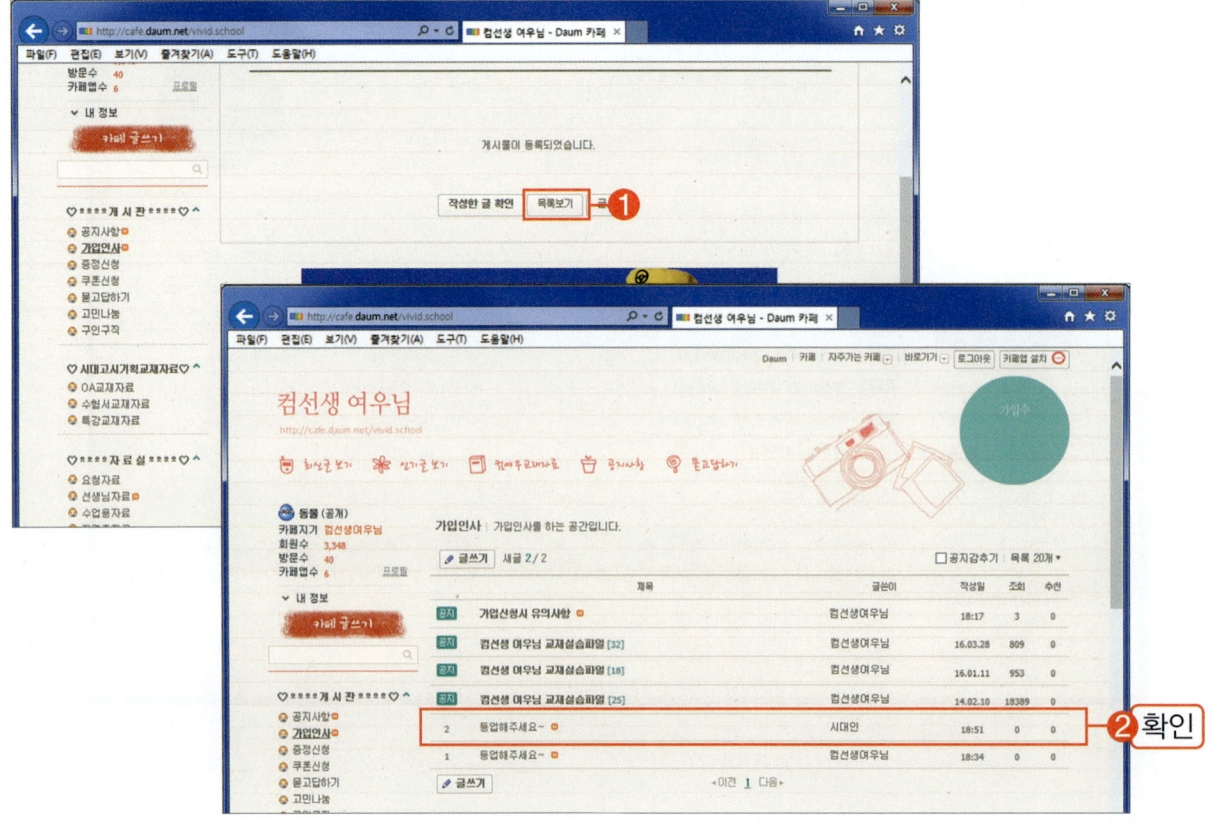

1 자신의 관심분야에 속한 우수카페를 찾아 회원으로 가입해 봅니다.

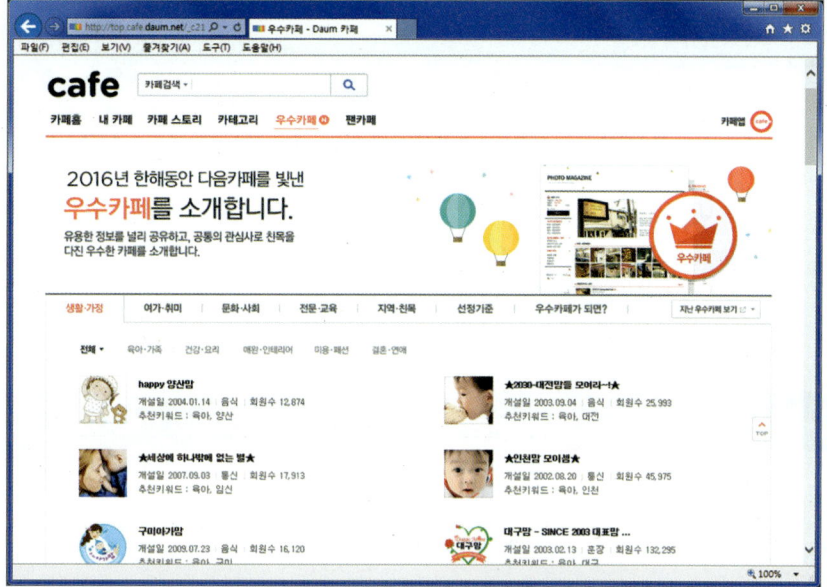

2 가입한 카페의 회원 등급을 확인한 후 등업을 요청하는 글을 써 봅니다.

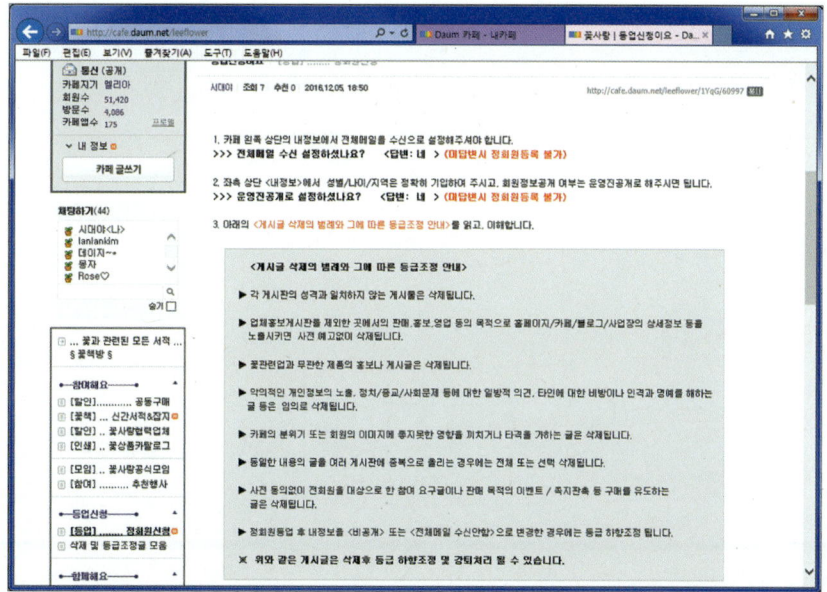

> **도움터** 가입한 카페에 따라 회원 등급 및 등업 방법이 다르므로 카페의 공지글에서 먼저 확인 후 등업 신청을 하도록 합니다.

카페 개설과 메뉴 관리하기

이번 장에서는 '다음'에서 새로운 카페를 개설하여 카페의 기본 정보를 수정하는 방법을 알아봅니다. 또한 카페 메뉴를 추가 또는 이동, 게시판 권한 설정, 구분선 및 여백선을 추가하여 보기 편한 메뉴를 만드는 방법에 대해 알아보도록 하겠습니다.

 무엇을 배울까요?

- 카페 개설과 기본 정보 수정하기
- 카페 메뉴 관리하기

01 카페 개설과 기본 정보 수정하기

예제파일 : 농부.jpg

카페 개설하기

01 'www.daum.net'에 로그인 한 후 [카페]-[카페만들기]를 순서대로 클릭합니다.

02 나만의 카페를 만들기 위해 **카페 이름과 주소, 공개여부, 가입 방식 등을 지정**합니다.

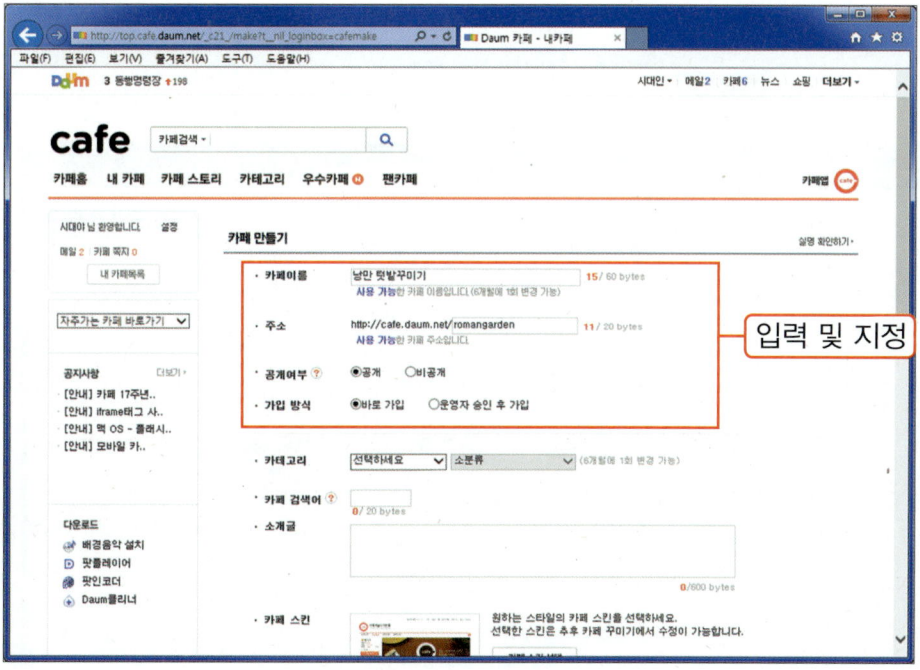

02 카페 개설과 메뉴 관리하기 • **21**

03 '선택하세요'를 클릭하여 대분류 카테고리를 선택한 후 다시 소분류 카테고리를 선택하고 카페 검색어 및 소개글을 입력합니다.

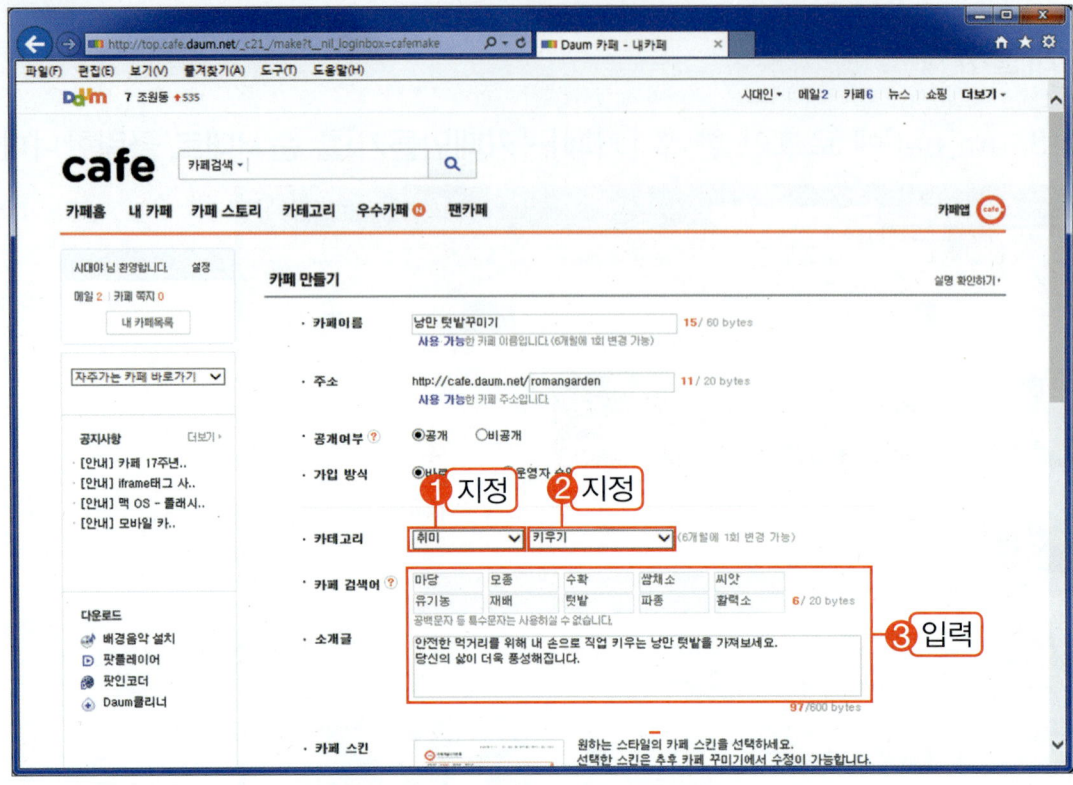

04 카페 디자인 스킨을 선택하기 위해 [카페 스킨 선택]을 클릭합니다. 카페 스킨 목록 페이지가 나타나면 원하는 스킨을 선택하고 [확인]을 클릭합니다.

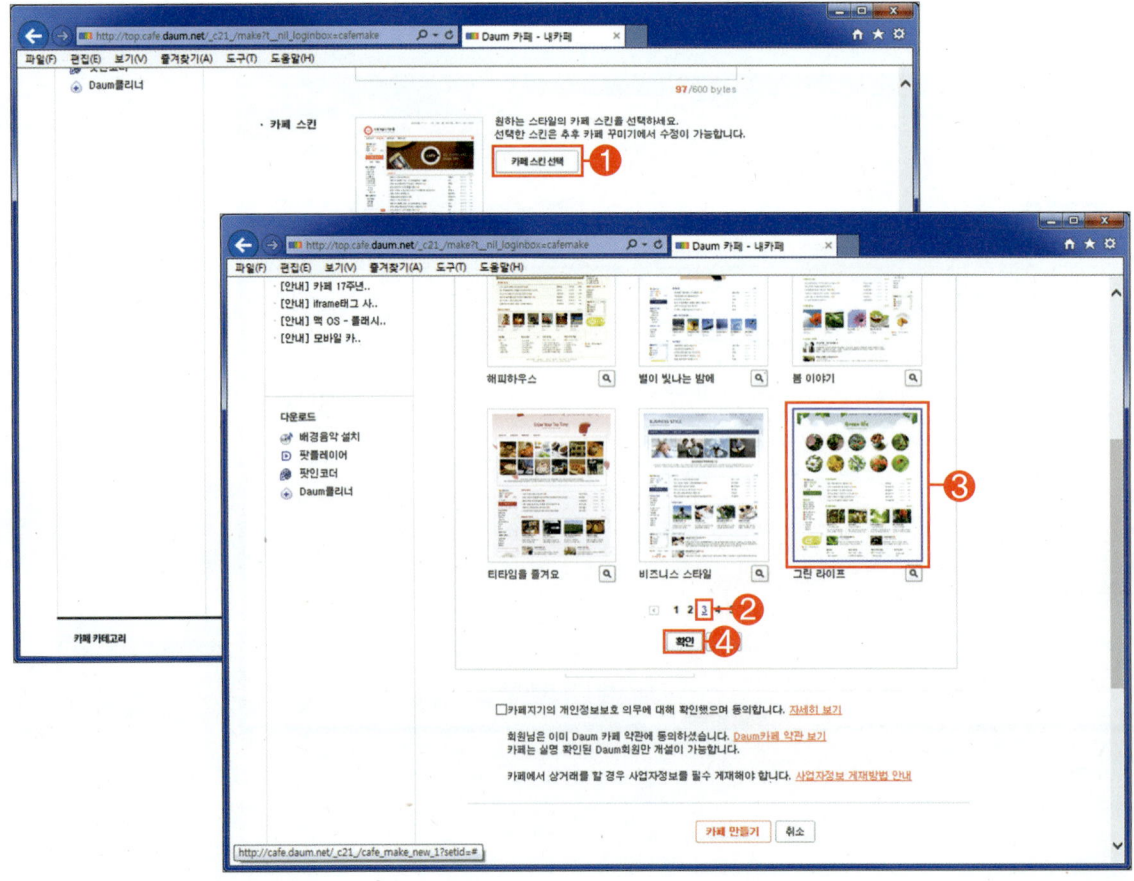

05 선택한 스킨이 적용되면 '개인정보보호 의무 동의' 항목을 체크 표시한 후 [카페 만들기]를 클릭합니다.

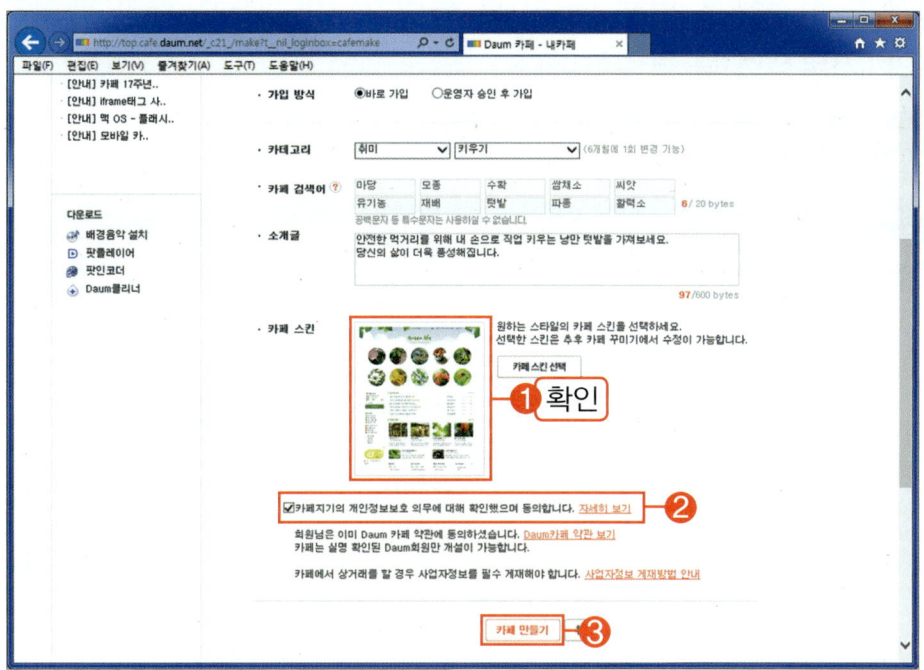

> **배움터**
>
> Daum카페 약관에 동의하지 않은 회원은 Daum카페 약관 항목에 체크 표시를 해야 카페를 만들 수 있습니다.

06 '카페개설을 축하합니다!' 페이지가 나타나면 [내 카페 바로가기]를 클릭하여 만든 카페로 이동되는 것을 확인합니다.

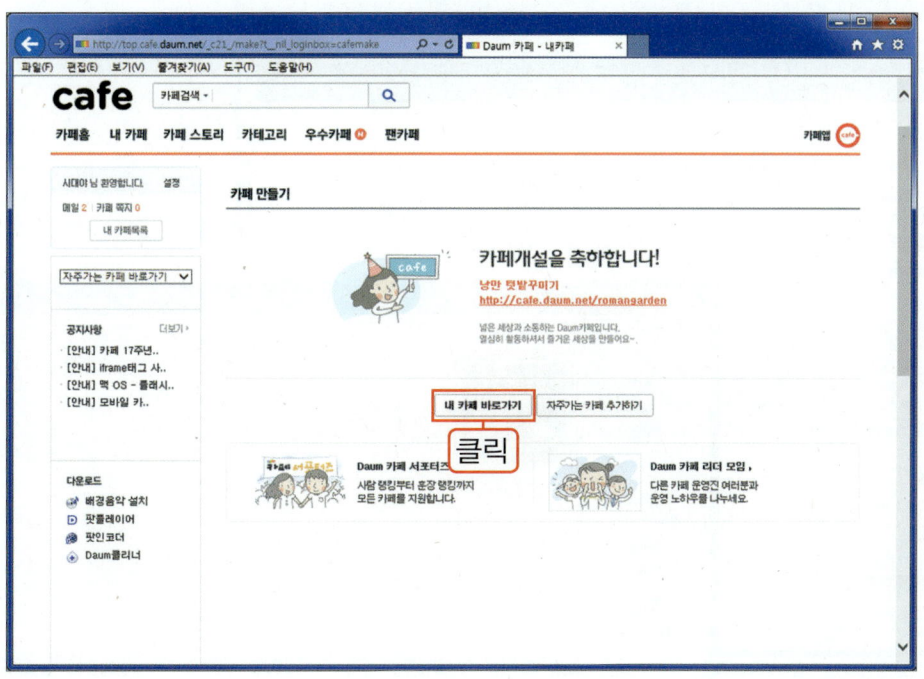

카페 기본 정보 수정하기

01 카페의 기본 정보를 수정하기 위해 **[관리]를 클릭**합니다. 카페 관리 페이지에서 **[기본정보 관리]의 [기본정보]를 클릭**합니다.

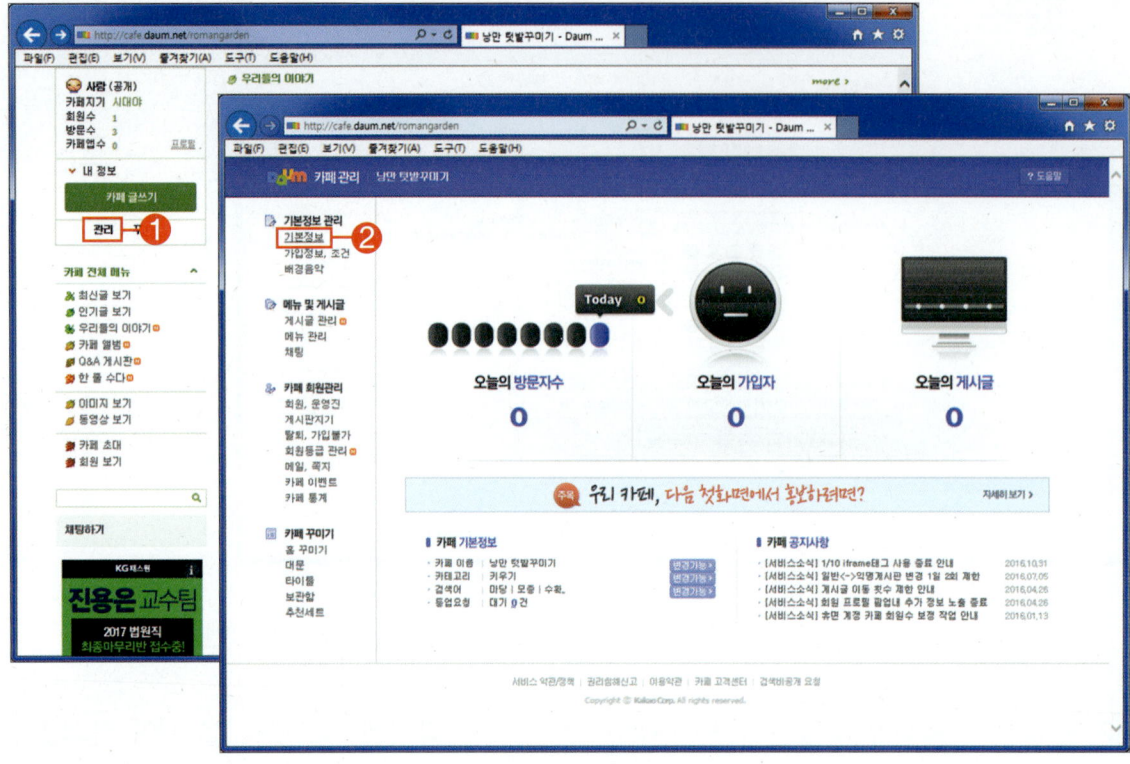

02 카페 개설시 입력한 기본 정보가 표시되면 카페의 대표 이미지를 삽입하기 위해 **[이미지 등록]을 클릭**합니다. [업로드할 파일을 선택] 대화상자가 나타나면 **대표 이미지 파일을 선택**하고 **[열기]를 누릅니다**.

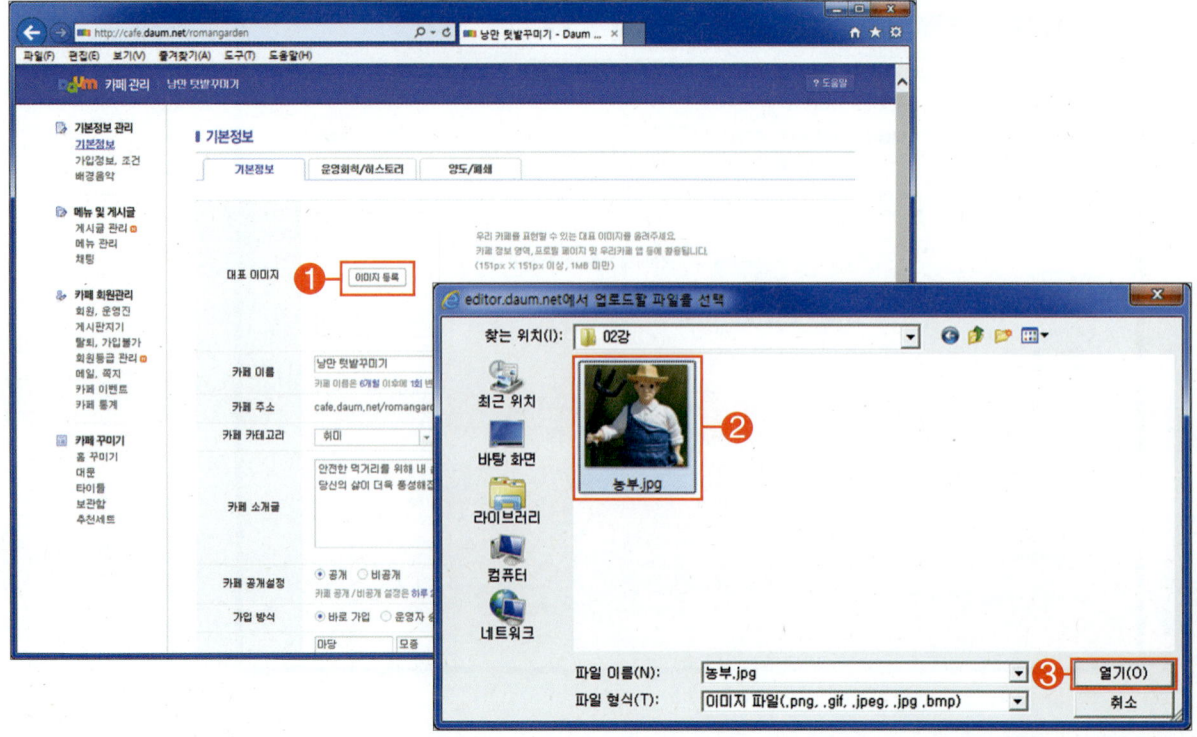

03 대표 이미지가 삽입되면 아래쪽에서 [확인]을 클릭하여 '기본정보를 정말 변경하시겠습니까?'라는 메시지 상자가 나타나면 [확인]을 클릭합니다.

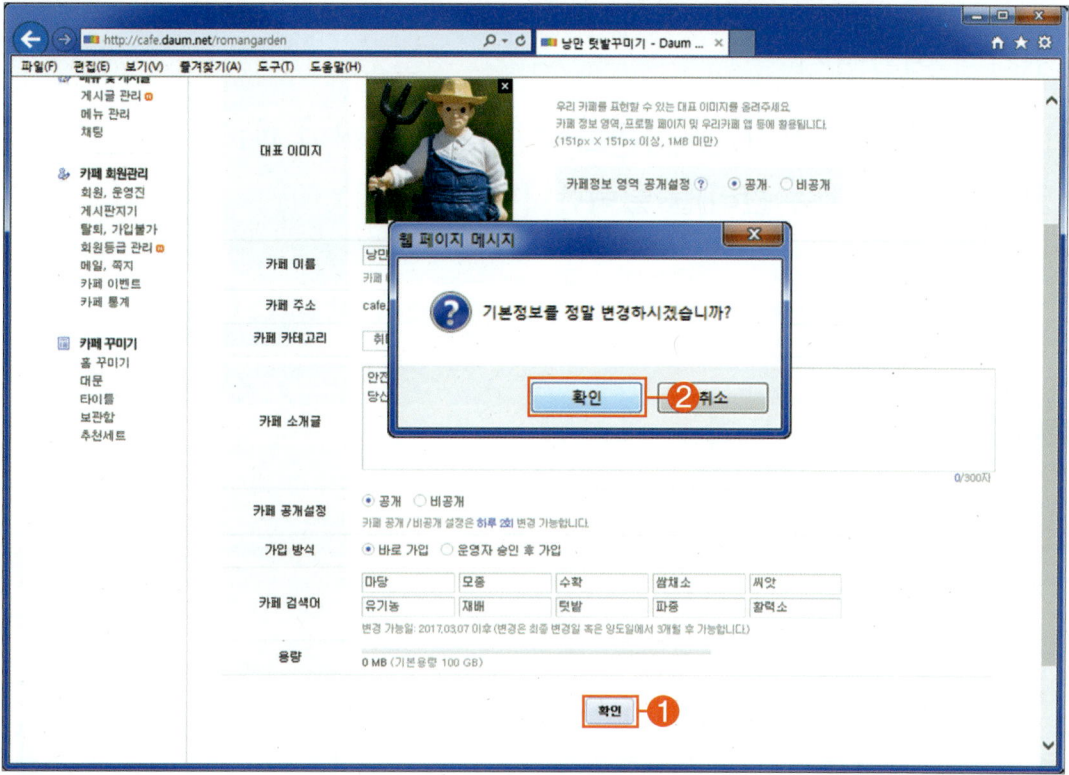

04 화면 왼쪽 위에서 **카페 이름을 클릭**합니다. 관리 페이지에서 카페 페이지로 이동되면 카페의 대표 이미지가 삽입된 결과를 확인합니다.

카페 메뉴 관리하기

그룹 추가와 이동하기

01 카페의 그룹 메뉴를 만들기 위해 **[관리]를 클릭**한 후 카페 관리 페이지가 표시되면 **[메뉴 및 게시글]의 [메뉴 관리]를 클릭**합니다.

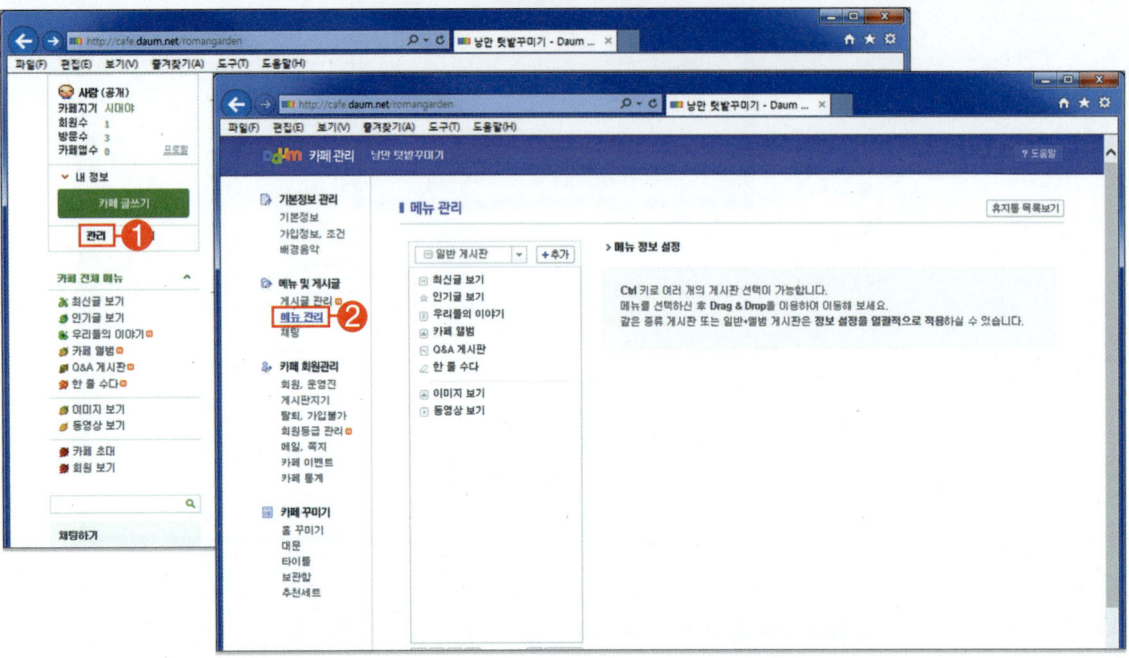

02 그림과 같이 **[메뉴 그룹]을 선택**한 후 **[추가(+추가)]를 클릭**하면 새로운 메뉴 그룹이 만들어집니다. 오른쪽의 메뉴 정보 설정 항목에서 **이름을 입력하고 [적용]을 클릭**합니다.

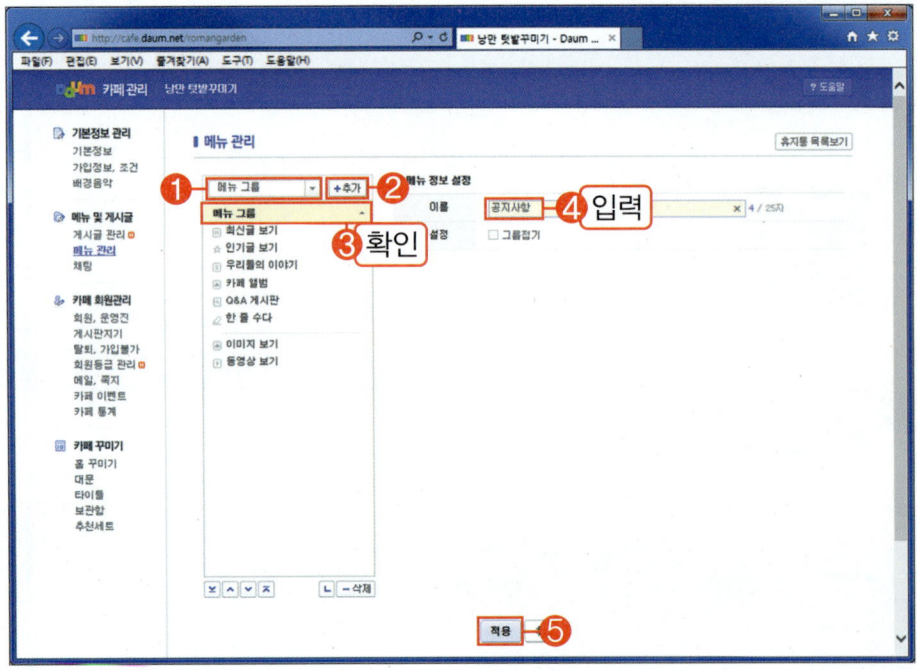

03 [알림] 메시지 상자가 나타나면 [확인]을 클릭하여 '공지사항'으로 그룹 이름이 변경된 것을 확인합니다. 다시 [메뉴 그룹]이 선택된 상태에서 [추가(+추가)]를 클릭하여 새로운 메뉴 그룹이 만들어지면 이름을 '**등업&가입인사**'로 입력하고 [**적용**]을 누릅니다.

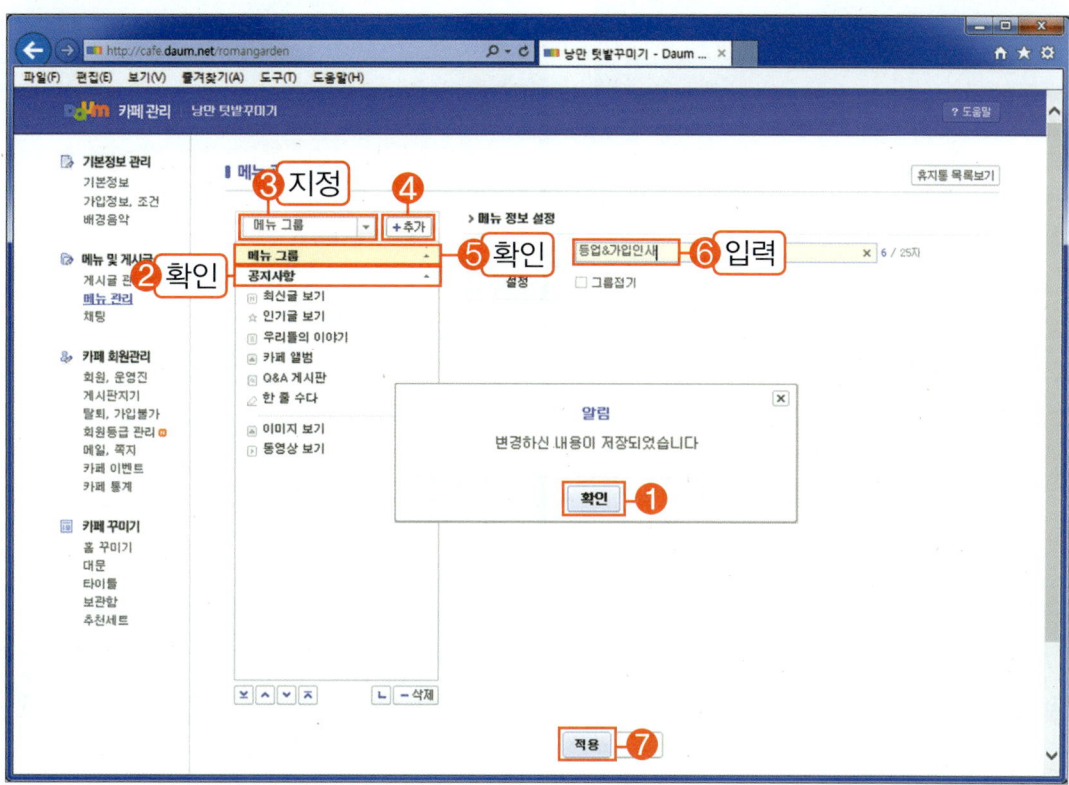

04 같은 방법으로 그림과 같이 '**낭만텃밭자료**' 그룹을 추가합니다.

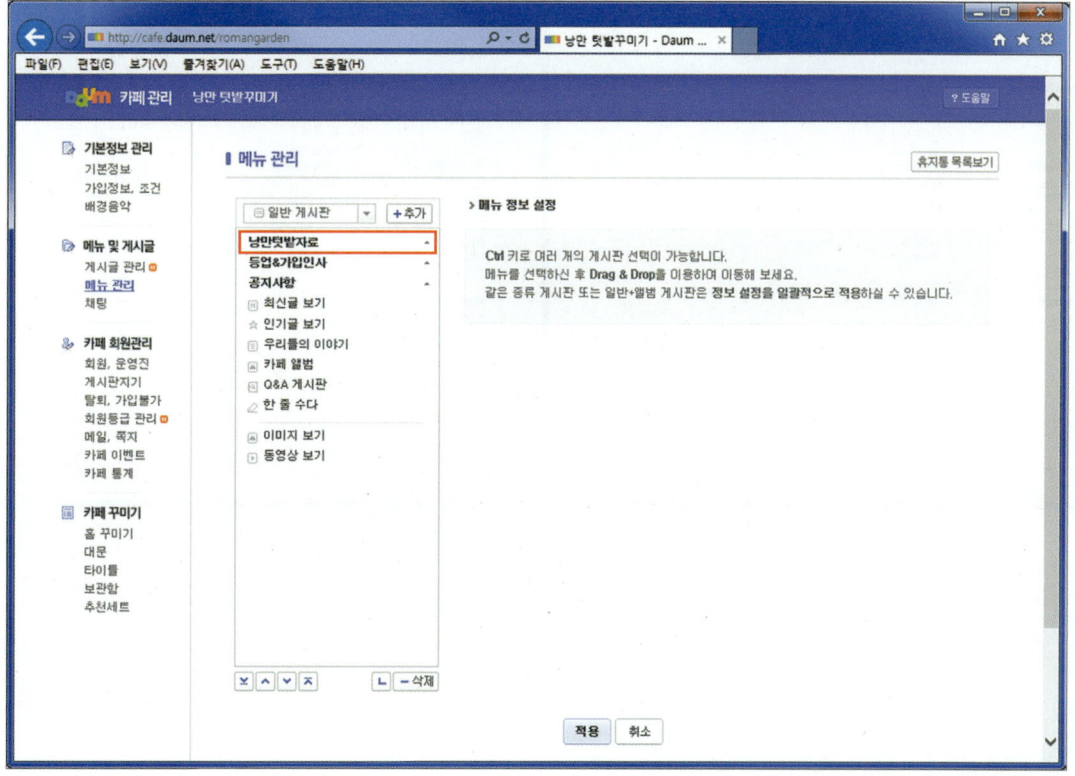

메뉴 그룹 이동하기

01 '공지사항'을 선택한 후 [맨 위로(⌃)]를 클릭하여 '공지사항'이 위로 이동되는 것을 확인합니다.

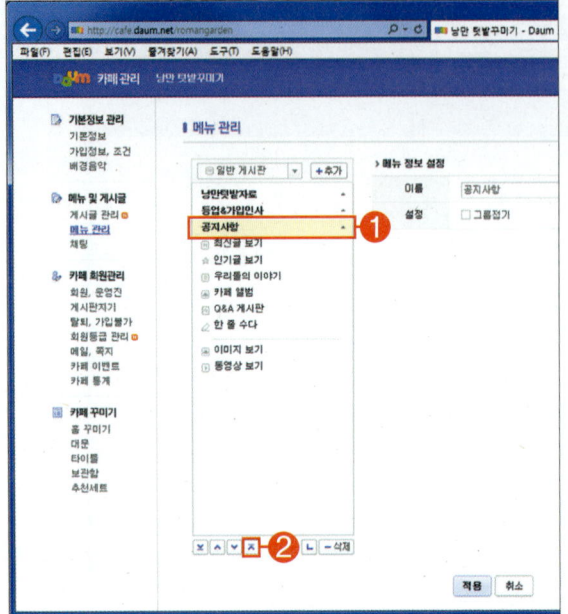
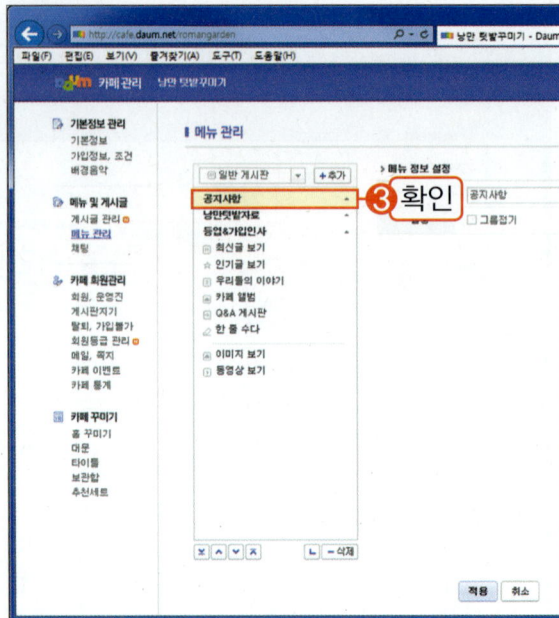

02 '낭만텃밭자료'를 선택한 후 [아래로(⌄)]를 클릭하여 '등업&가입인사' 아래로 이동되는 것을 확인합니다.

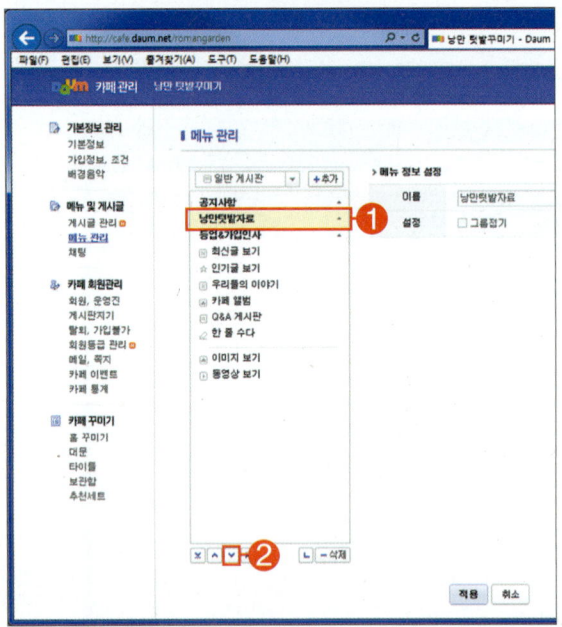
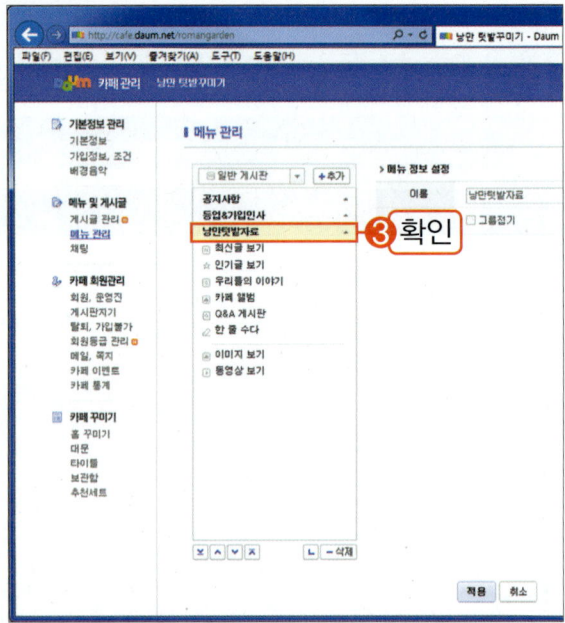

게시판 추가와 권한 지정하기

01 '등업&가입인사'를 선택하고 [일반 게시판]을 선택한 후 [추가(+추가)]를 클릭합니다. 이름을 '전체공지방'으로 입력하고 [적용]을 누르고 [알림] 메시지 상자가 나타나면 [확인]을 클릭합니다.

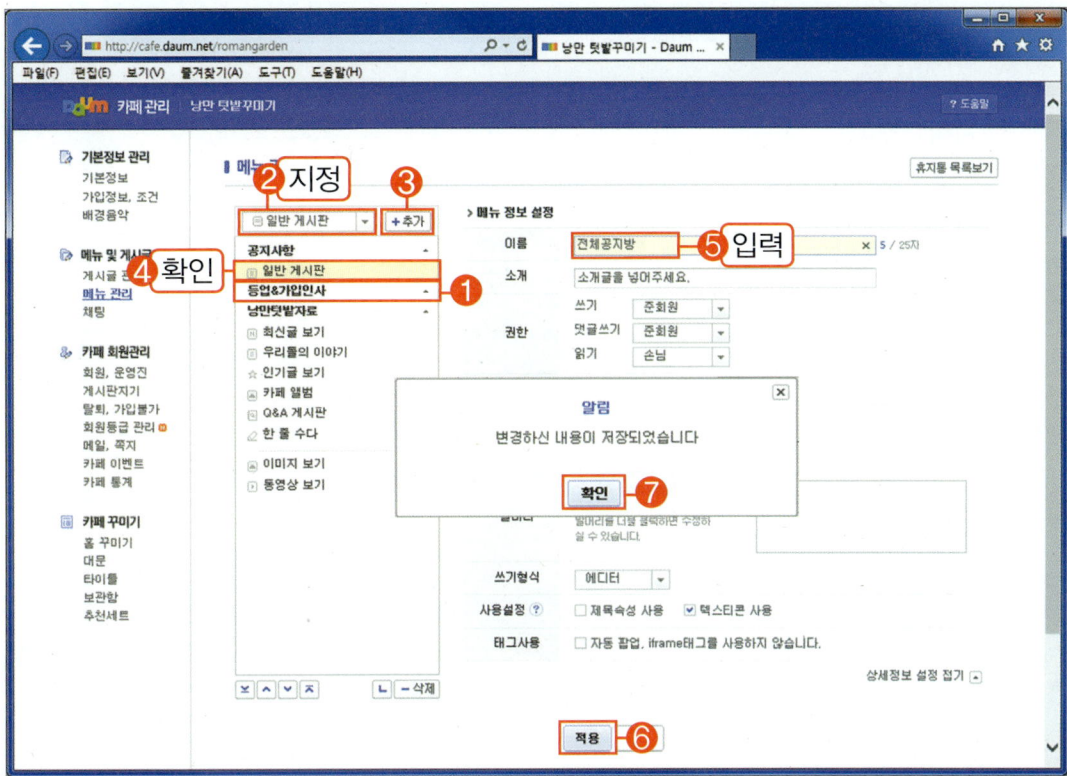

02 '전체공지방' 게시판이 만들어지면 '낭만텃밭자료'를 선택합니다. [추가(+추가)]를 클릭하여 그림과 같이 '가입인사방'과 '등업요청방' 게시판을 추가합니다.

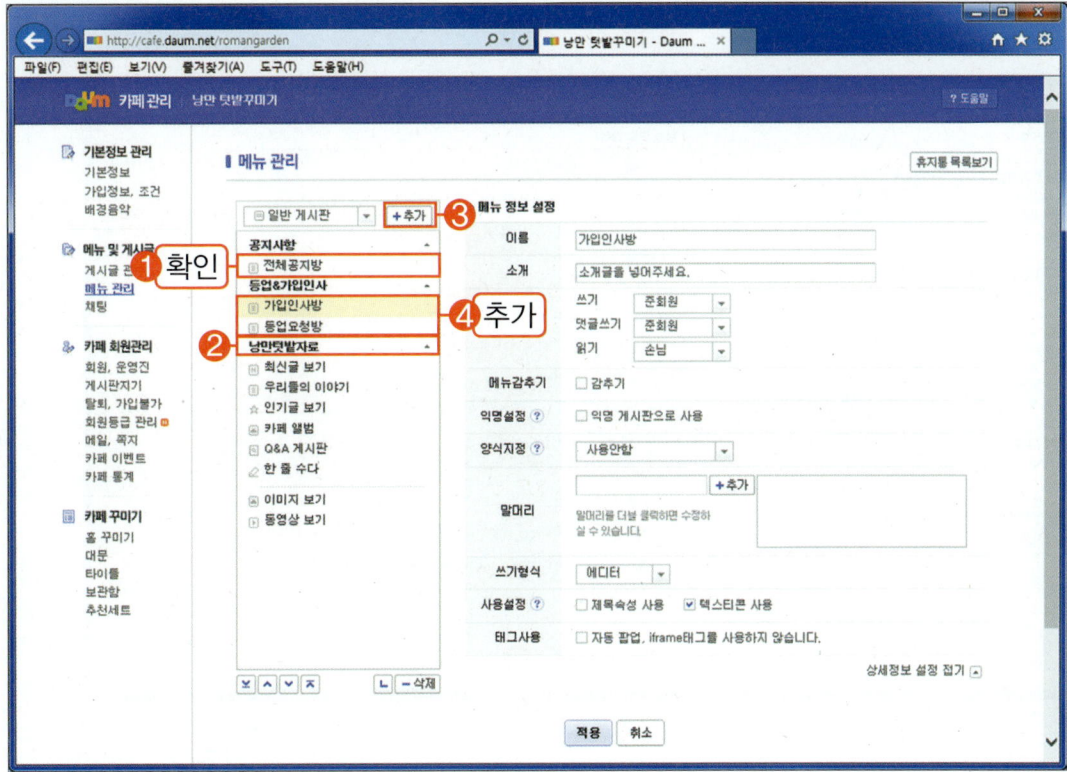

02 카페 개설과 메뉴 관리하기 • 29

03 메뉴 목록에서 '최신글 보기'를 선택한 후 게시판 종류에서 다시 'Q&A 게시판'을 선택합니다. 이어서 [추가(+추가)]를 클릭하여 그림과 같이 이름, 소개, 권한을 지정하고 [적용]을 클릭합니다.

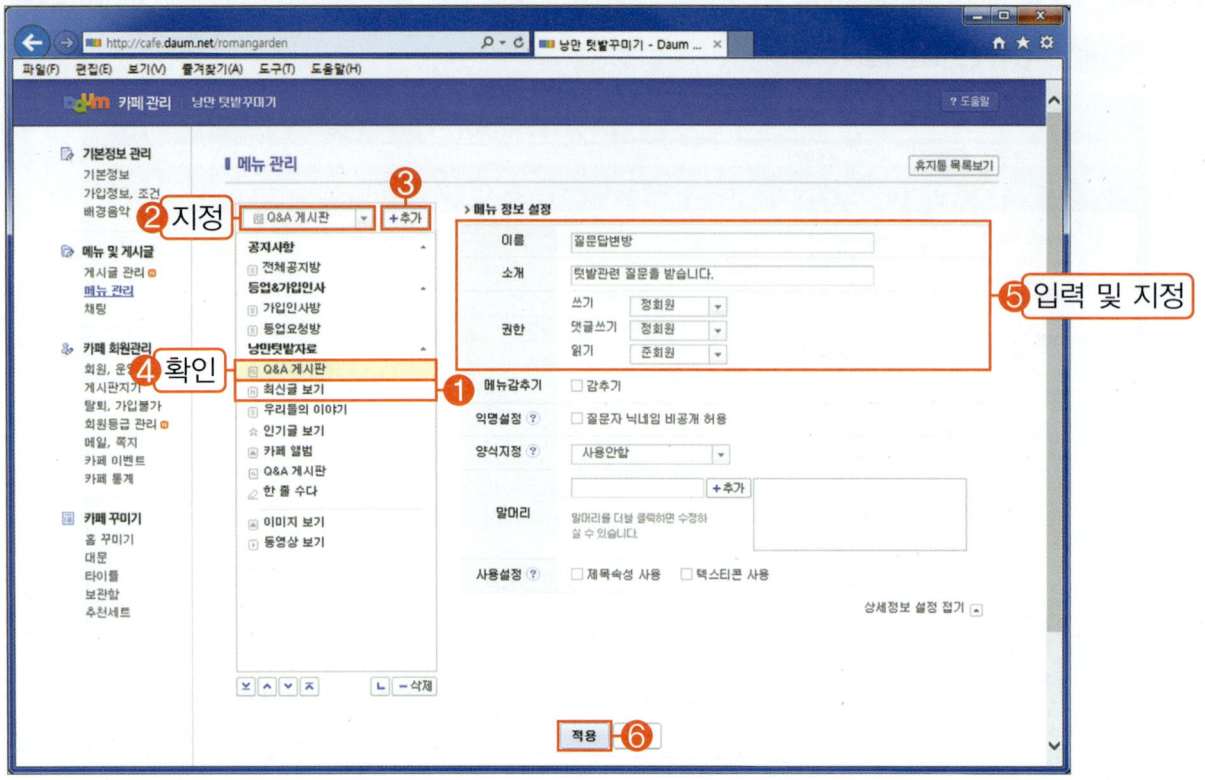

04 같은 방법으로 일반 게시판을 추가한 후 그림과 같이 이름, 소개, 권한을 지정하고 [적용]을 클릭합니다.

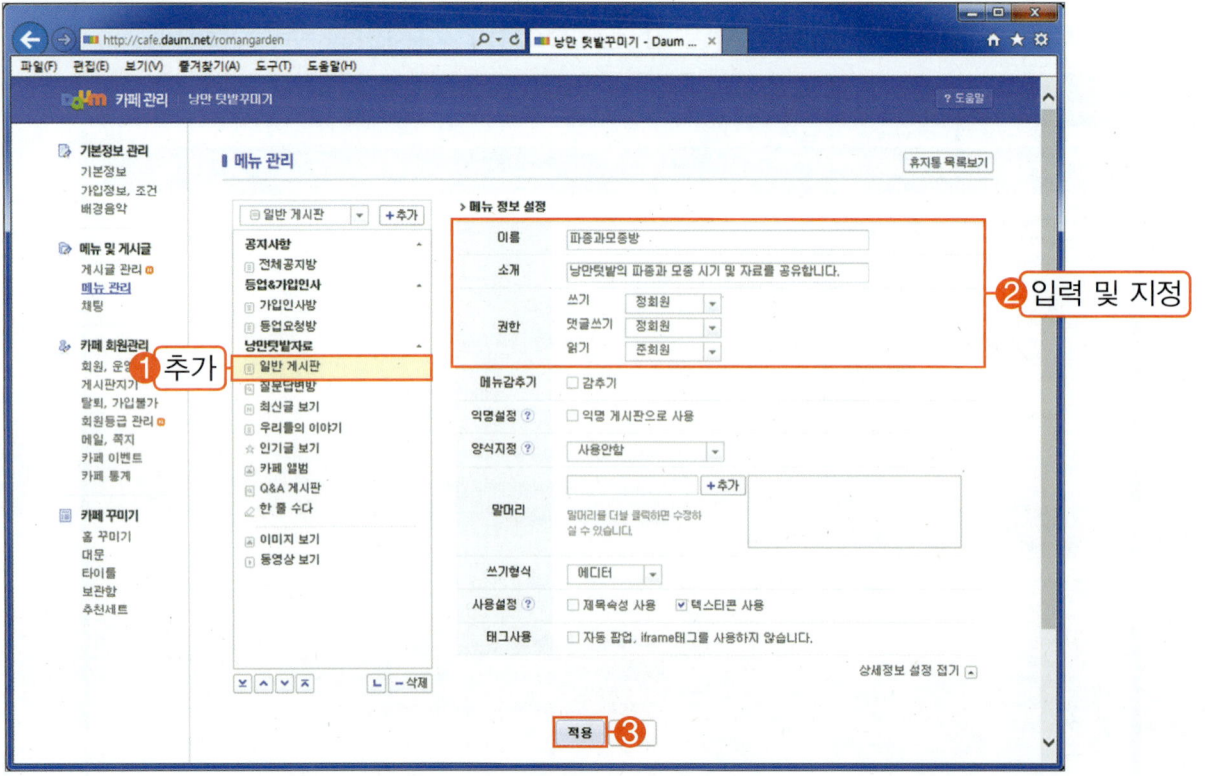

05 다시 **일반 게시판을 추가**하여 **이름, 소개, 권한을 그림과 같이 지정**한 후 '**익명 게시판으로 사용**' 항목을 **체크** 표시하고 **[적용]을 클릭**합니다.

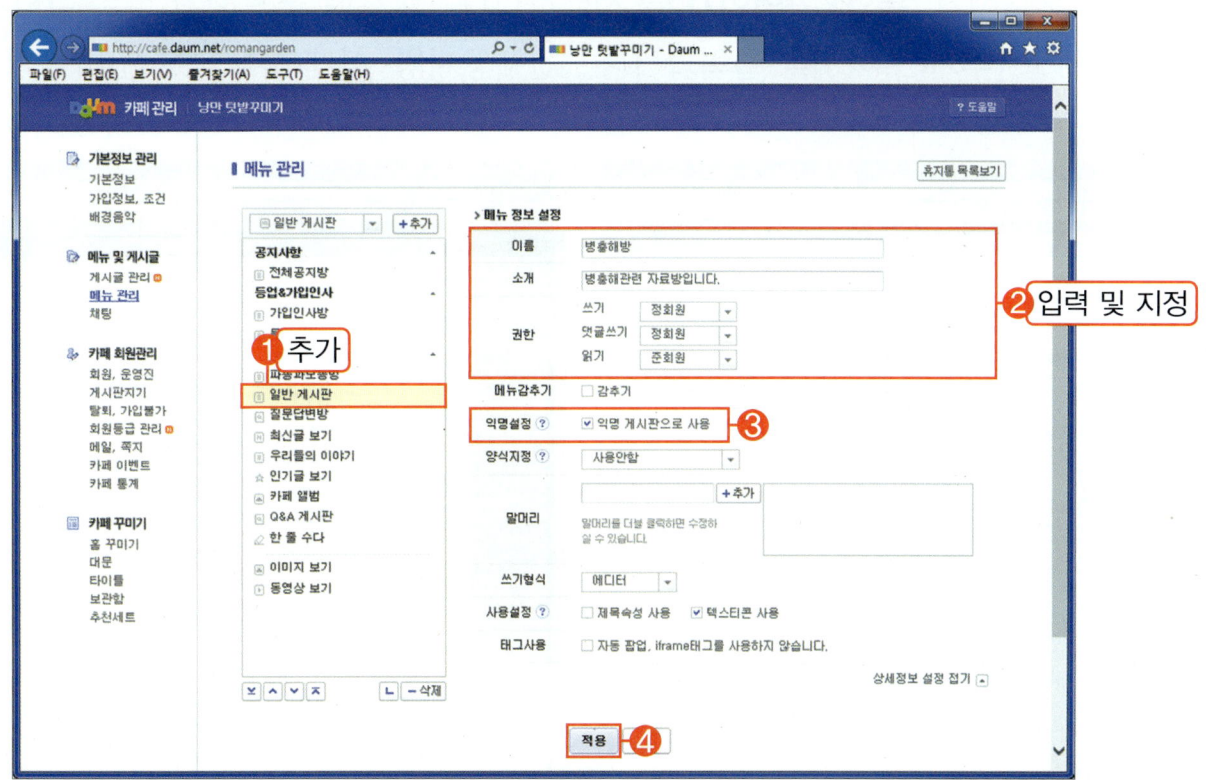

배움터 그룹 메뉴와 게시판 삭제 방법

메뉴 목록에서 삭제할 그룹 메뉴나 게시판을 선택한 후 메뉴 아래쪽에서 [삭제(-삭제)]를 클릭하면 그림과 같이 [알림] 메시지 상자가 나타납니다. [확인]을 누른 후 다시 [적용]을 클릭하면 해당 메뉴나 게시판이 제거됩니다.

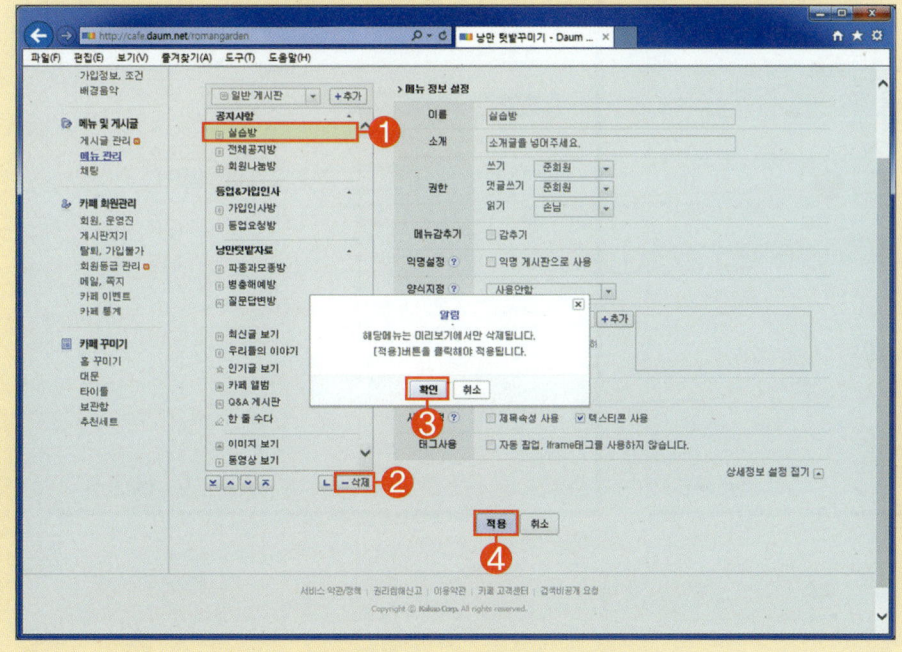

구분선과 여백선 추가하기

01 메뉴 목록에서 '**등업&가입인사**'를 **선택**합니다. 게시판 종류에서 '**---구분선**'을 **선택**하고 [**추가**(+추가)]를 클릭합니다. '전체공지방' 아래쪽에 구분선이 삽입되는 것을 확인합니다.

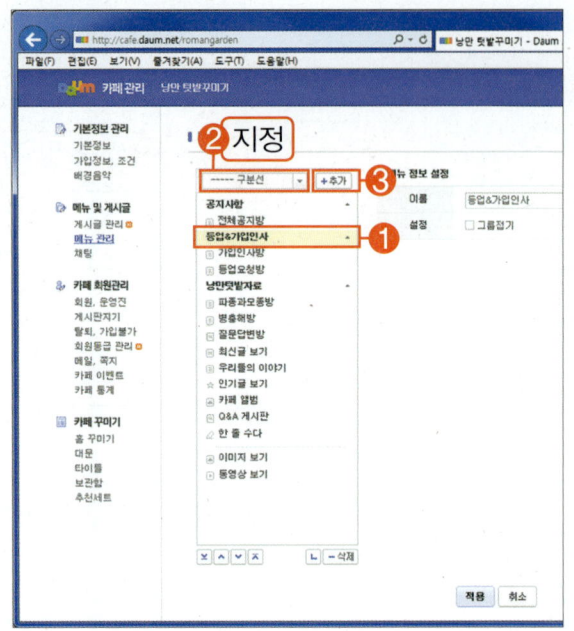 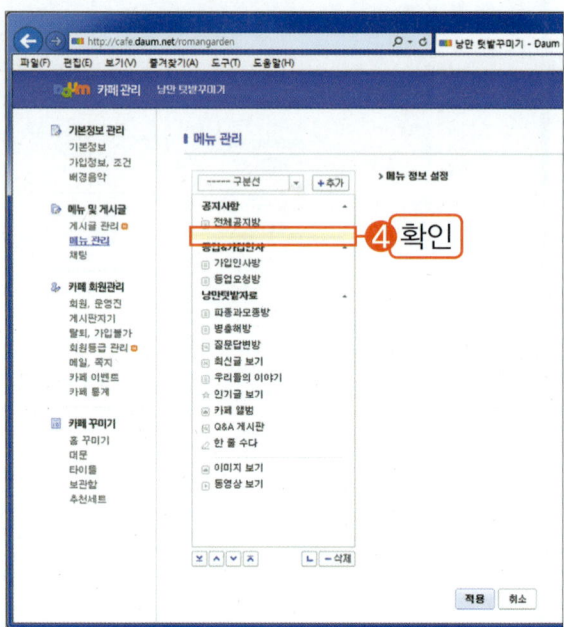

02 '**낭만텃밭자료**'를 **선택**합니다. 게시판 종류에서 '**---구분선**'을 **선택**하고 [**추가**(+추가)]를 클릭하여 그림과 같이 새로운 구분선을 추가합니다.

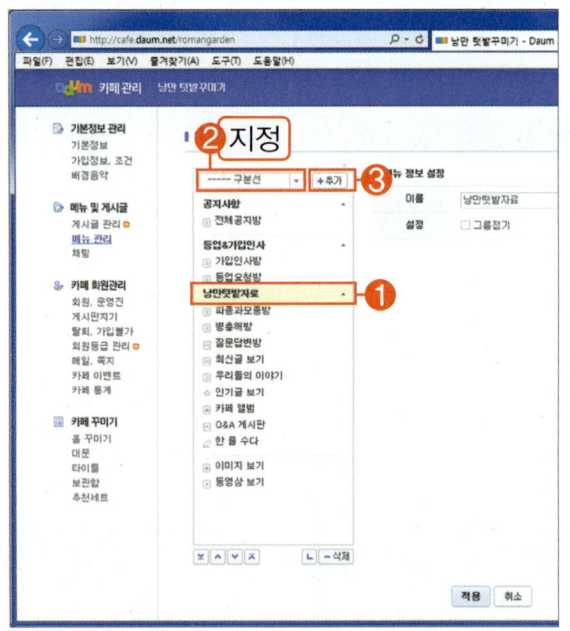 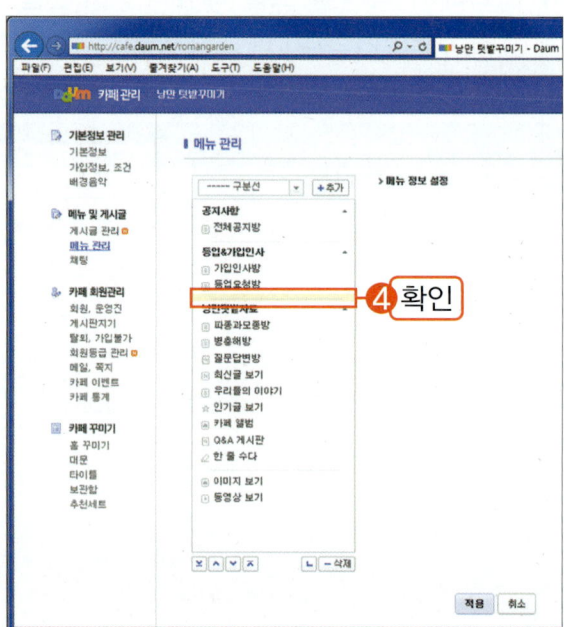

03 메뉴 목록에서 '최신글 보기'가 선택된 상태에서 게시판 종류를 '여백선'으로 지정한 후 [추가(+추가)]를 클릭하여 새로운 여백선이 추가되면 [적용]을 클릭합니다.

04 화면 왼쪽 위에서 카페 이름(여기서는 '낭만 텃밭꾸미기')을 클릭하여 카페 페이지로 이동합니다. 추가한 메뉴 및 구분선, 여백선 등이 적용된 결과를 확인합니다.

1 '공지사항' 메뉴 그룹에 '상품등록 게시판'을 추가하고 이름, 소개, 권한 등을 자유롭게 지정해 봅니다.

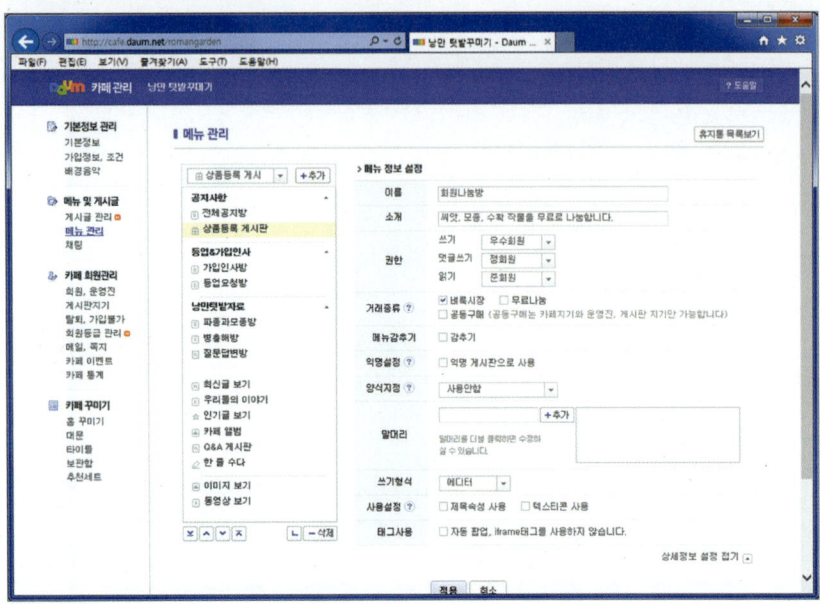

2 '병충해방' 게시판의 이름과 소개를 수정하고 익명 설정을 해제해 봅니다.

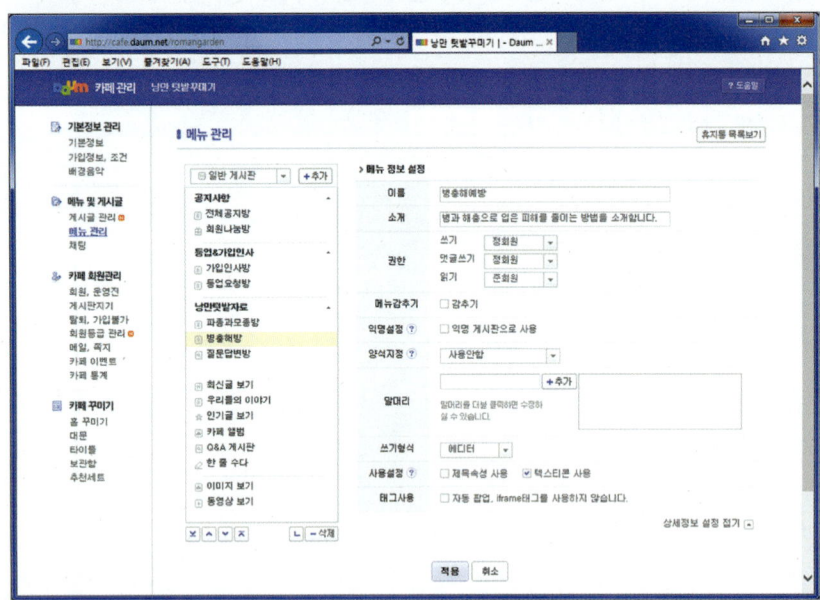

카페 디자인 개성있게 꾸미기

이번 장에서는 기본으로 제공되는 템플릿을 이용해 카페의 타이틀을 지정한 후 사용자가 원하는 모양으로 타이틀의 배경 및 카페 이름을 변경하고 대문에 사진을 추가하는 방법에 대해 배워 봅니다. 또한 카페 정보 영역 및 카페 메뉴와 검색창 등 영역별 꾸미기 기능으로 카페를 보다 개성있게 꾸미는 방법에 대해서도 알아보도록 하겠습니다.

을 배울까요?

⋯ 카페 타이틀과 대문 꾸미기 ⋯ 영역별로 카페 꾸미기

예제파일 : 개미집.jpg, 당근.jpg, 미니양배추.jpg, 상추.jpg, 오이꽃.jpg, 치커리.jpg, 토마토.jpg, 토마토모종.jpg, 토마토파종.jpg, 해충.jpg, 해충2.jpg

01 카페 타이틀과 대문 꾸미기

템플릿으로 카페 타이틀 꾸미기

01 자신의 카페에 접속한 후 [꾸미기]를 클릭합니다. 카페 관리 페이지가 표시되면 메뉴 영역에 마우스 포인터를 위치하여 나타나는 [꾸미기(꾸미기)]를 클릭합니다.

02 메뉴를 꾸밀 수 있는 페이지가 표시되면 [템플릿]을 선택하여 [템플릿] 대화상자에서 원하는 템플릿 종류를 선택하고 [확인]을 클릭합니다.

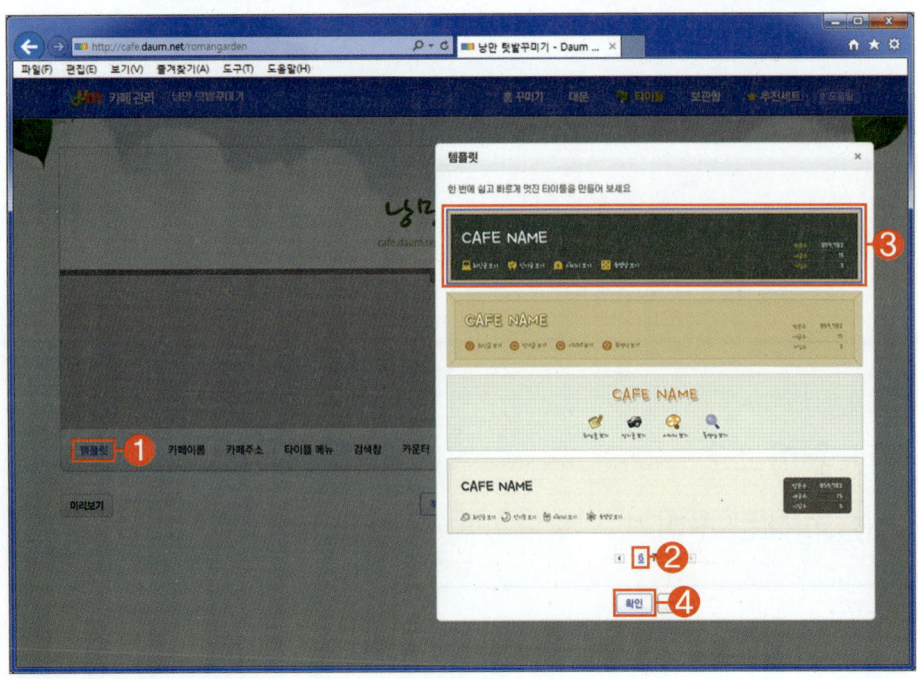

36 • 스마트한 생활을 위한 카페와 블로그

03 '지금까지 작업한 내용이 사라집니다'라는 메시지 상자가 표시되면 **[확인]**을 클릭하여 선택한 템플릿 모양으로 변경된 것을 확인합니다.

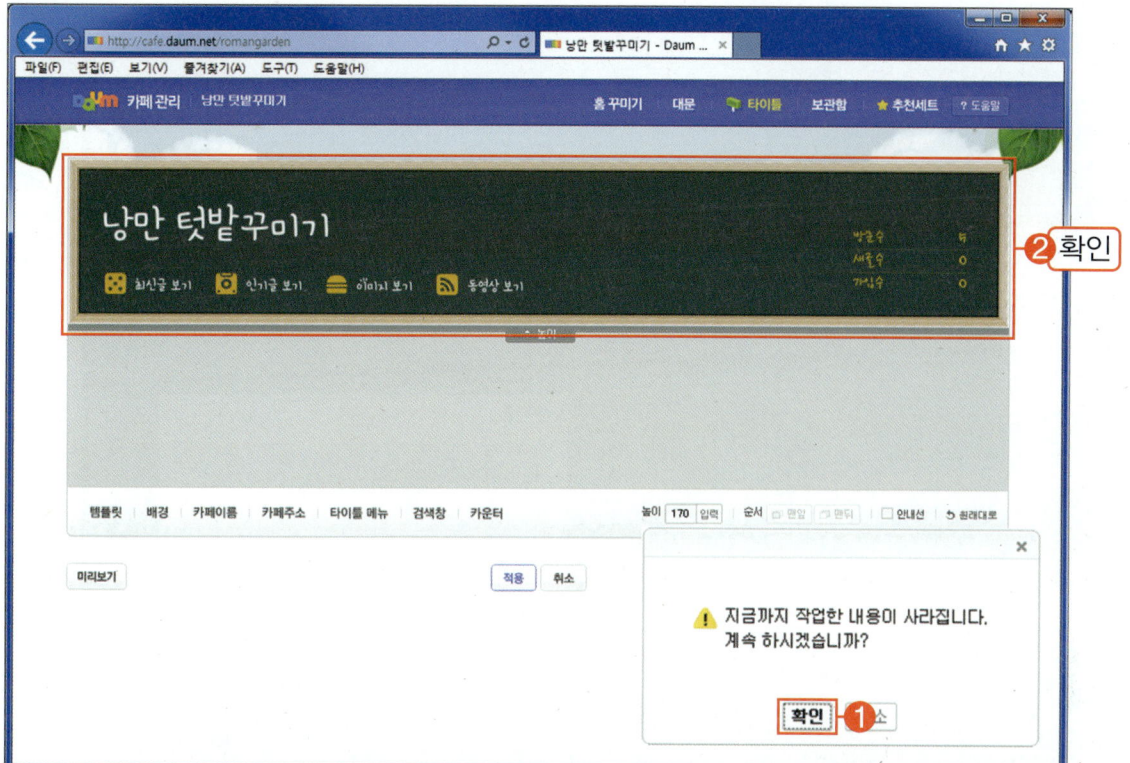

타이틀 배경과 카페 이름 꾸미기

01 메뉴의 배경을 변경하기 위해 **[배경]을 클릭**합니다. [배경] 대화상자에서 원하는 **배경 종류를 선택**하고 **[확인]을 클릭**합니다.

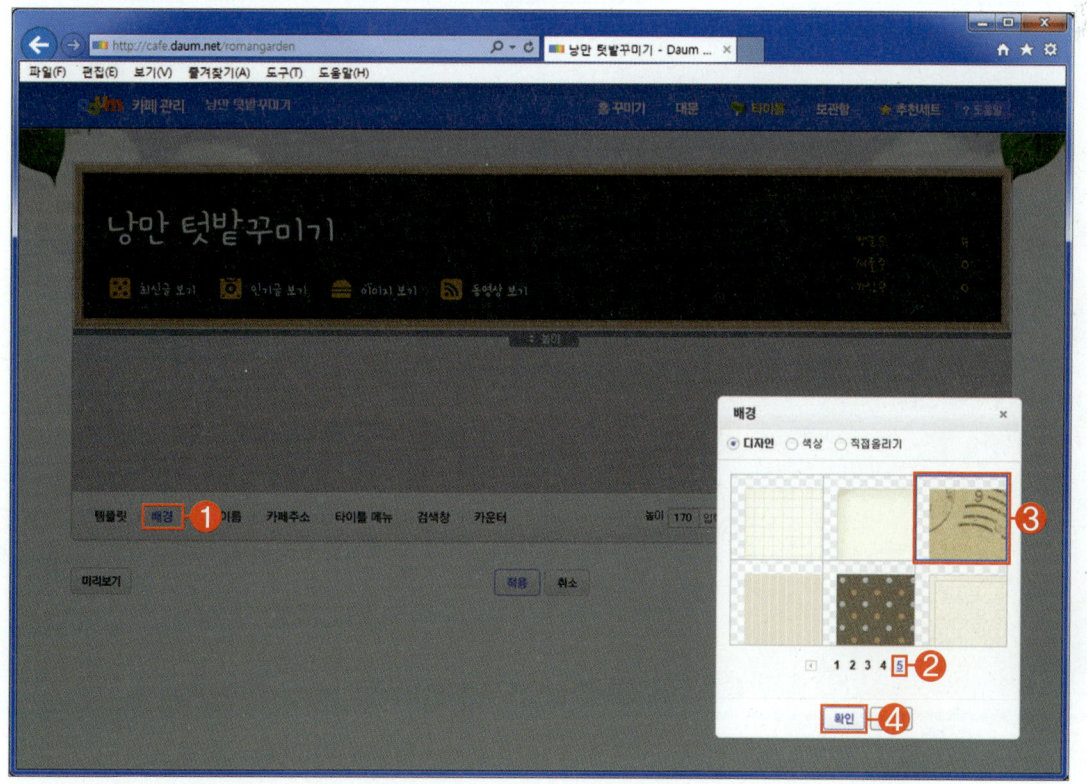

02 선택한 배경으로 변경되면 [카페이름]을 클릭합니다. [카페이름] 대화상자에서 원하는 **폰트명, 테두리, 반사 등을 지정**하고 [확인]을 클릭합니다.

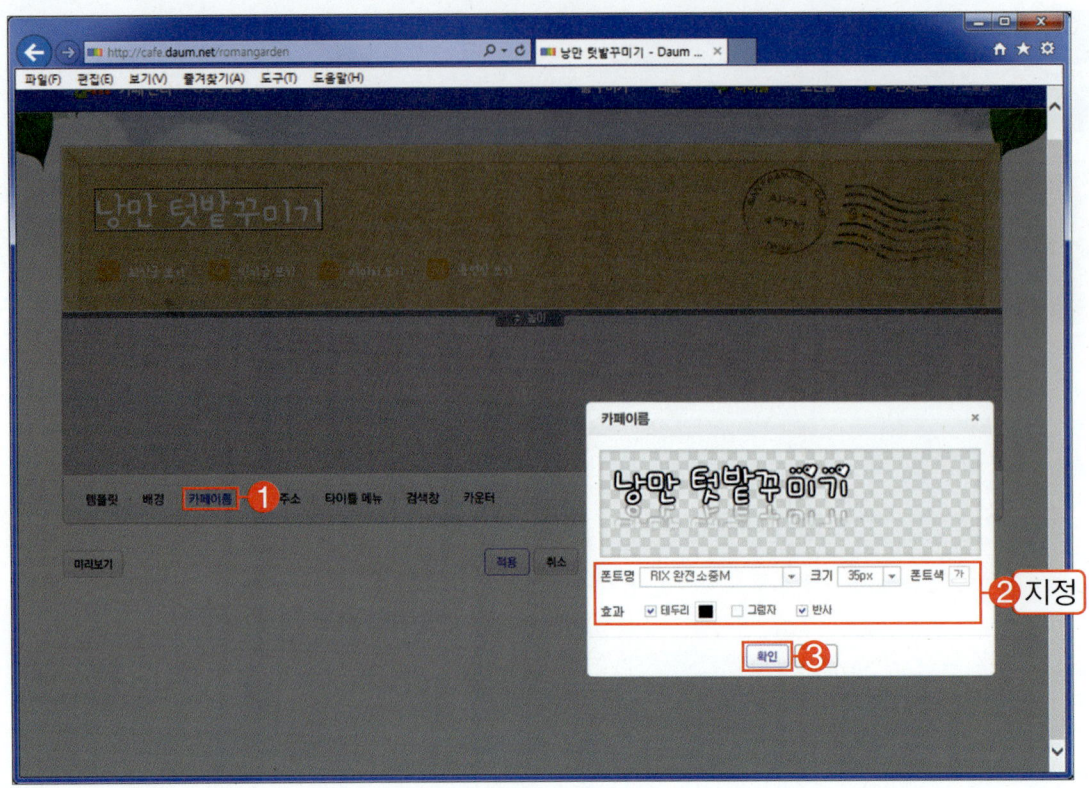

03 카페 이름이 변경되면 [타이틀 메뉴]를 클릭합니다. [타이틀메뉴] 대화상자에서 원하는 **아이콘 디자인과 아이콘 색을 선택**하고 [확인]을 클릭합니다.

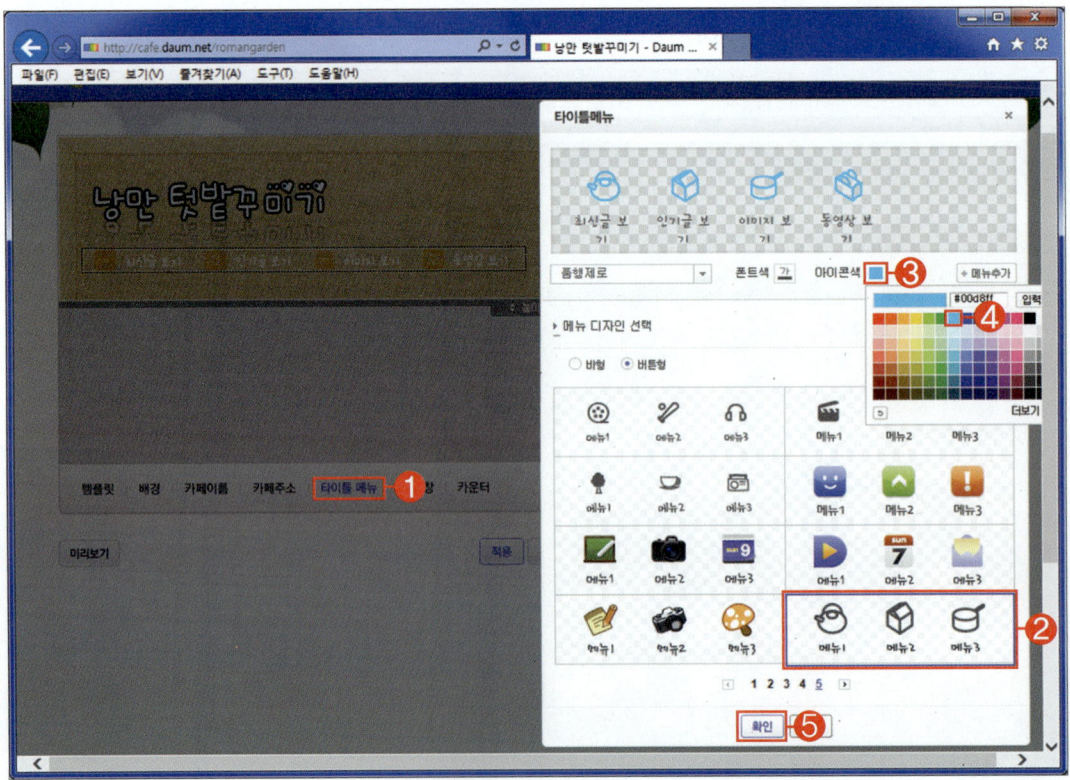

04 아이콘 종류와 색이 변경됩니다. **메뉴에 마우스를 포인터를 위치**합니다. 이동 포인터로 변경되면 그림과 같은 위치로 **드래그하여 이동**시킨 후 **[적용]을 클릭**합니다.

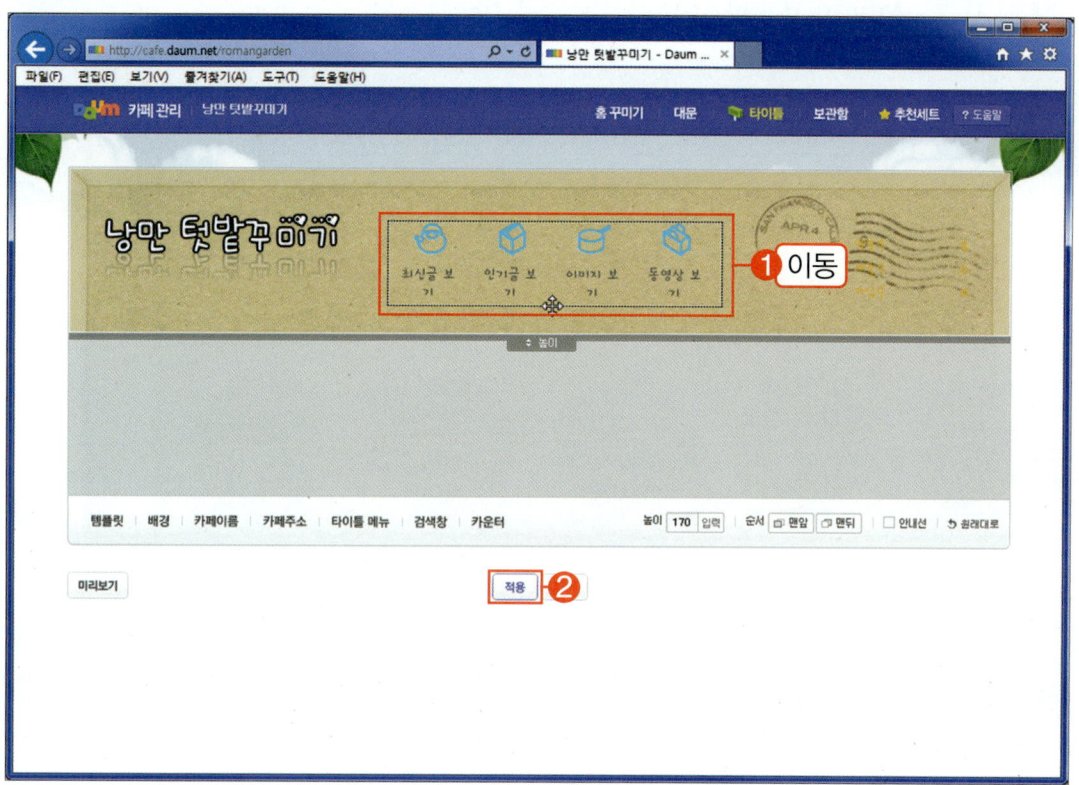

05 '현재 설정을 카페에 적용하시겠습니까?'라는 메시지 상자에서 **[확인]을 누르고**, 다시 '카페에 적용되었습니다.'라는 메시지 상자에서 **[꾸미기 계속하기]를 선택**합니다.

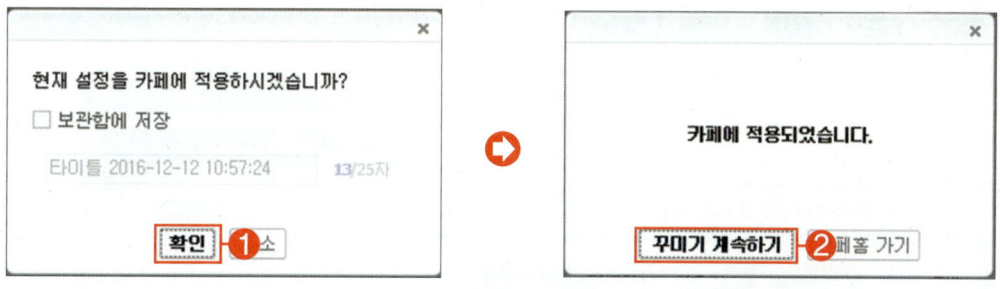

대문에 사진 추가하기

01 위쪽에서 [대문]을 클릭하여 대문 수정 페이지로 이동합니다. [액자]를 선택한 후 [직접 올리기]를 선택하고 [사진추가]를 클릭합니다.

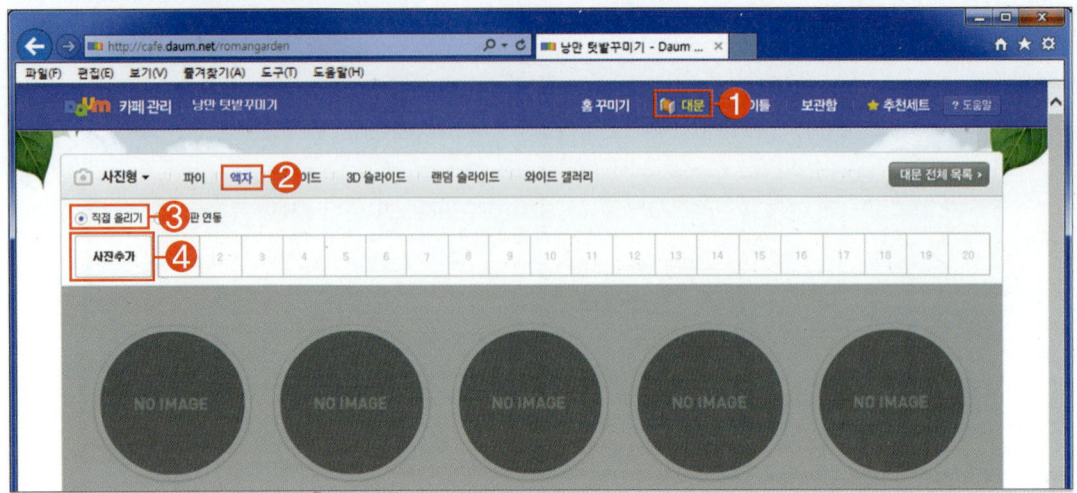

02 [업로드할 파일을 선택] 대화상자에서 **첫 번째 그림 파일을 클릭한 후 Shift 키를 누른 채 마지막 그림 파일을 클릭**하여 모든 파일을 선택합니다. 이어서 [**열기**]를 **클릭**하여 선택한 그림이 자동으로 등록되는 것을 확인합니다.

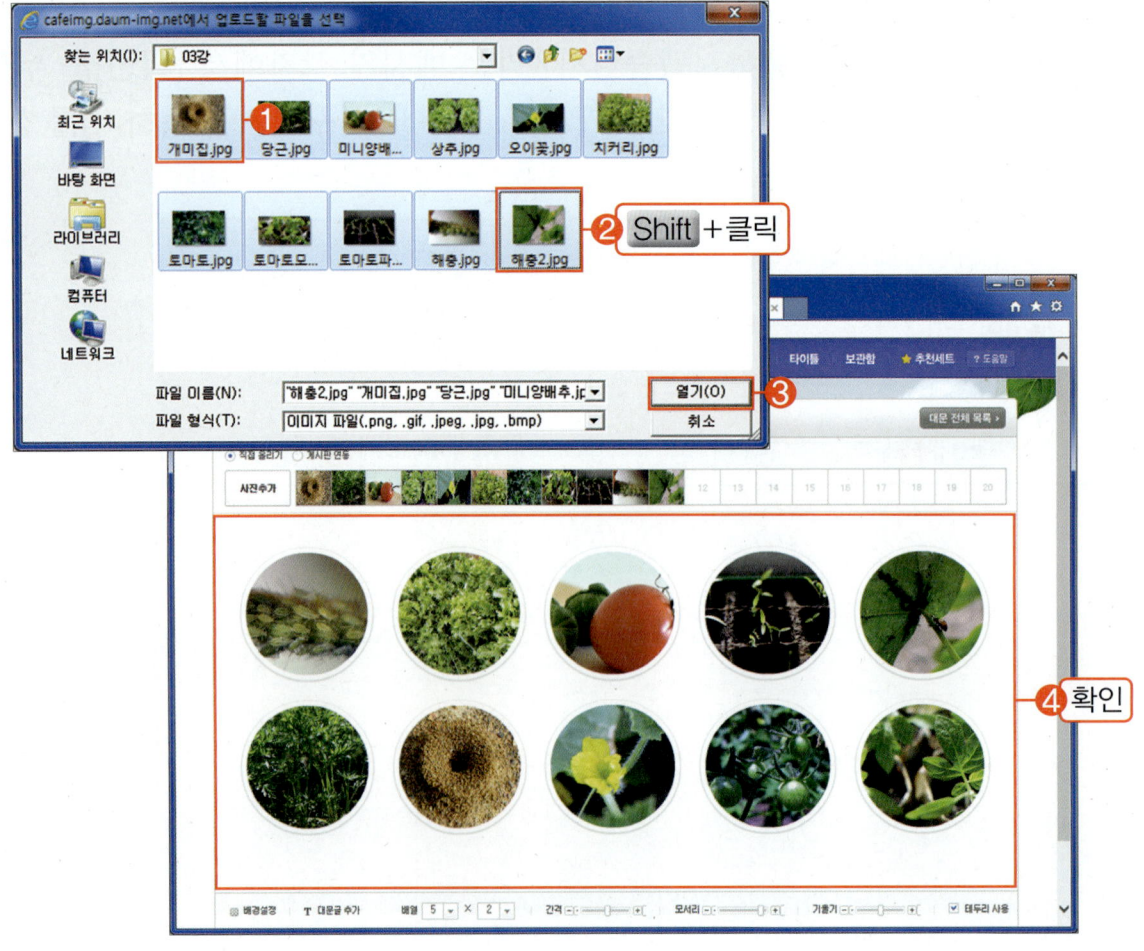

03 아래쪽의 배열 항목에서 **행의 값을 '1'로 변경**하고 **모서리와 기울기를** 그림과 같이 **지정**하고 **[적용]을 클릭**합니다.

04 '현재 설정을 카페에 적용하시겠습니까?'라는 메시지 상자에서 **[확인]을 누르고**, 다시 '카페에 적용되었습니다.'라는 메시지 상자에서 **[카페홈 가기]를 선택**합니다.

05 카페 홈페이지로 이동되면 메뉴와 대문이 변경된 것을 확인합니다.

영역별로 카페 꾸미기

카페 정보 꾸미기

01 카페 관리 페이지의 **카페 정보 영역에 마우스 포인터를 위치**시키고 [**꾸미기**(꾸미기)]**를 클릭**하여 원하는 카페정보 **디자인 종류를 선택**합니다.

02 카페 정보 디자인이 변경되면 [**적용**]**을 클릭**하여 '현재 설정을 카페에 적용하시 겠습니까?'라는 메시지 상자에서 [**확인**]**을 클릭**하고 다시 '카페에 적용되었습니 다.'라는 메시지 상자에서 [**꾸미기 계속하기**]**를 클릭**합니다.

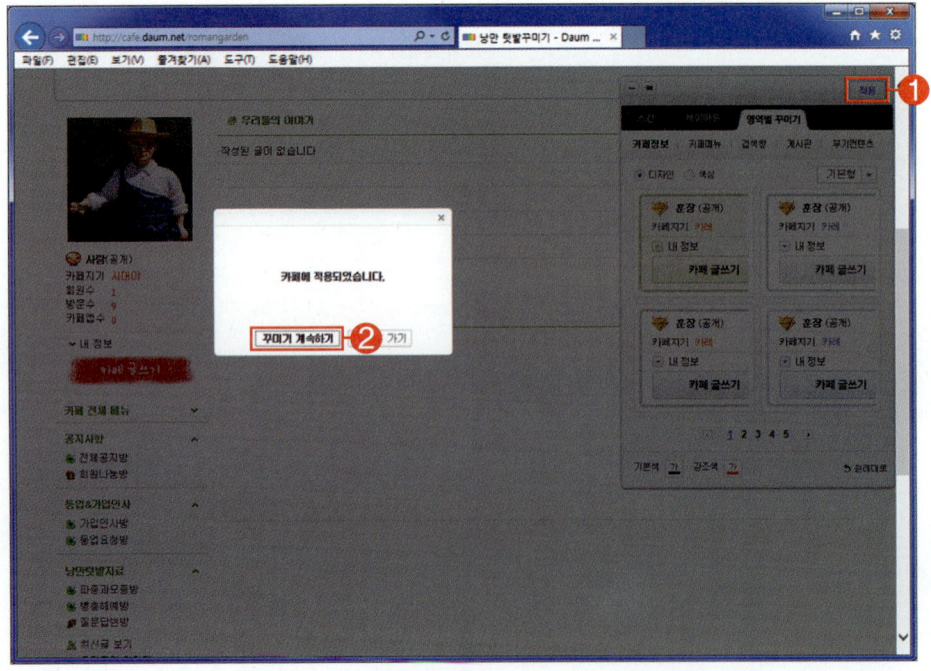

카페 메뉴와 검색창 꾸미기

01 카페 관리 페이지의 **카페 메뉴 영역에 마우스 포인터를 위치**시키고 [**꾸미기** (꾸미기)]를 **클릭**합니다. 그림과 같이 원하는 카페 메뉴 **디자인 종류를 선택**합니다.

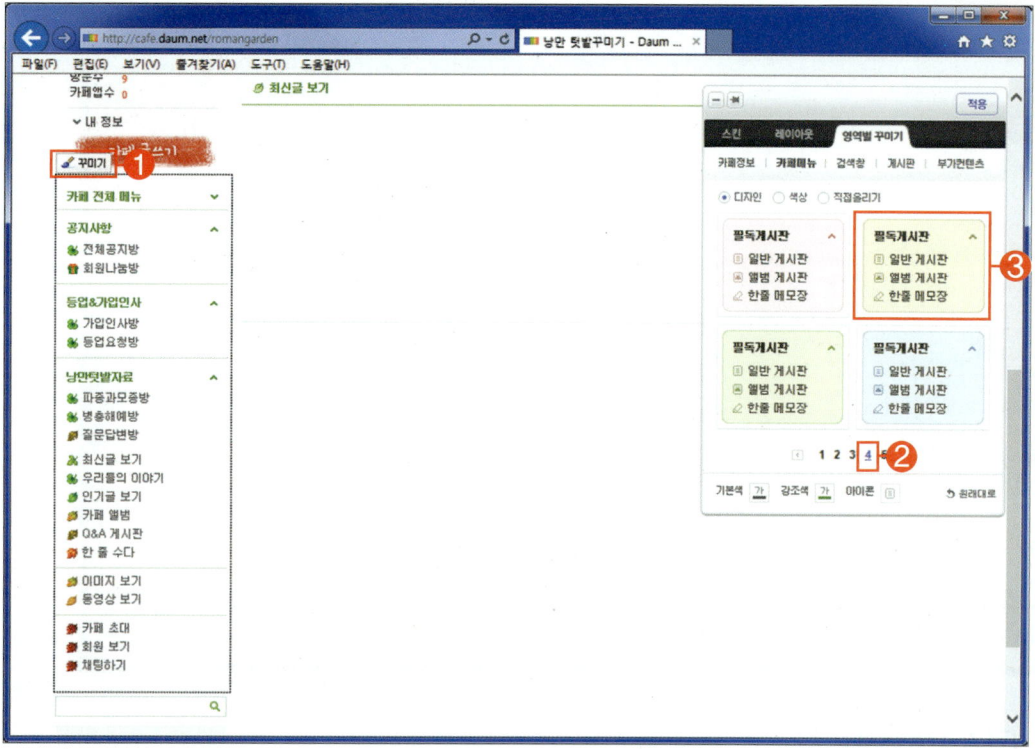

02 카페 메뉴 디자인이 변경되면 [영역별 꾸미기] 아래쪽에서 **아이콘을 클릭**합니다. 아이콘 목록이 표시되면 원하는 **아이콘 디자인을 선택**하여 메뉴에 선택한 아이콘이 적용되는 것을 확인합니다.

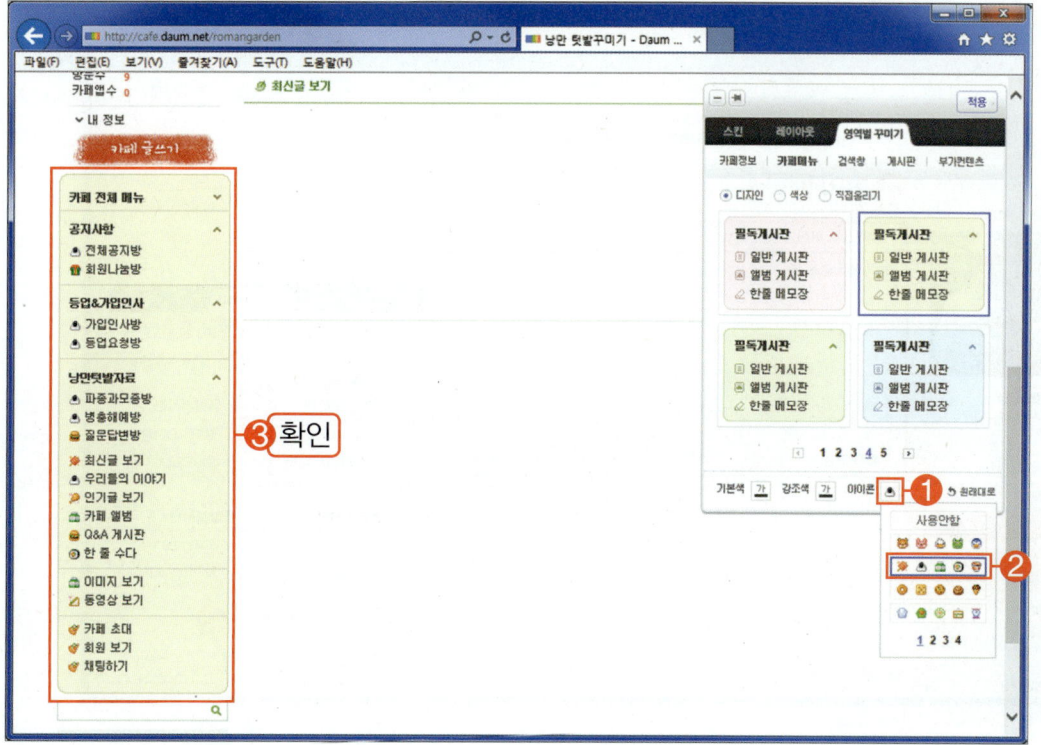

03 카페 디자인 개성있게 꾸미기 • **43**

03 [영역별 꾸미기] 탭에서 [검색창]을 클릭합니다. 검색창 목록이 표시되면 원하는 **디자인을 선택**하여 적용되는 것을 확인합니다.

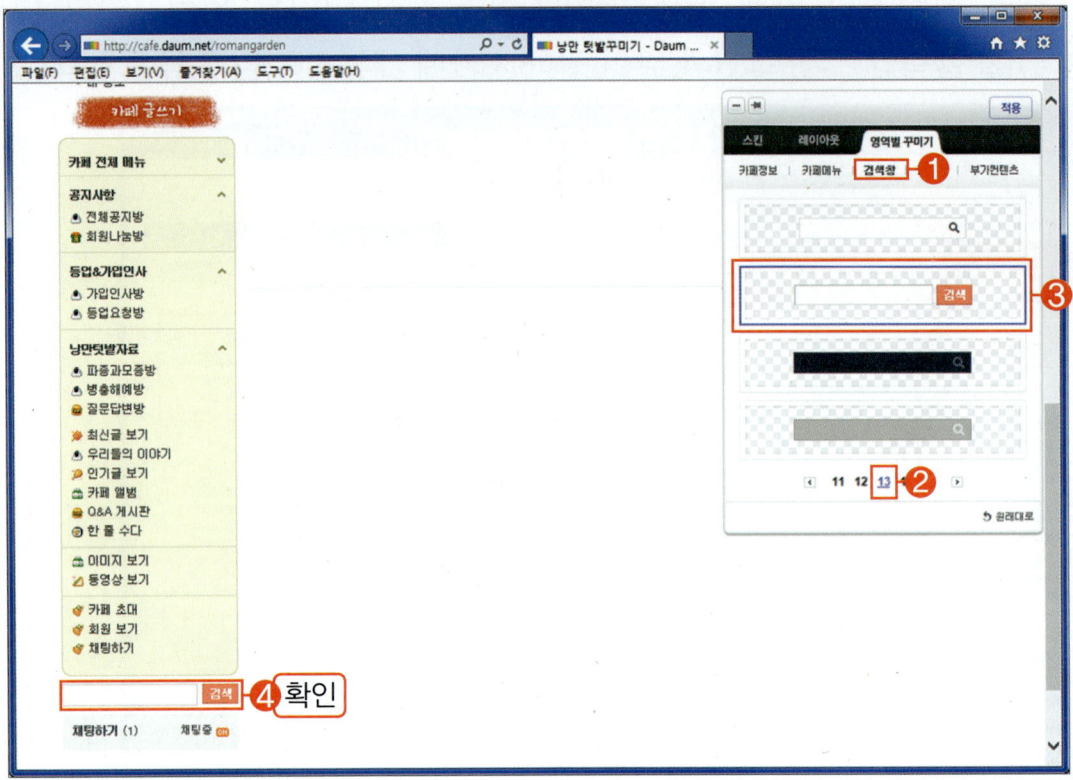

게시판 디자인 꾸미기

01 다시 [영역별 꾸미기] 탭에서 [게시판]을 클릭합니다. 게시판 디자인 목록에서 원하는 **디자인을 선택**하고 적용되는 것을 확인합니다.

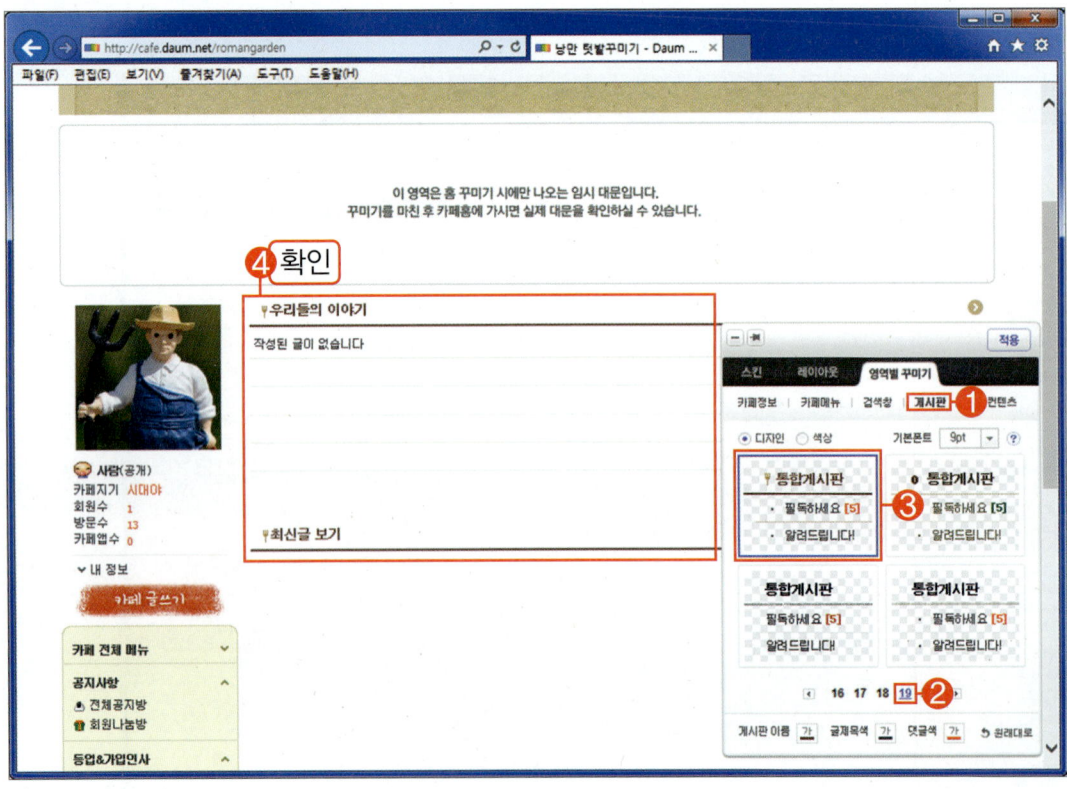

02 게시판의 기본 디자인이 변경되면 [영역별 꾸미기] 아래쪽에서 **게시판 이름의 글꼴 색과 댓글 색을 각각 원하는 색으로 변경**하고 [적용]을 클릭합니다.

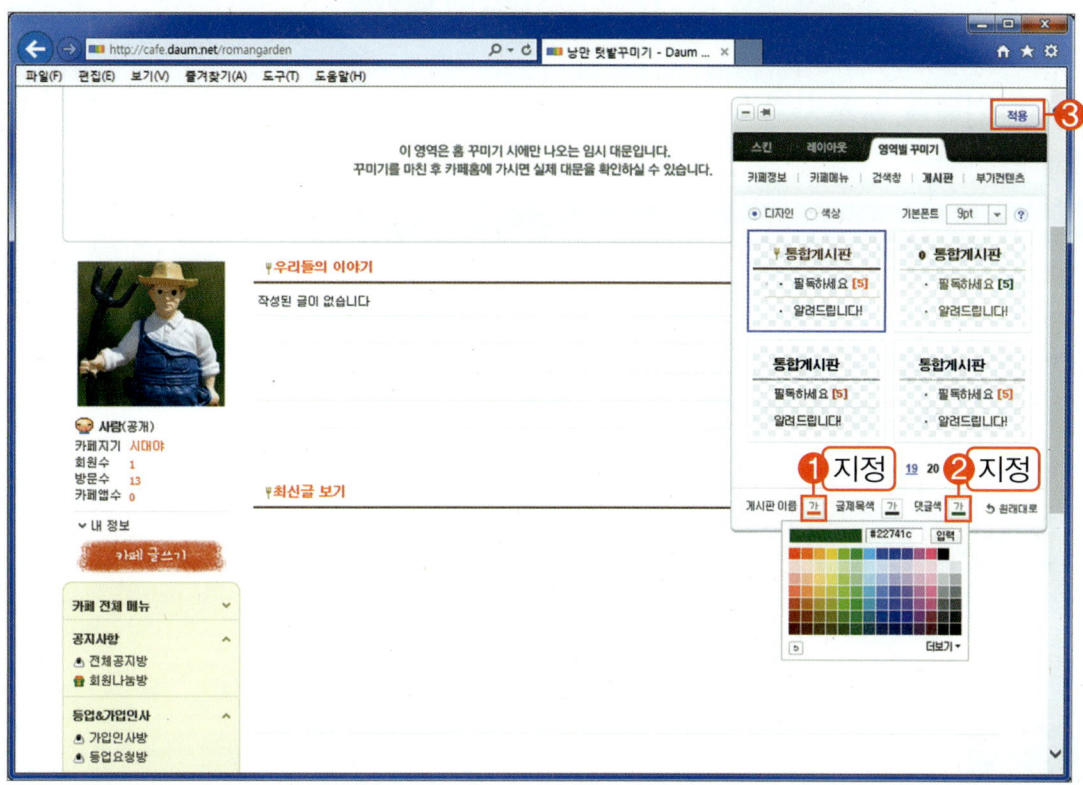

03 '현재 설정을 카페에 적용하시겠습니까?'라는 메시지 상자에서 [확인]을 누르고, 다시 '카페에 적용되었습니다.'라는 메시지 상자에서 [카페홈 가기]를 클릭합니다.

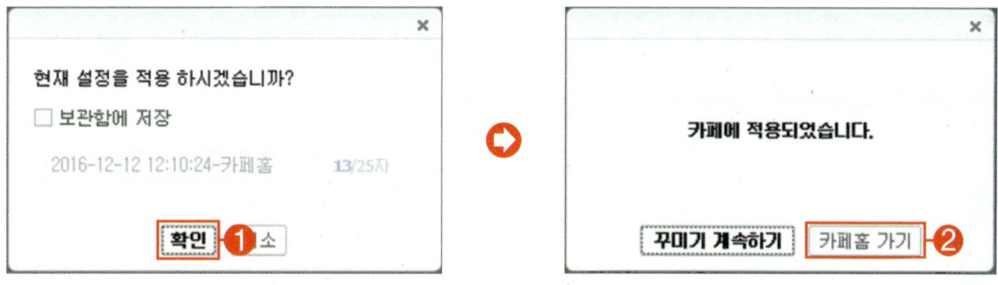

04 카페 홈페이지로 이동되면 카페 정보와 메뉴가 변경된 것을 확인합니다.

1 카페의 타이틀을 템플릿을 이용해 그림과 같이 변경하고 대문을 다른 사진형으로 변경해 봅니다.

도움터 카페 대문 사진형 종류 : 3D 슬라이드

2 카페 정보 영역과 카페 메뉴의 디자인을 그림과 같이 자유롭게 변경해 봅니다.

카페에 다양한 자료 올리기

이번 장에서는 서명이 포함된 사진과 동영상 파일을 포함하여 게시글을 올리는 방법을 배워 봅니다. 특정 글자에 하이퍼링크를 연결하거나 지도와 투표를 첨부하여 게시글을 올리는 방법도 알아보도록 하겠습니다.

 무엇을 배울까요?

- 사진과 동영상이 있는 게시글 올리기
- 지도와 투표가 있는 게시글 올리기

예제파일 : 딸기모종.jpg, 무당벌레.mp4

01 사진과 동영상이 있는 게시글 올리기

사진과 서명이 포함된 게시글 올리기

01 카페에 새로운 게시글을 등록하기 위해 자신의 카페에 접속한 후 **[파종과모종방] 게시판을 선택**하고 **[글쓰기]를 클릭**합니다.

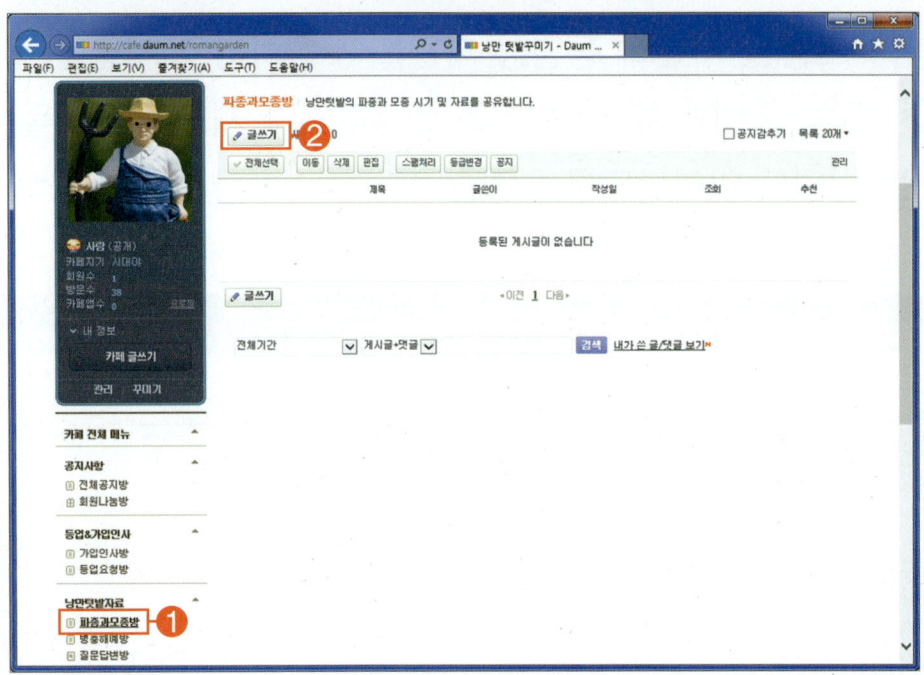

02 글쓰기 페이지가 나타나면 **제목과 내용을 입력**한 후 그림을 삽입할 위치에 **커서를 이동**하고 **[사진]을 클릭**합니다.

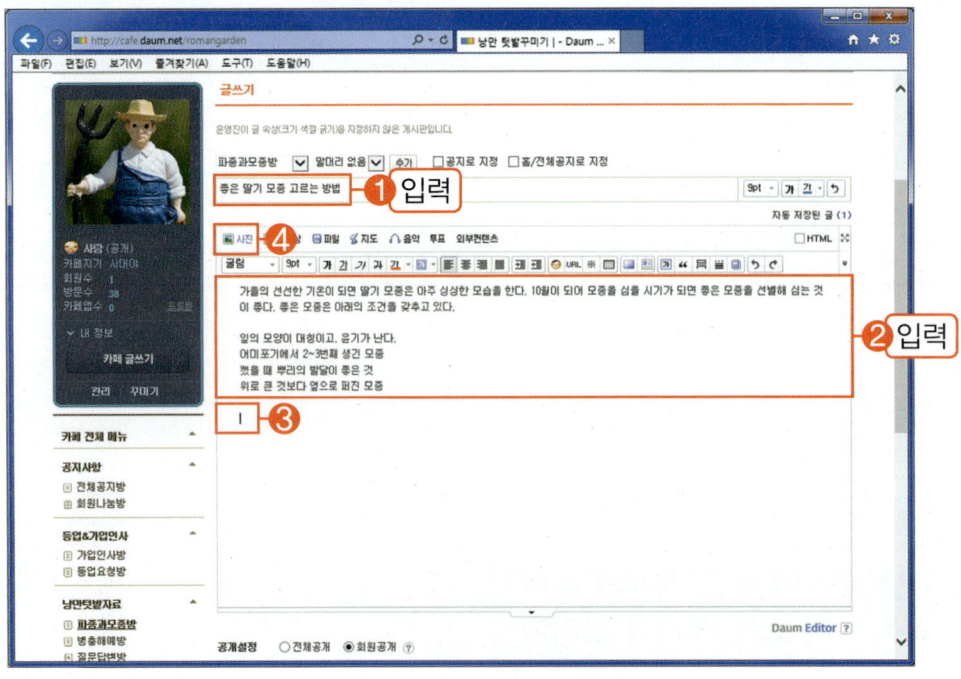

48 • 스마트한 생활을 위한 카페와 블로그

03 [이미지 첨부] 창이 실행되면 [사진추가하기]를 클릭합니다. [업로드할 파일 선택] 대화상자에서 '**딸기모종.jpg**' 그림 파일을 **선택**한 후 [열기]를 클릭합니다.

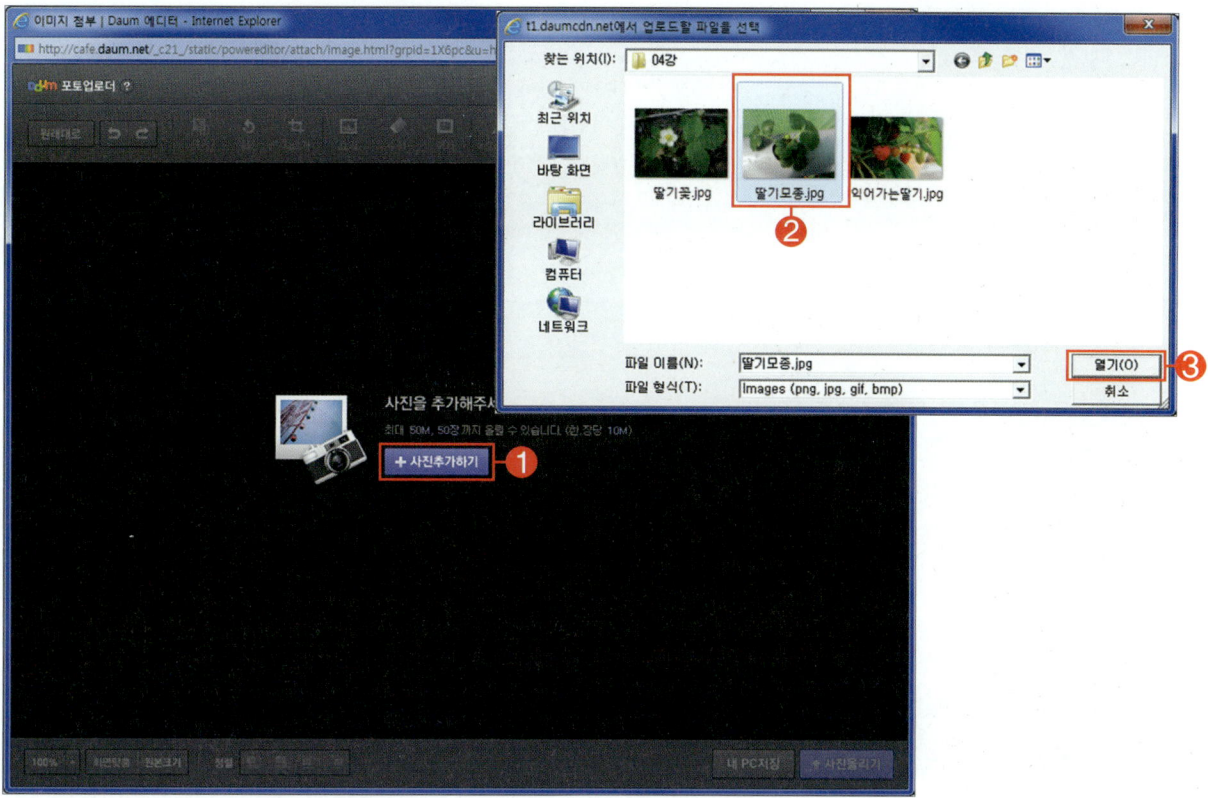

04 사진이 삽입되면 [서명( )]을 클릭하여 사진 오른쪽 아래에 카페 URL이 자동으로 표시되면 [적용]을 클릭합니다.

04 카페에 다양한 자료 올리기 • **49**

05 [사진올리기]를 **클릭**하여 '사진을 등록 하시겠습니까?'라는 메시지 상자가 나타나면 [확인]을 **클릭**합니다.

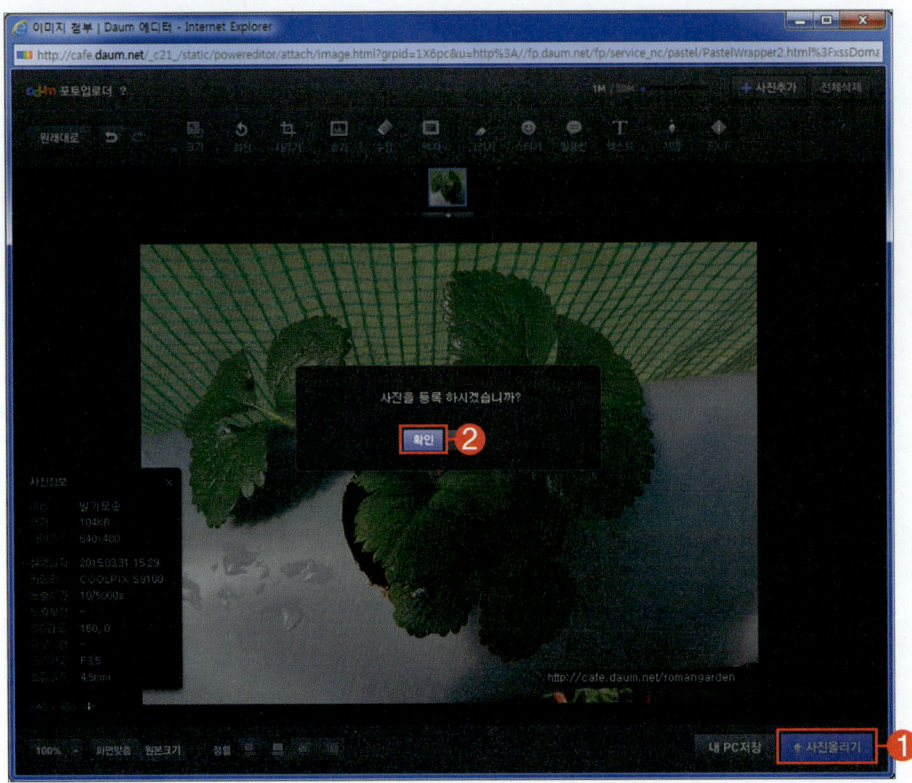

06 사진이 추가되면 [확인]을 클릭한 후 '게시물이 등록되었습니다.' 페이지가 나타나면 [목록보기]를 **클릭**합니다.

07 사진이 포함된 **게시글이 등록된 것을 확인합니다.**

동영상이 포함된 게시글 올리기

01 [병충해예방] 게시판을 선택한 후 [글쓰기]를 클릭합니다. 글쓰기 페이지에서 제목과 내용을 입력한 후 동영상을 삽입할 위치에서 커서를 이동하고 [동영상]을 클릭합니다.

02 [동영상 첨부] 창이 실행되면 [직접 올리기] 탭에서 [파일 찾기]를 클릭합니다. [업로드할 파일 선택] 대화상자에서 '무당벌레.mp4' 영상 파일을 선택하고 [열기]를 클릭합니다. 계속해서 [카테고리 선택]을 클릭하여 선택한 영상이 포함된 카테고리를 선택한 후 [올리기]를 클릭합니다.

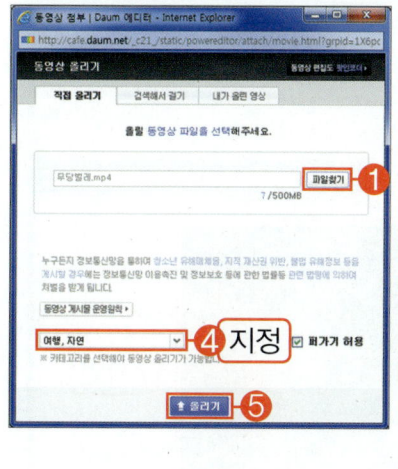 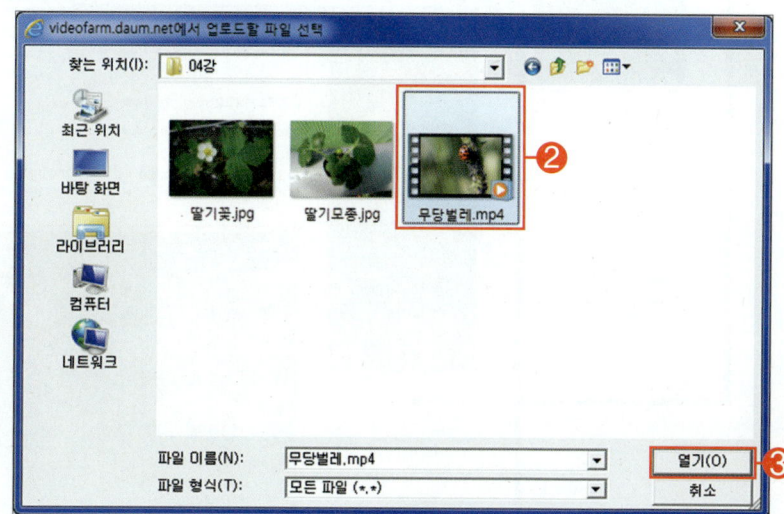

03 [대표 이미지 선택] 탭에서 원하는 **이미지를 선택**한 후 [등록]을 **클릭**하여 동영상이 삽입되면 [확인]을 클릭합니다.

04 '게시물이 등록되었습니다.' 페이지가 나타나면 [작성한 글 확인]을 **클릭**하여 동영상이 포함된 게시글이 등록된 것을 확인합니다.

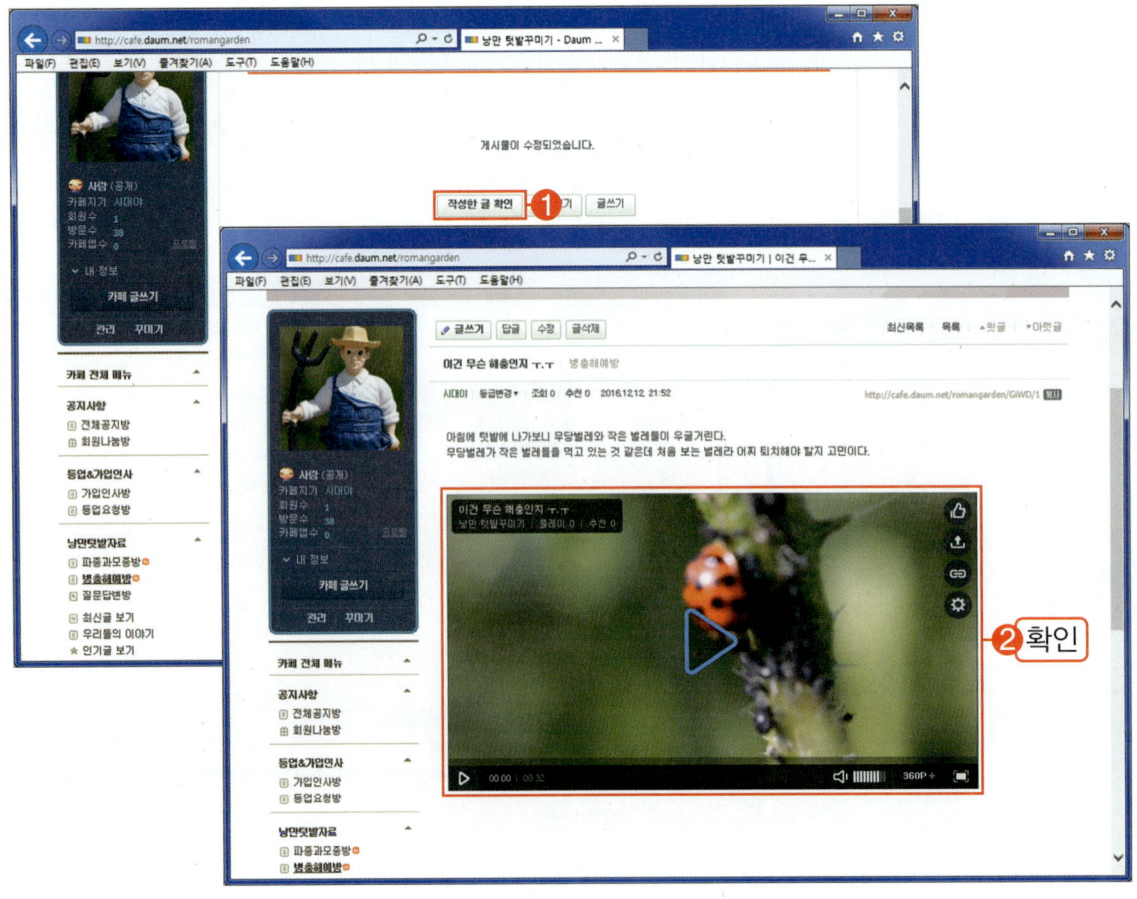

지도와 투표가 있는 게시글 올리기

🖱 특정 URL 주소 복사하기

01 새로운 인터넷 익스플로러 창에서 다음에 접속한 후 [사전]-[백과사전]을 순서대로 클릭합니다.

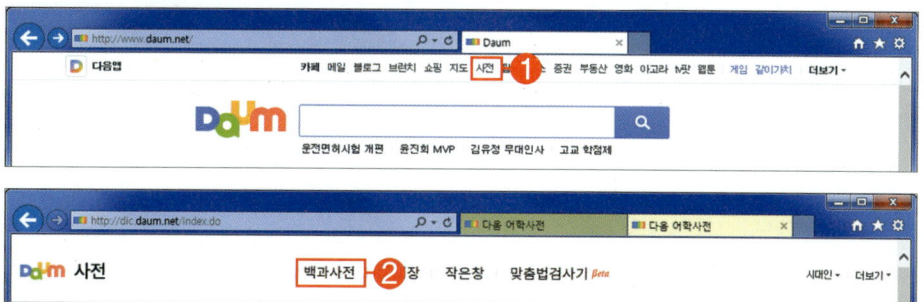

02 '다음' 백과사전 페이지의 검색란에서 **'딸기재배방법'을 입력**한 후 Enter 키를 눌러 검색 결과가 표시되면 **원하는 정보를 클릭**합니다.

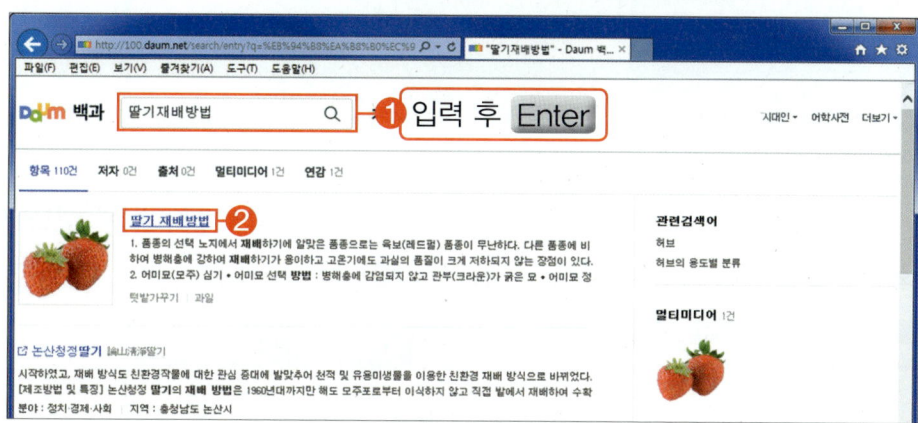

03 해당 페이지의 **주소 표시줄을 클릭**하여 URL 주소가 선택되면 Ctrl + C 키를 눌러 주소를 복사하고 해당 **창을 닫습니다**.

게시글 수정과 하이퍼링크 지정하기

01 [파종과모종방] 게시판에서 '좋은 딸기 모종 고르는 방법' 게시글을 클릭하여 해당 게시글이 표시되면 [수정]을 클릭합니다.

02 게시글을 수정할 수 있는 상태로 변경되면 그림 아래에 '〈자세한 내용 보러가기〉'를 입력한 후 블록 지정하여 글꼴 서식을 그림과 같이 설정합니다.

03 '〈자세한 내용 보러가기〉' 글자를 블록 지정한 후 [URL]을 클릭합니다. 주소를 입력할 수 있는 영역이 표시되면 Ctrl + V 키를 눌러 URL 주소를 붙여넣기 한 후 [확인]을 클릭합니다.

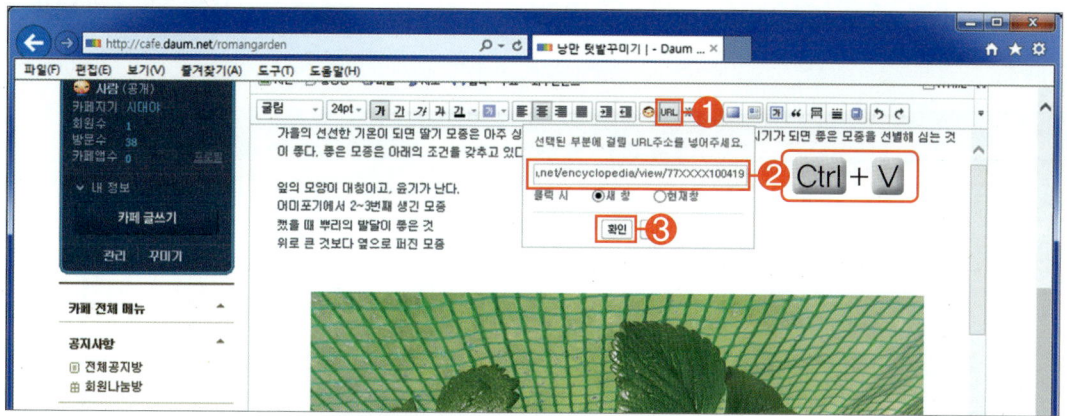

04 [미리보기]를 눌러 '자세한 내용 보러가기' 글자에 마우스 포인터를 위치할 경우 마우스 포인터 모양이 변경됩니다. 클릭하여 연결된 URL 페이지로 이동할 수 있습니다. [확인]을 클릭합니다.

05 수정 페이지로 돌아와서 [수정]을 클릭하면 게시글 수정이 완료됩니다.

지도 첨부하기

01 [전체공지방] 게시판을 선택하고 [글쓰기]를 클릭하면 글쓰기 페이지가 나타납니다. 제목과 내용을 입력한 후 지도를 삽입할 위치에 커서를 이동하고 [지도]를 클릭합니다.

02 [지도첨부] 창이 나타나면 '장소, 주소검색'란에 원하는 주소를 입력한 후 Enter 키를 눌러 검색 목록에서 원하는 장소를 선택합니다.

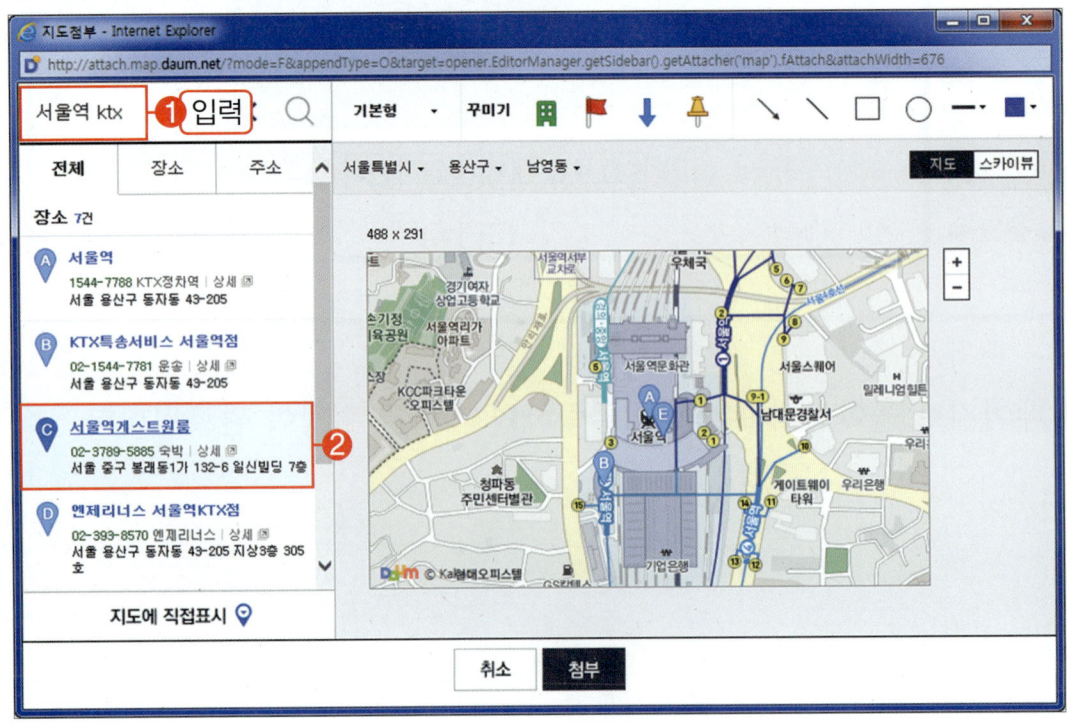

03 지도에 선택한 지역이 표시되면 지도의 종류를 [와이드형]으로 변경한 후 [첨부]를 클릭하여 지도가 삽입된 것을 확인합니다.

투표 첨부하기

01 그림과 같이 내용을 입력한 후 투표를 삽입할 위치에 커서를 이동하고 [투표]를 클릭합니다.

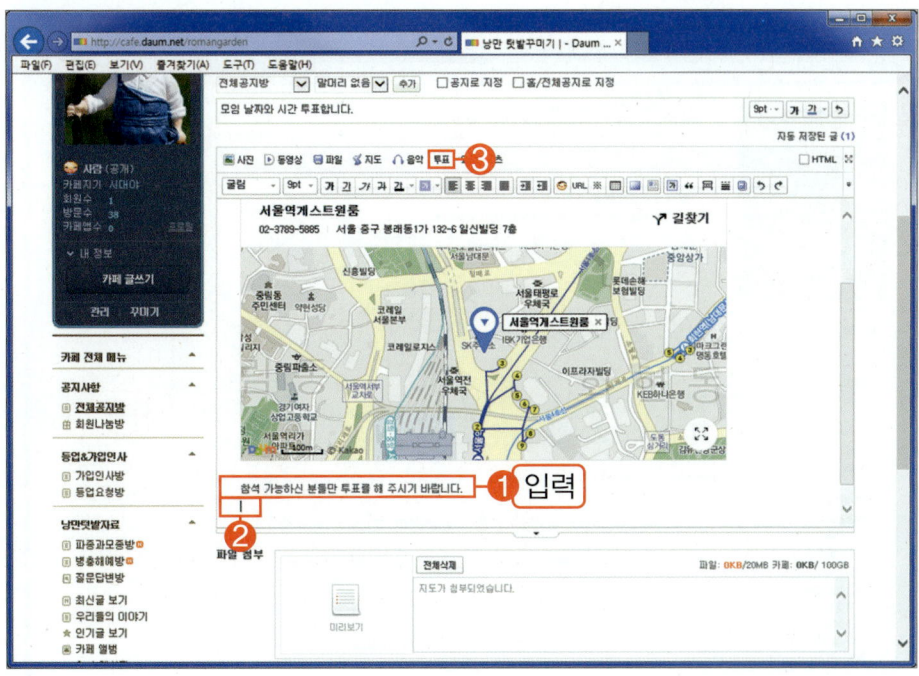

04 카페에 다양한 자료 올리기 • 57

02 [투표 만들기] 창이 나타나면 투표 게시 날짜와 보기 **항목을 입력**하고 [등록]을 클릭합니다. 투표가 첨부되면 [확인]을 클릭합니다.

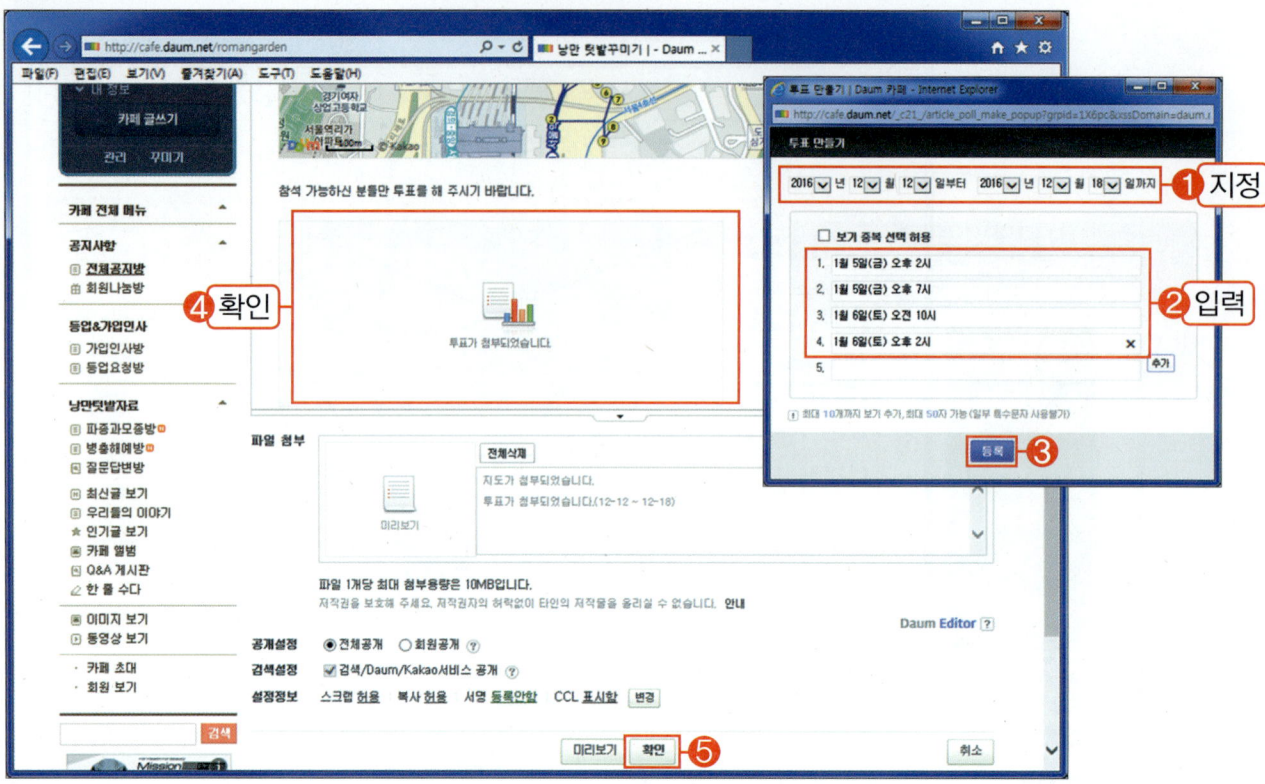

03 '게시물이 등록되었습니다.' 페이지가 나타나면 [작성한 글 확인]을 클릭하여 지도와 투표가 등록된 것을 확인합니다.

1 [파종과모종방] 게시판에 제목, 내용, 사진이 포함된 게시글을 올리고 결과를 확인해 봅니다.

예제파일 : 딸기꽃.jpg

도움터 사진에 서명 삽입 방법 : 사진 올리기에서 [서명] 클릭

2 [전체공지방] 게시판에 제목, 내용, 지도, 투표가 포함된 게시글을 올리고 결과를 확인해 봅니다.

도움터 지도 검색어 : 남대문시장

똑 소리 나게 카페 회원관리하기

이번 장에서는 중요한 게시글을 전체 공지글로 지정하고 게시판지기 임명 및 회원 등급 관리 방법을 알아봅니다. 또한 카페 전체 메일과 쪽지 보내기 기능을 이용해 회원들에게 소식을 전하는 방법에 대해 알아보도록 하겠습니다.

 무엇을 배울까요?

⋯⋯ 공지글 지정 및 회원 등업하기
⋯⋯ 메일/쪽지 보내기와 통계 확인하기

공지글 지정 및 회원 등업하기

전체 공지글 지정하기

01 [전체공지방] 게시판에서 '유기농 딸기 판매합니다.' 게시글을 클릭하여 해당 게시글이 표시되면 [수정]을 클릭합니다.

02 게시글을 수정할 수 있는 상태로 변경되면 제목 위에서 '홈/전체 공지로 지정' 항목을 체크 표시한 후 [수정]을 클릭합니다.

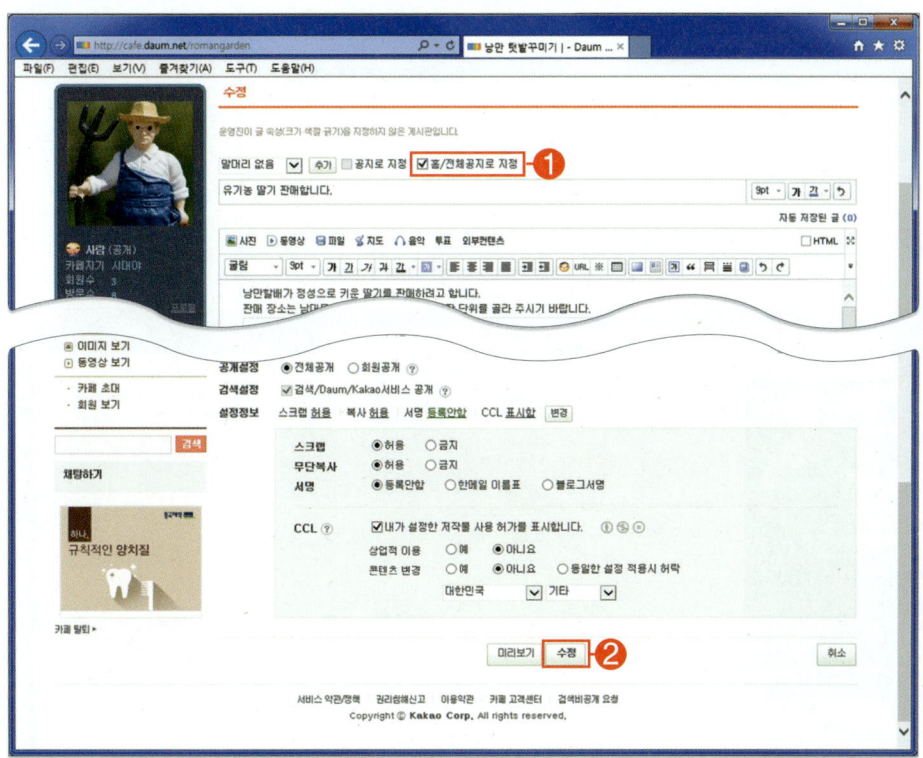

03 [병충해예방] 게시판을 클릭하여 가장 위에 '유기농 딸기 판매합니다.' 게시글이 공지글로 지정된 것을 확인합니다.

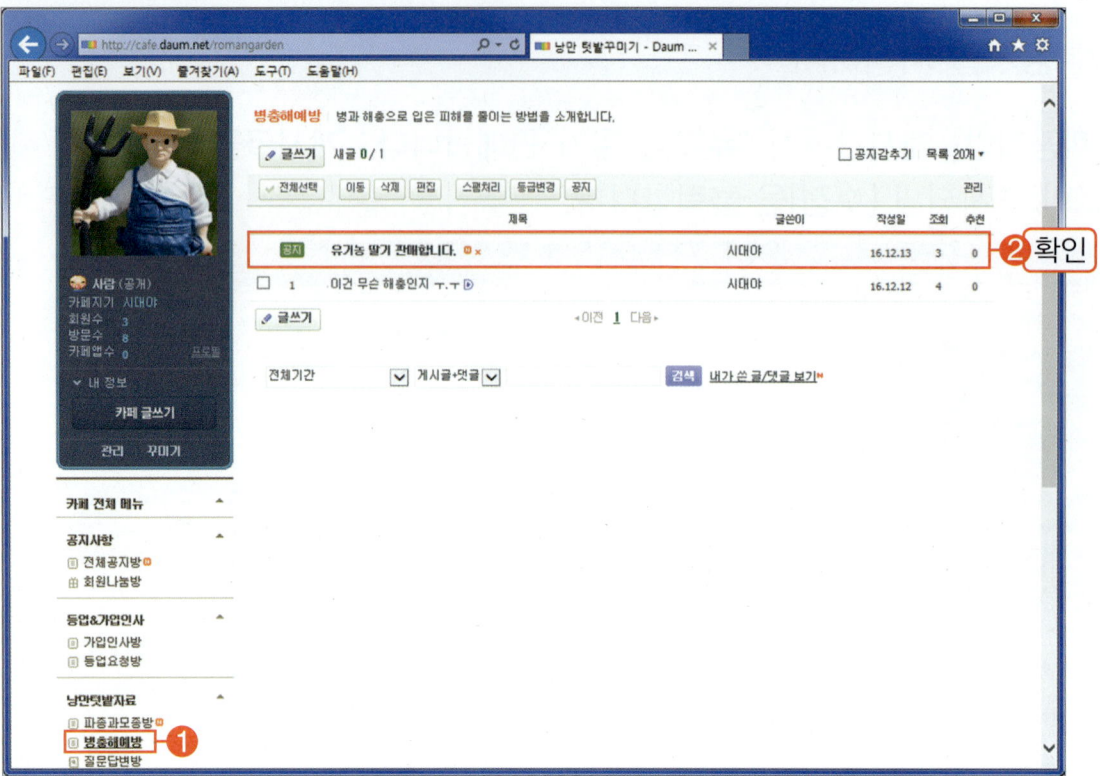

등업대기 회원 등업 시키기

01 [등업요청방] 게시판을 클릭 한 후 등업 요청 게시글을 클릭하여 해당 게시글이 표시되면 [등급변경]을 클릭하여 목록에서 [정회원]을 선택합니다.

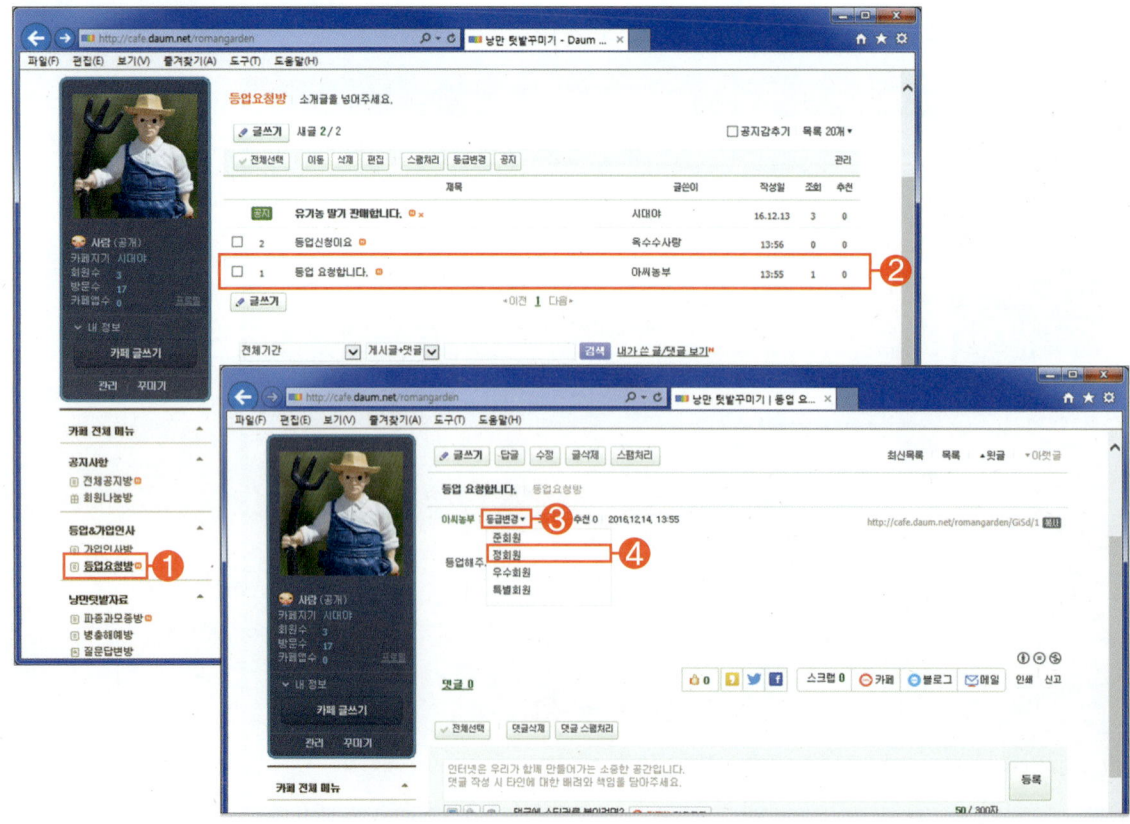

02 '회원 등급이 변경되었습니다.'라는 메시지 상자가 나타나면 [확인]을 클릭합니다.

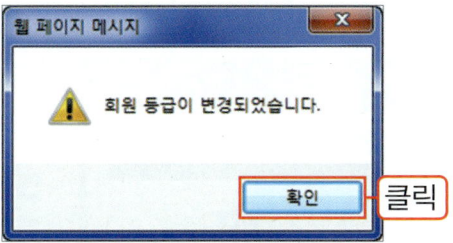

03 다른 방법으로 회원 등급을 변경하기 위해 [관리]를 클릭한 후 카페 관리 페이지가 표시되면 [회원, 운영진]의 [전체 회원]을 클릭합니다.

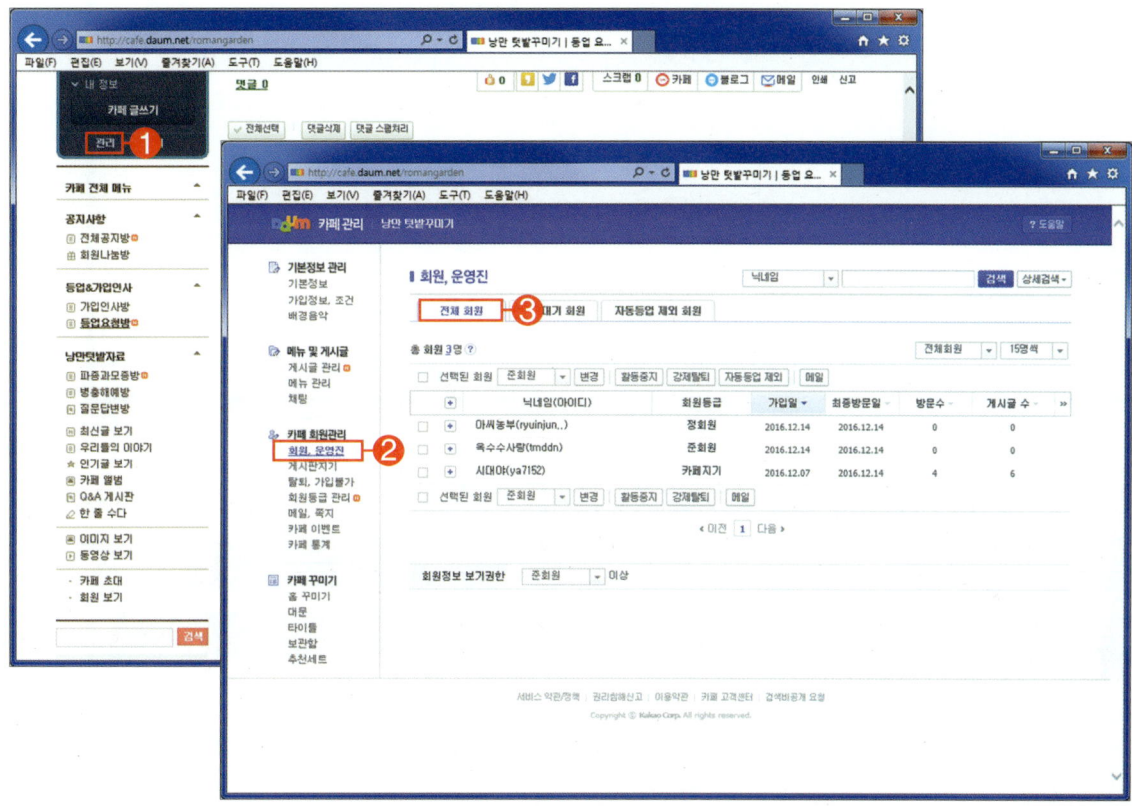

배움터) 불량 게시글 삭제 및 스팸처리 방법

불량 게시글의 경우 해당 게시글에서 [삭제]를 클릭하여 삭제하거나 [스팸처리]를 클릭하여 불량 게시글을 등록한 아이디로 다시 글을 쓸 수 없도록 조치할 수 있습니다.

05 똑소리 나게 카페 회원관리하기 • 63

04 전체 회원 목록이 표시되면 **등급을 변경할 회원을 체크** 표시한 후 **변경할 회원 종류를 선택**하고 **[변경]**을 클릭합니다.

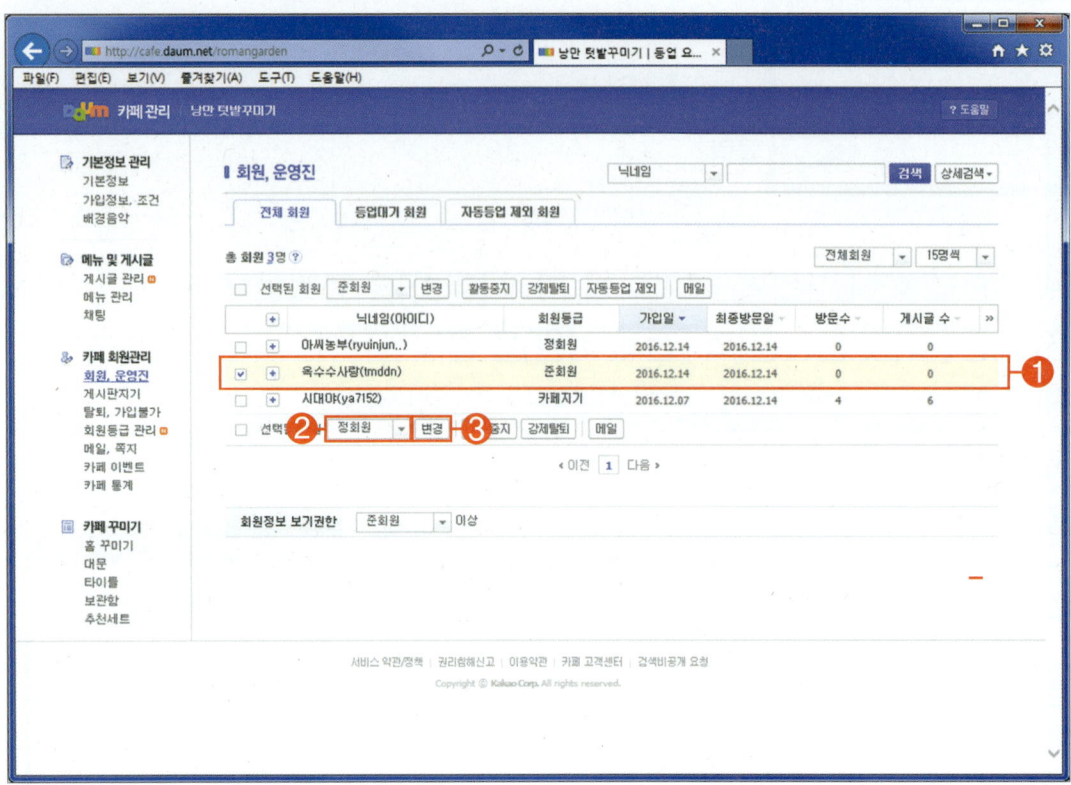

05 선택한 '준회원'이 '정회원'으로 변경된 것을 확인합니다.

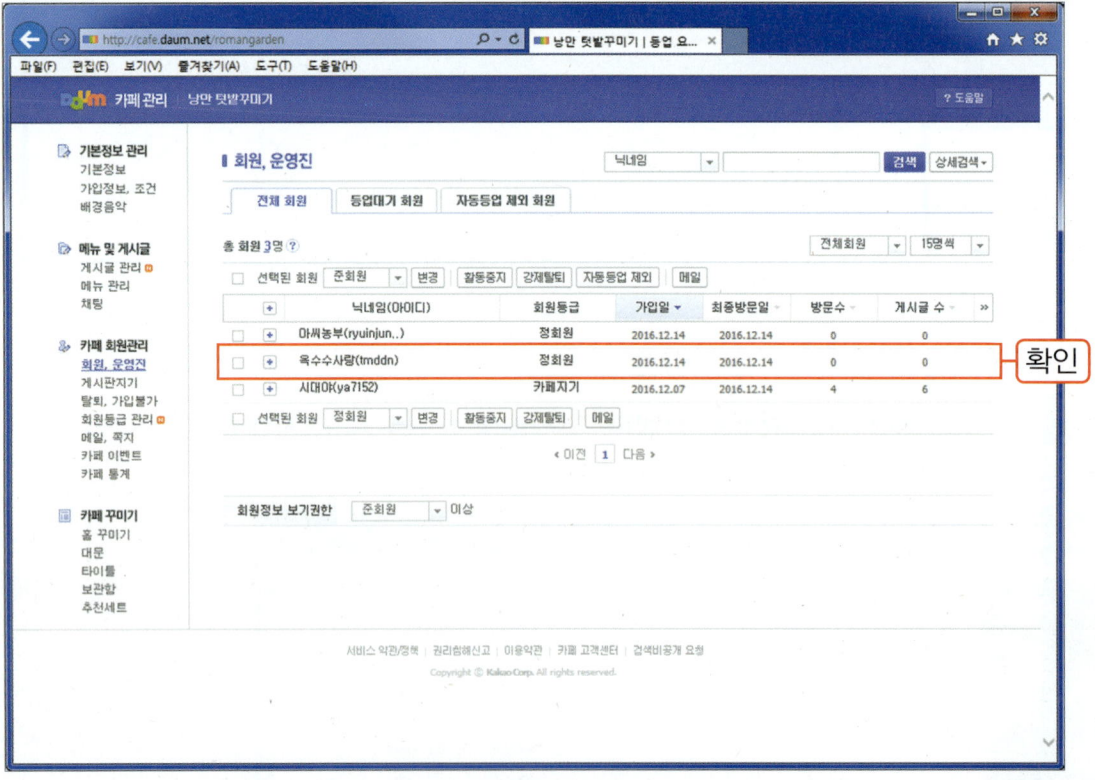

게시판지기 임명하기

01 [게시판지기]를 선택하여 게시판 목록이 표시되면 [등업요청방]과 [가입인사방] 게시판을 선택하고 [선정]을 클릭합니다.

02 [게시판지기 선정] 창에서 닉네임이나 아이디를 입력하여 검색합니다. 검색 결과에서 원하는 회원을 선택하고 [선정]과 [닫기]를 클릭하여 결과를 확인합니다.

05 똑소리 나게 카페 회원관리하기 • 65

03 화면 왼쪽 위에서 **카페 이름을 클릭**하여 카페 페이지로 이동합니다. **[등업요청방] 게시판을 클릭**하여 지정한 게시판지기가 표시되는 것을 확인합니다.

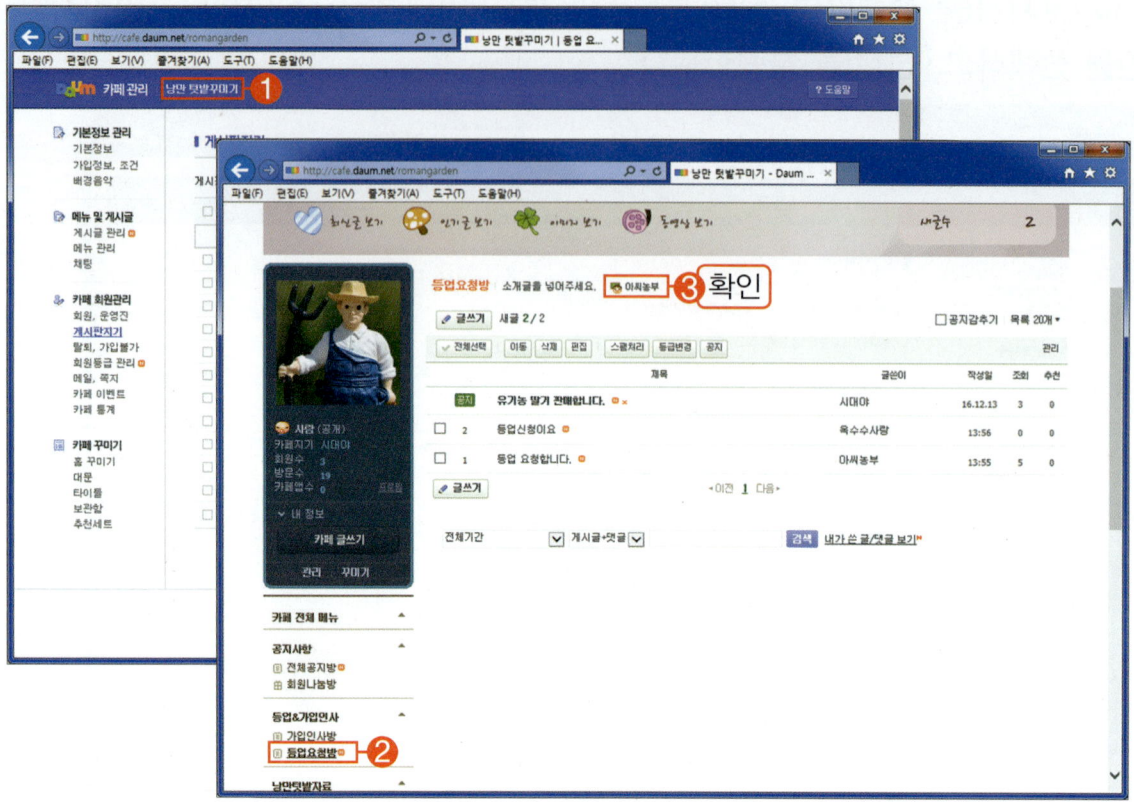

회원 등급 관리하기

01 관리 페이지에서 **[회원등급 관리]를 선택**하여 회원등급 관리 페이지로 이동합니다. **[8등급]을 클릭**하여 새로운 '**우등회원**'이 **추가**되는 것을 확인합니다.

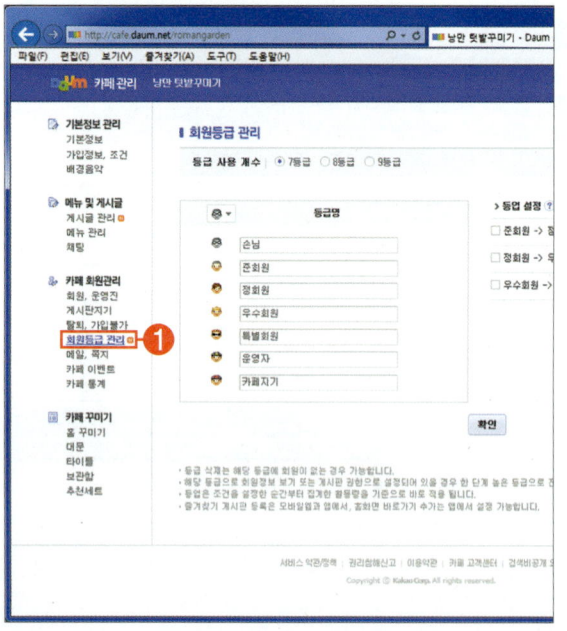 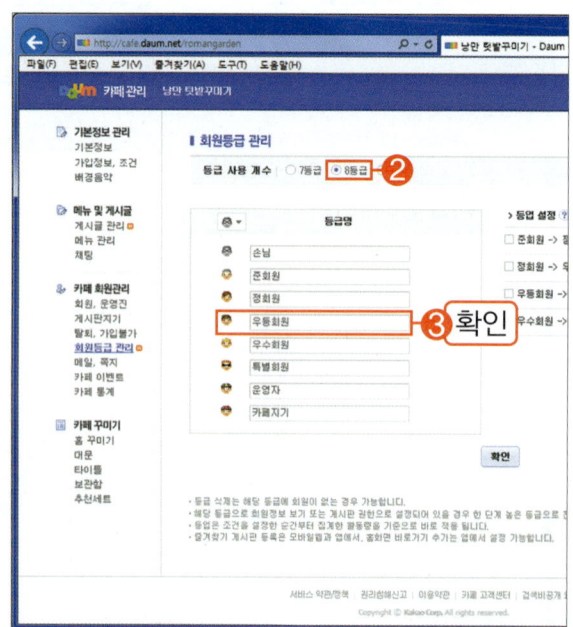

66 • 스마트한 생활을 위한 카페와 블로그

02 '우등회원'을 '스탭회원'으로 수정하고 등업 설정 항목에서 [스탭회원 -> 우수회원] 항목을 체크 표시합니다. 이어서 [설정]을 클릭하여 그림과 같이 지정하고 [확인]을 클릭합니다.

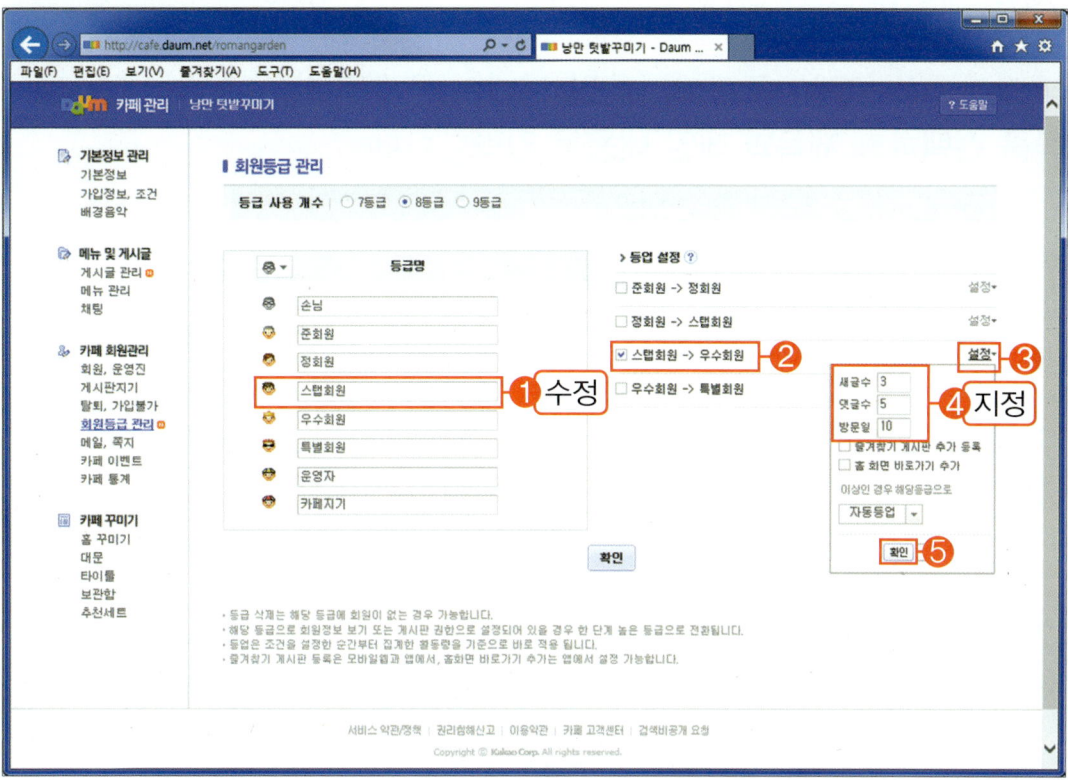

03 자동등업 조건이 표시되면 [확인]을 클릭합니다. [회원등급관리] 메시지 상자가 나타나면 다시 [확인]을 클릭합니다.

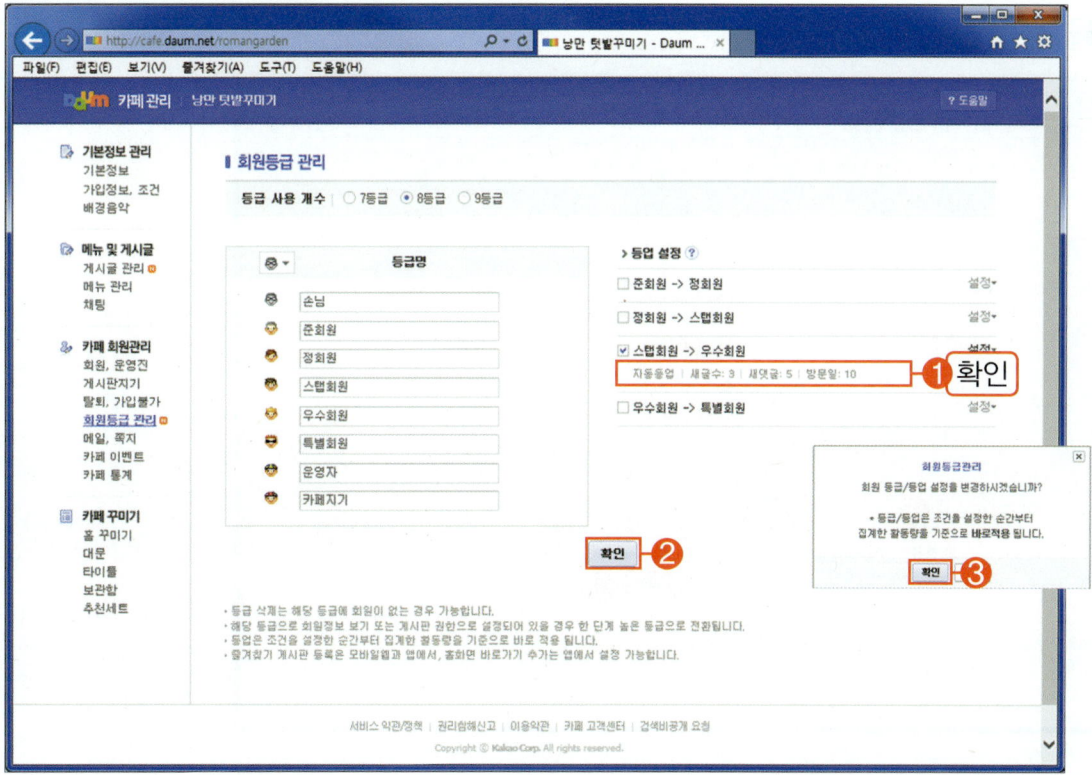

메일/쪽지 보내기와 통계 확인하기

카페 전체 메일과 쪽지 보내기

01 관리 페이지에서 [메일, 쪽지]의 [메일 보내기]를 클릭합니다. 다음과 같이 **디자인 종류를 선택**하고 **제목과 메일 내용을 입력**합니다.

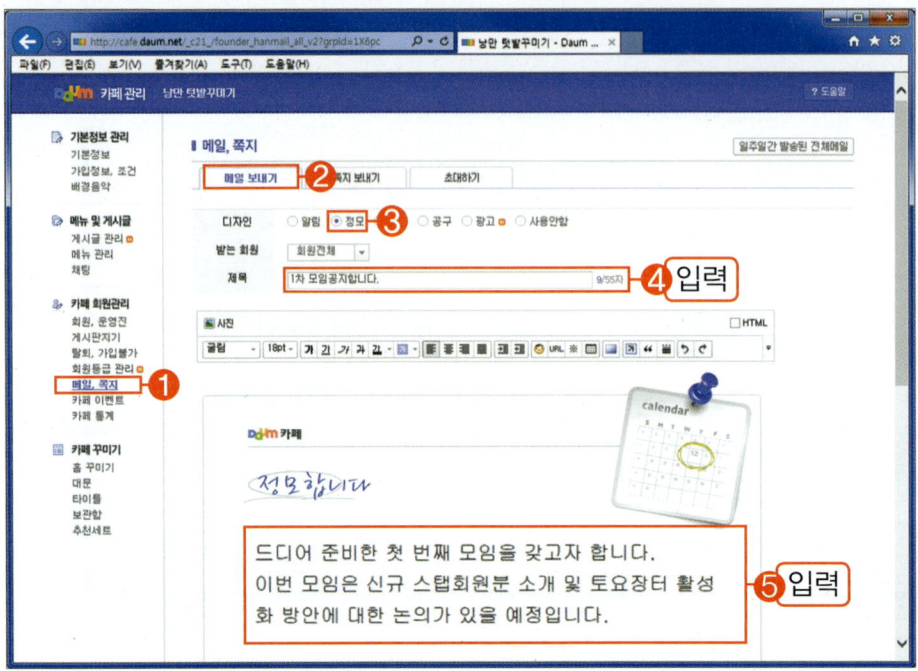

02 아래쪽에서 [메일발송 예약]을 체크 표시한 후 **보낼 날짜와 시간을 지정**하고 [확인]을 클릭합니다.

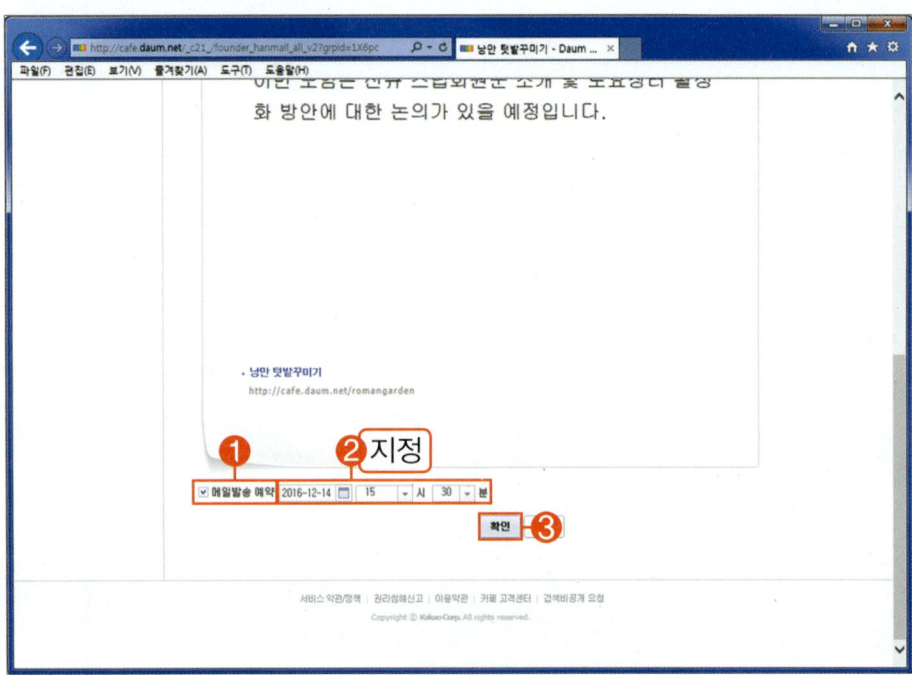

68 • 스마트한 생활을 위한 카페와 블로그

03 메일 내용이 미리보기로 표시되면 [보내기]를 클릭합니다. '보내기 완료'페이지가 나타나면 [확인]을 클릭합니다.

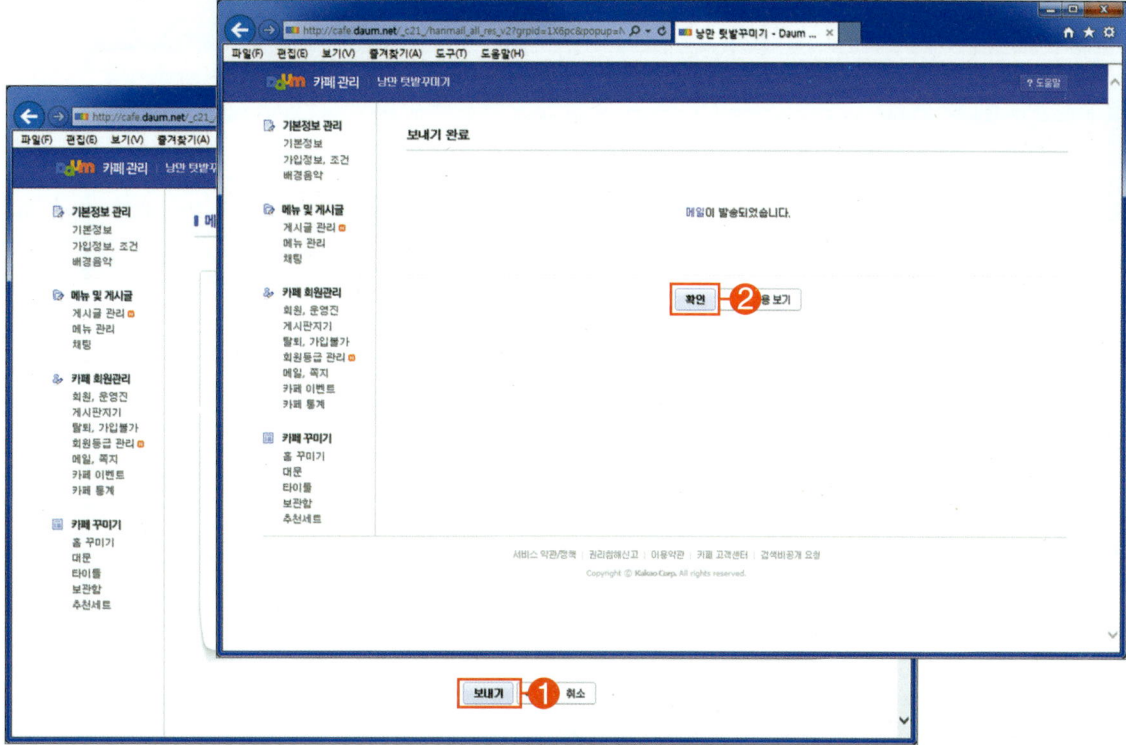

04 다시 [메일, 쪽지]의 [쪽지 보내기]를 클릭하여 쪽지 보내기 페이지가 나타나면 받는 이를 선택한 후 쪽지 내용을 입력하고 [보내기]를 클릭합니다.

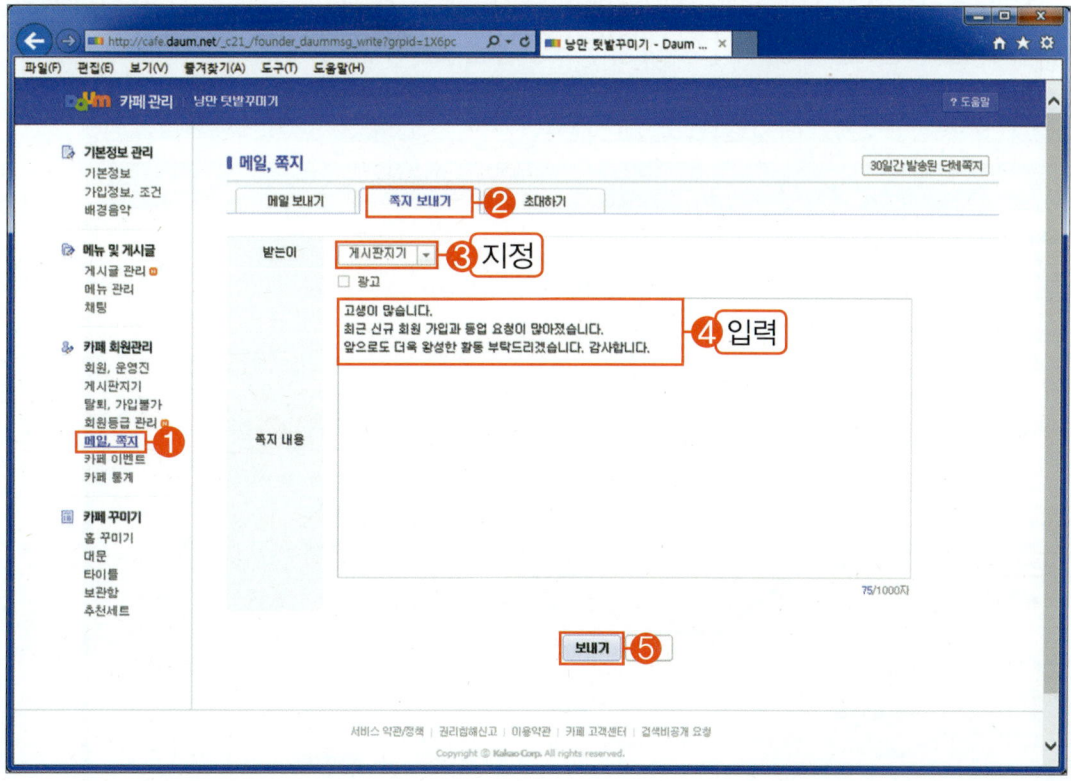

05 메시지 상자가 나타나면 [확인]을 클릭하여 '보내기 완료' 페이지가 나타나면 [확인]을 클릭합니다.

카페 통계 확인하기

01 [카페 통계]를 클릭하면 카페 통계 페이지가 나타납니다. 카페 현황 통계 항목의 [방문자]가 선택된 상태에서 [상세정보보기]를 클릭합니다.

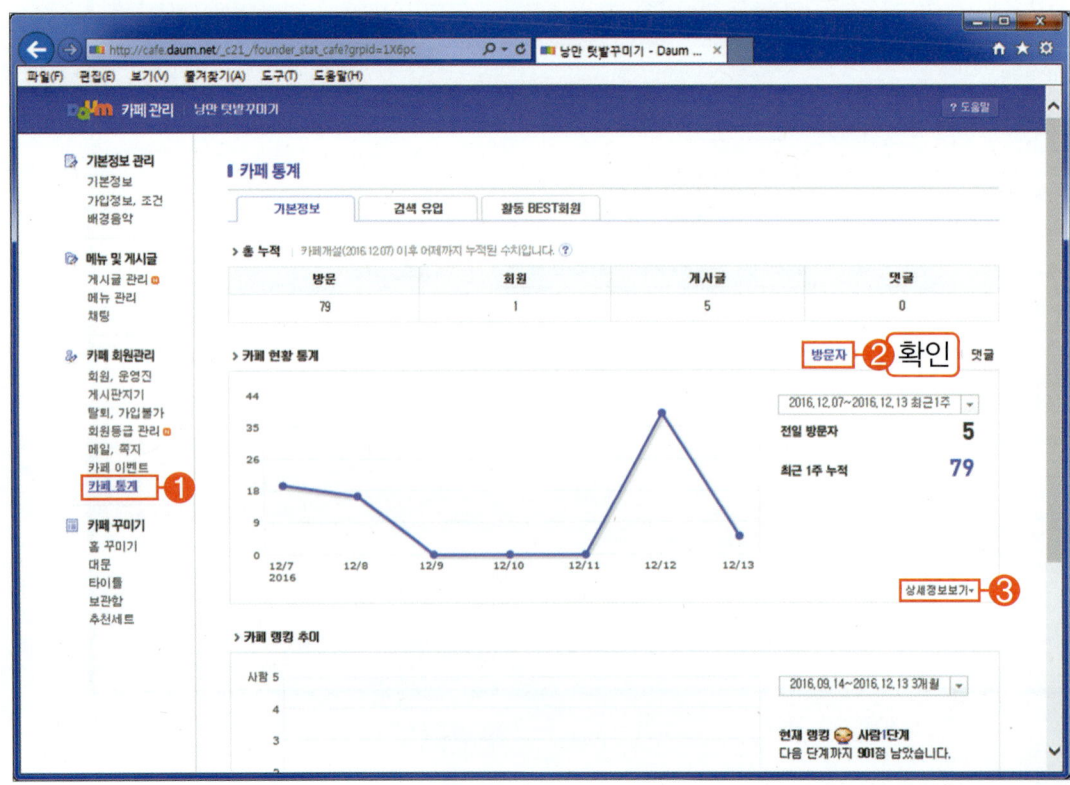

02 최근 일주일간의 방문자, 가입자, 새 게시글 등의 정보가 표 형태로 표시되는 것을 확인합니다.

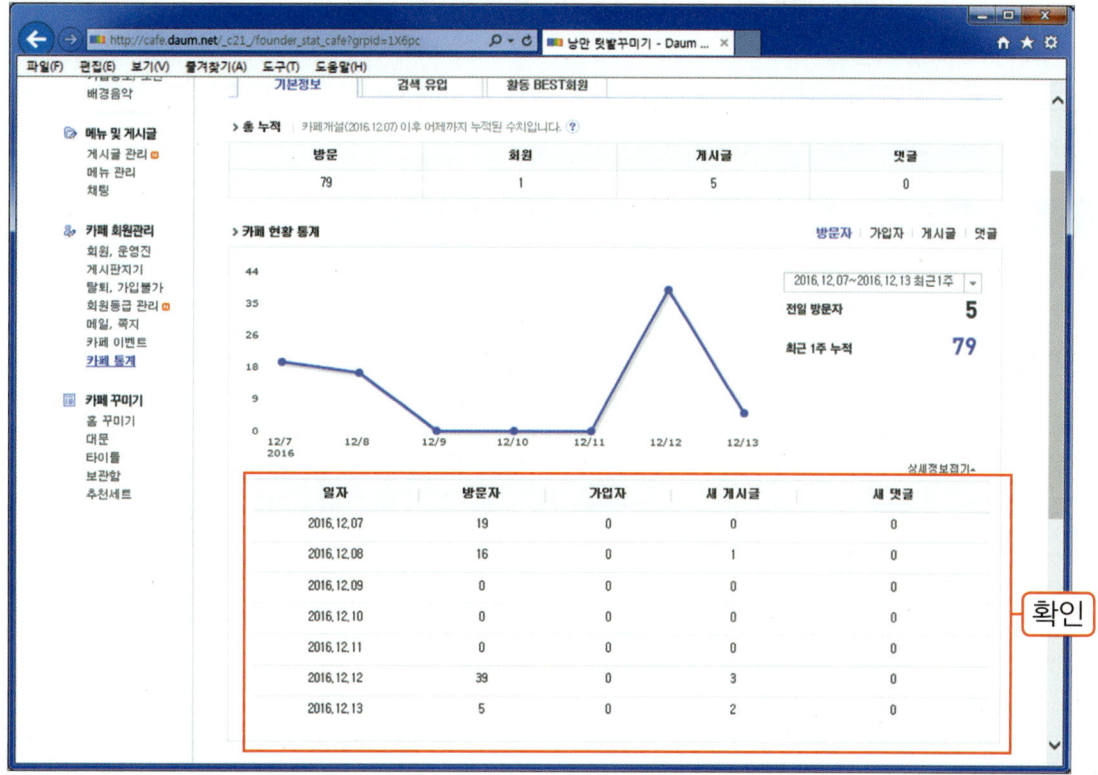

03 카페 현황 통계 항목의 **[게시글]을 클릭**하여 최근 게시글 수가 그래프 형태로 표시되는 것을 확인합니다.

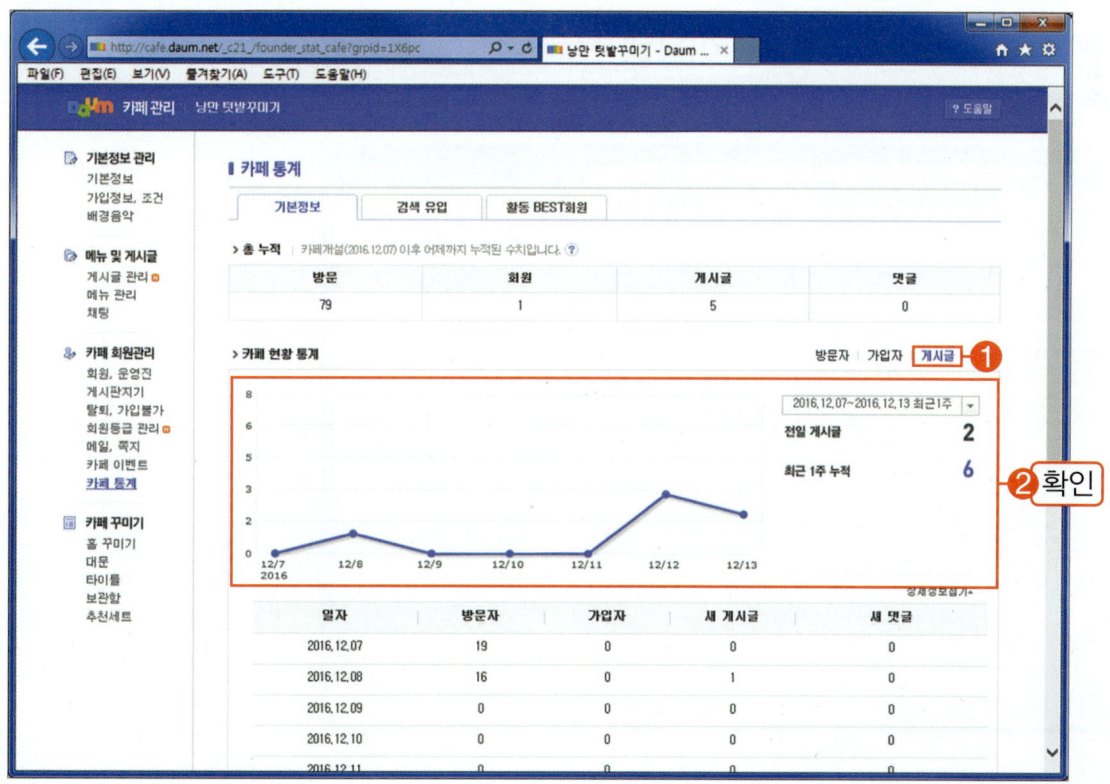

04 화면 왼쪽 위에서 **카페 이름을 클릭**하여 관리 페이지에서 카페 페이지로 이동합니다.

1 '특별회원'을 '자문회원'으로 수정하고 '자문회원'의 자동 등업 조건을 변경해 봅니다.

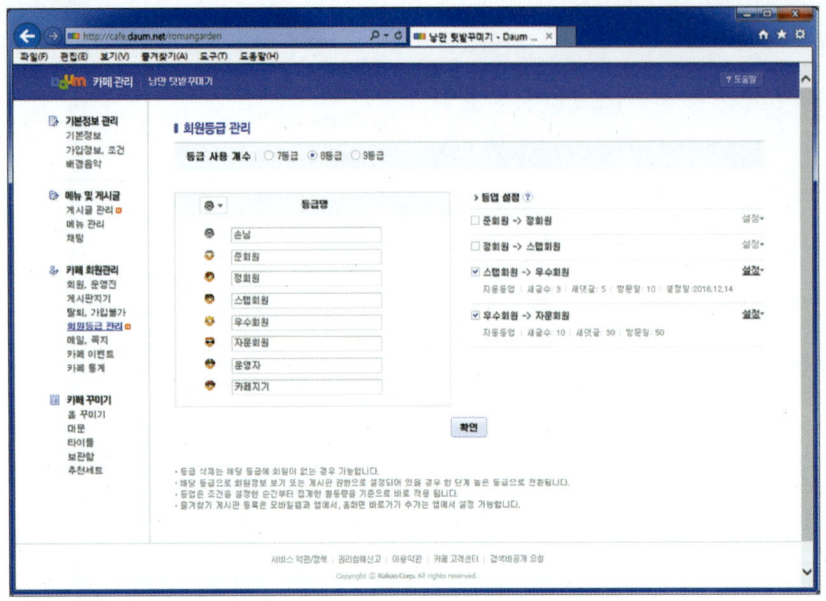

> **도움터** 자문회원 자동 등급 조건 : 새글수-10, 댓글수-30, 방문일-50

2 카페의 메일 보내기 기능을 이용해 전체 회원에게 다음과 같은 공동구매 메일을 발송해 봅니다.

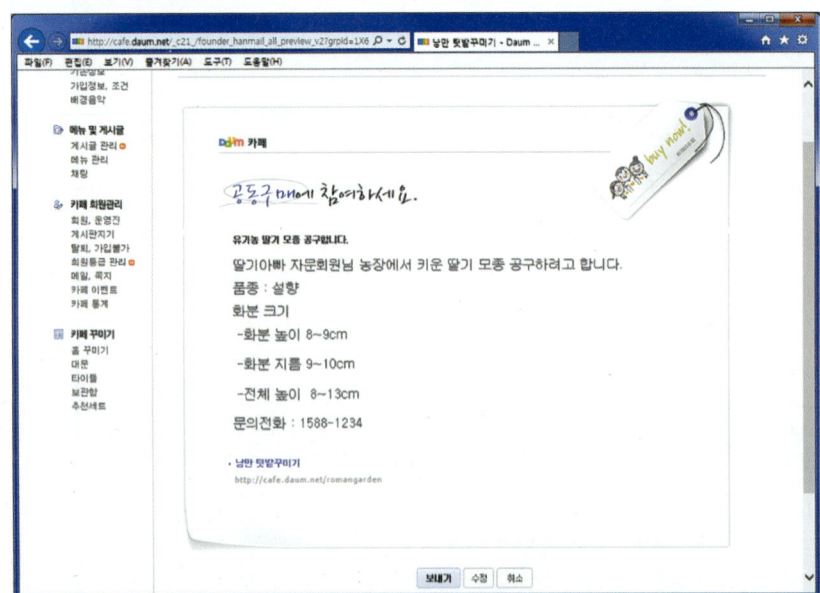

06 네이버 블로그 시작하기

이번 장에서는 네이버의 파워블로그를 둘러보겠습니다. 네이버 회원으로 가입하는 방법과 함께 관심 분야의 블로그를 개설하고 닉네임 설명 추가 및 새 프로필을 작성하는 방법에 대해 알아보도록 하겠습니다.

 무엇을 배울까요?

- ···▶ 파워블로그 둘러보기
- ···▶ 네이버 회원 가입하기
- ···▶ 블로그 개설과 닉네임 설명쓰기
- ···▶ 새 프로필 작성하기

06 네이버 블로그 시작하기 • 73

네이버 회원 가입하기

파워블로그 둘러보기

01 인터넷 익스플로러를 실행합니다. 주소 표시줄에 'www.naver.com'을 입력하고 Enter 키를 누릅니다. 네이버 홈페이지로 접속되면 위쪽에서 [블로그]를 클릭합니다.

02 네이버 블로그 페이지로 이동되면 [파워블로그]를 선택합니다. 세부 카테고리에서 [사진·창작·수집]-[자필문학·에세이]에서 원하는 블로그를 클릭합니다.

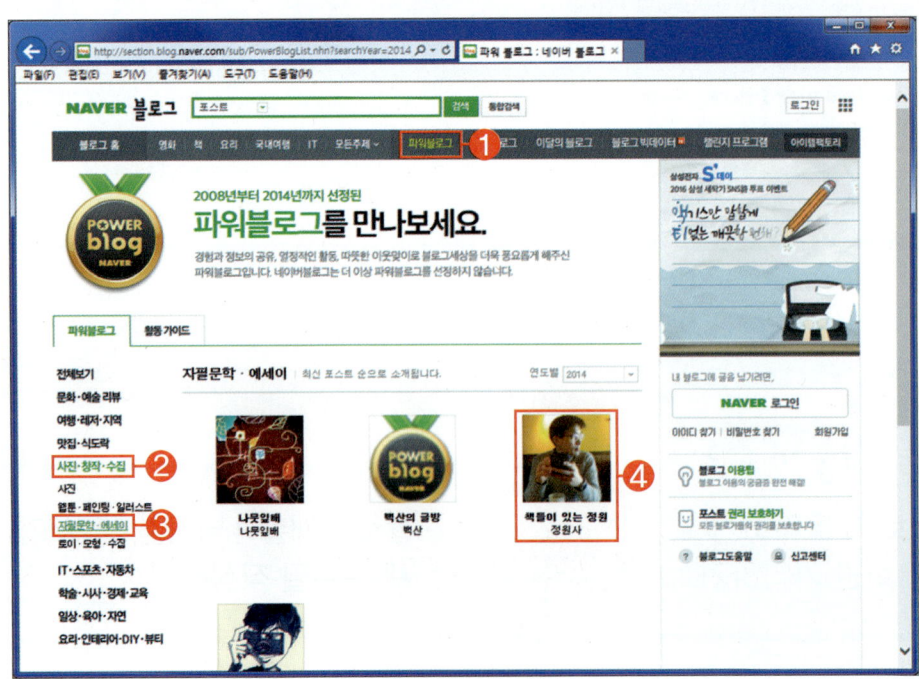

03 선택한 블로그의 프롤로그 페이지로 접속됩니다. **[블로그]를 클릭**하고 하단의 **카테고리에서 원하는 메뉴를 선택**합니다.

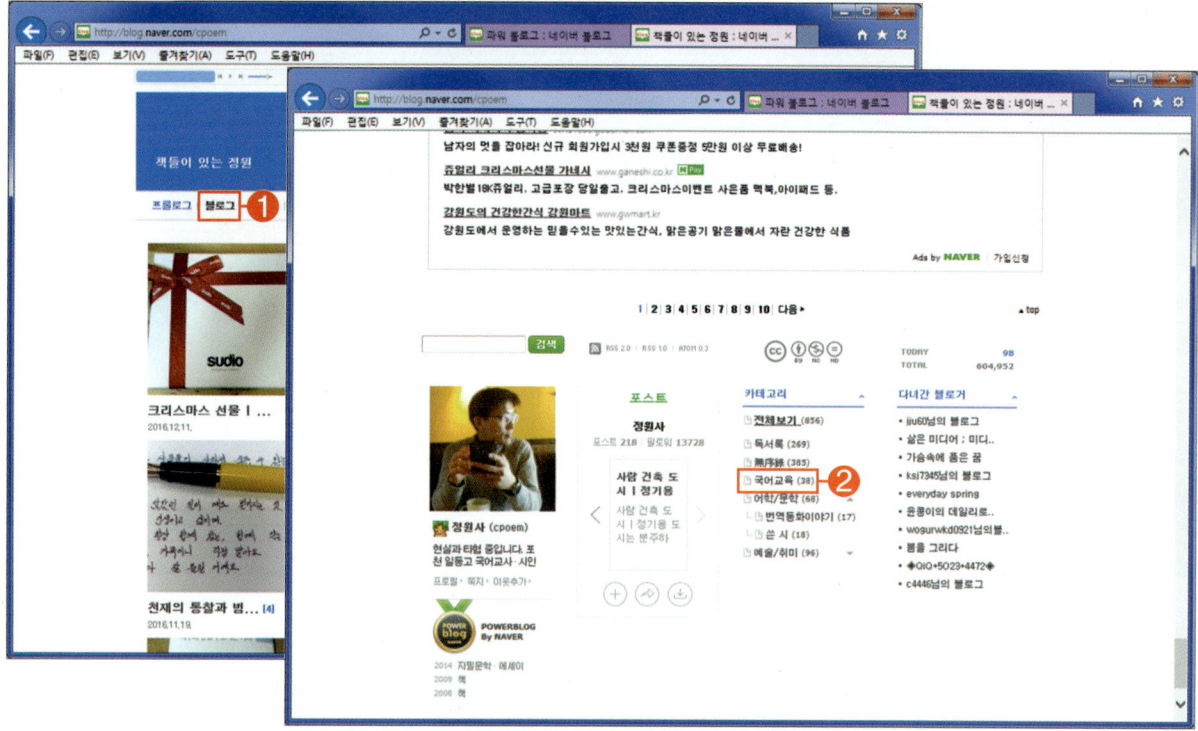

04 선택한 카테고리에 포함된 포스트 내용이 표시되면 내용을 확인한 후 **[목록열기]를 클릭**합니다.

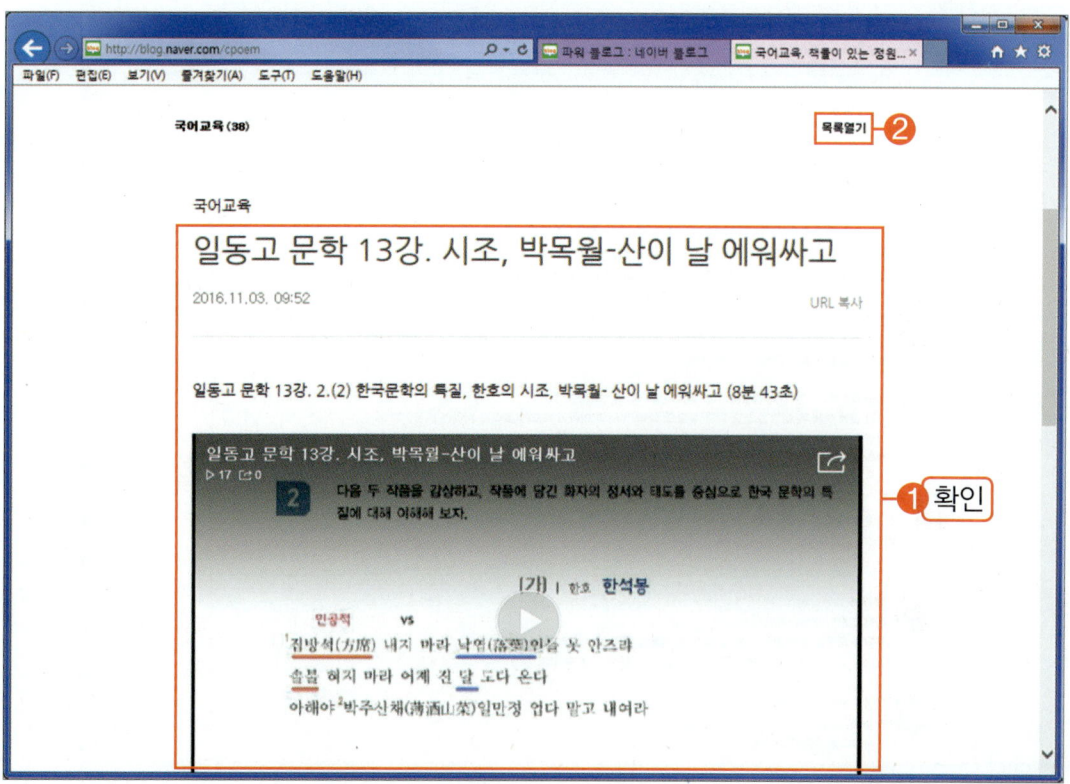

06 네이버 블로그 시작하기 • **75**

05 선택한 카테고리에 포함된 포스팅 내용이 목록으로 표시됩니다. 페이지에서 제목과 댓글 수를 확인한 후 **원하는 제목을 클릭**합니다.

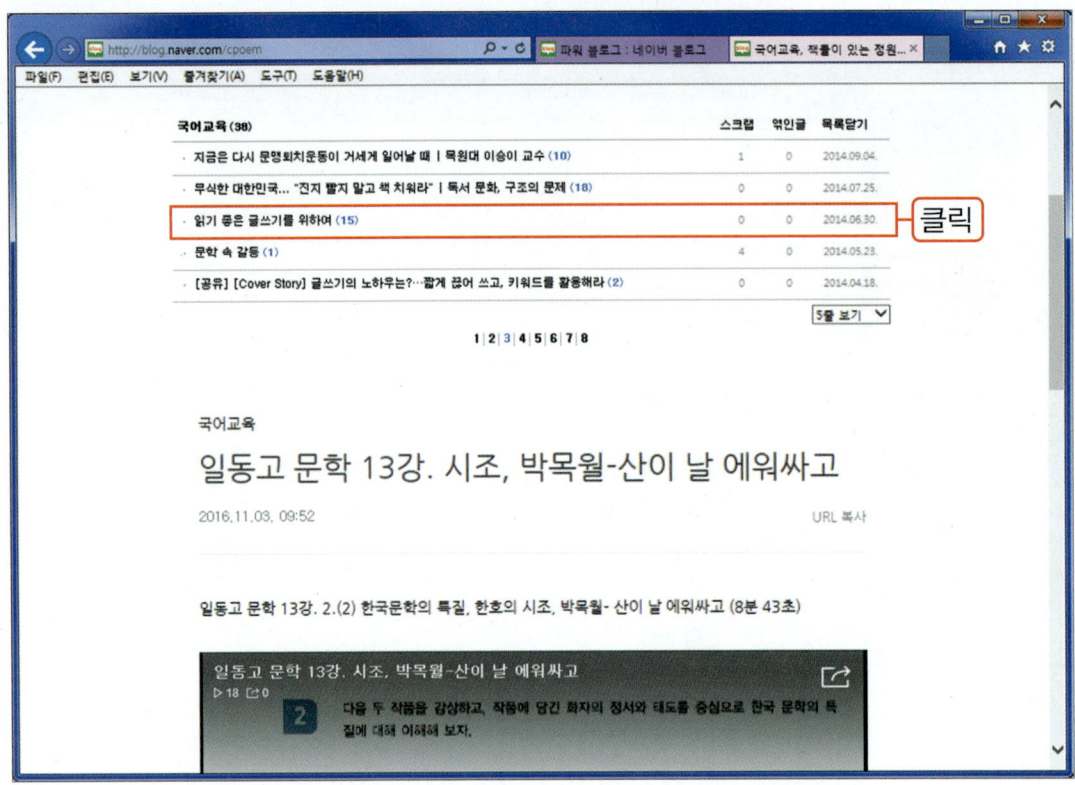

06 선택한 내용을 확인한 후 아래쪽에서 **댓글을 클릭**하여 내용을 확인합니다.

네이버 회원 가입하기

01 네이버 홈페이지에서 [회원가입]을 클릭합니다.

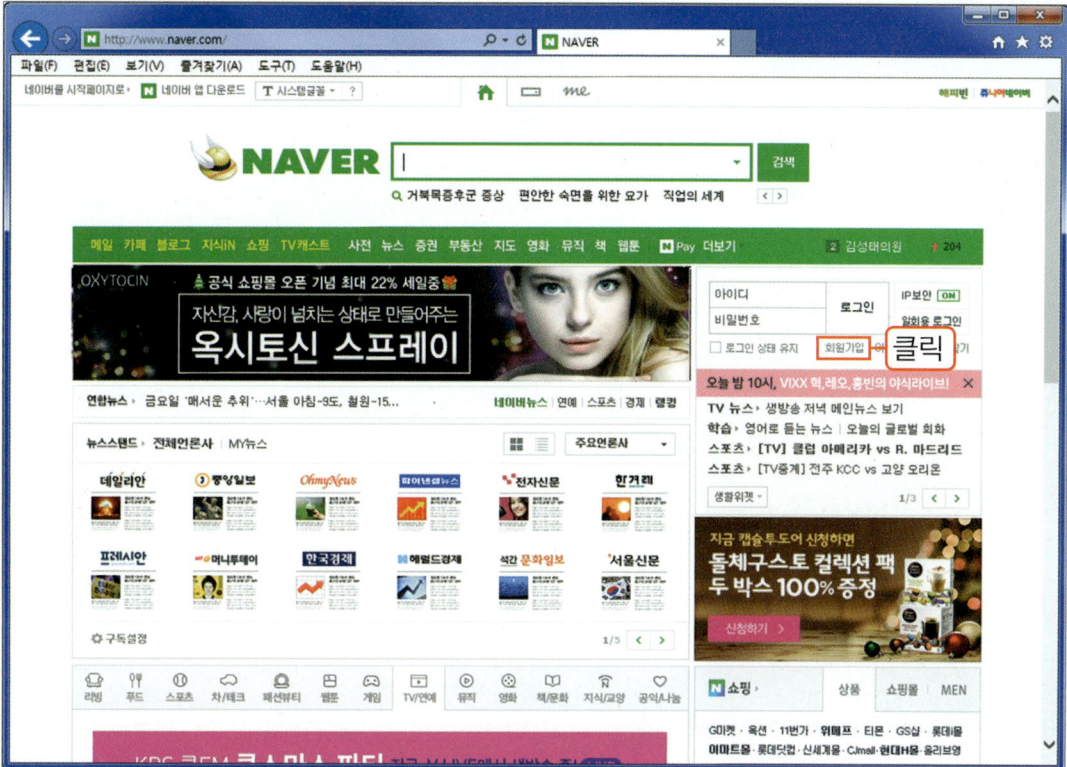

02 이용약관 및 동의 안내 페이지가 나타나면 **필수 항목을 체크** 표시한 후 [동의]를 클릭합니다.

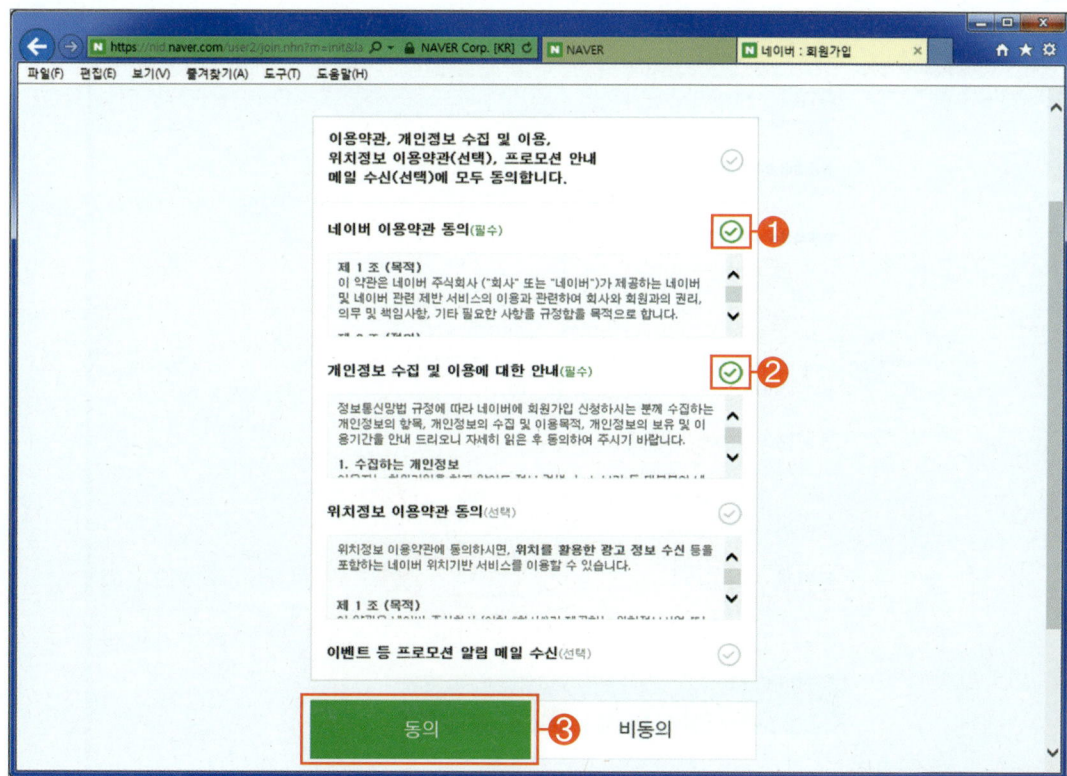

03 개인 정보를 입력하는 페이지가 나타나면 아이디 및 비밀번호, 이름, 성별, 생년월일 **정보를 입력**합니다.

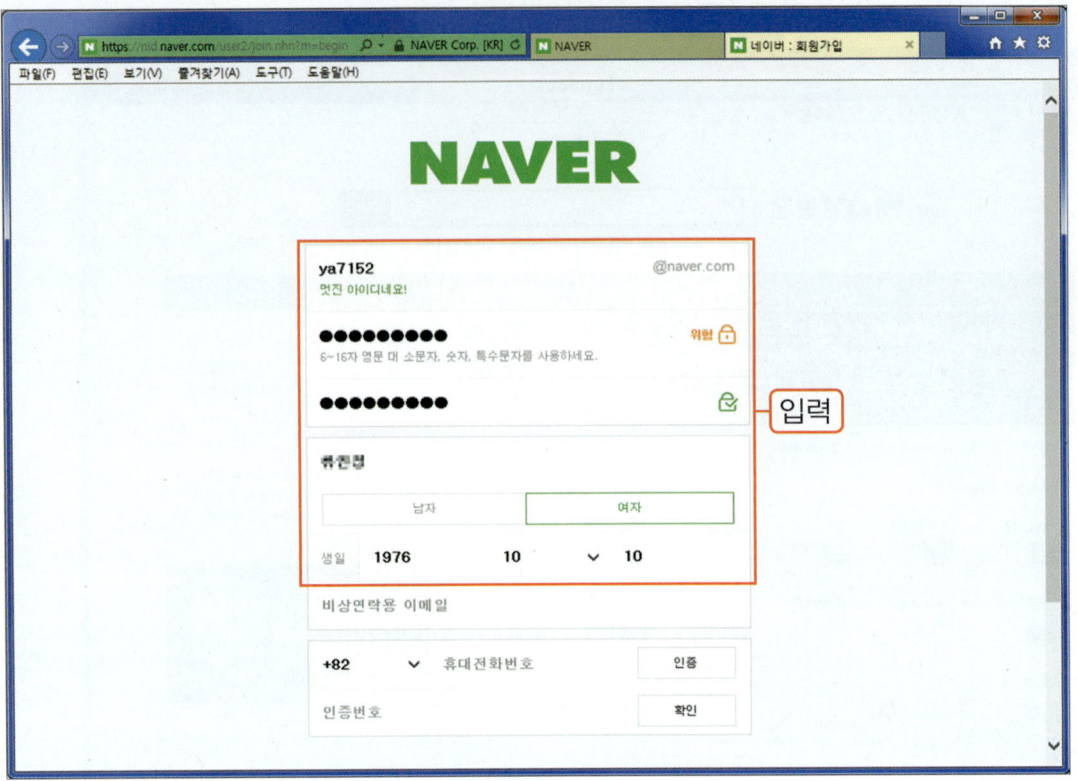

04 본인 명의의 **휴대폰 번호를 입력**한 후 [**인증**]**을 클릭**하면 '인증번호를 발송했습니다.'라는 메시지가 나타납니다. 휴대폰으로 전송 받은 **인증번호를 입력**하고 [**확인**]**을 클릭**합니다.

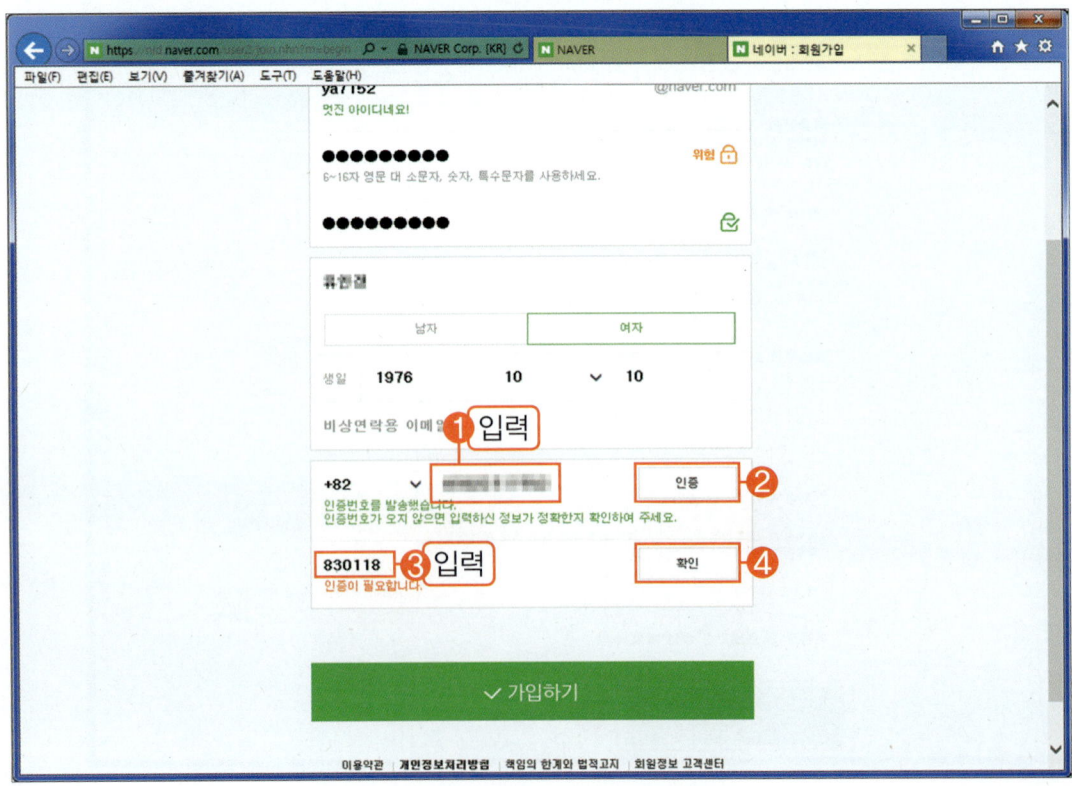

05 '인증이 성공했습니다.'라는 메시지가 나타나면 **[가입하기]를 클릭**합니다.

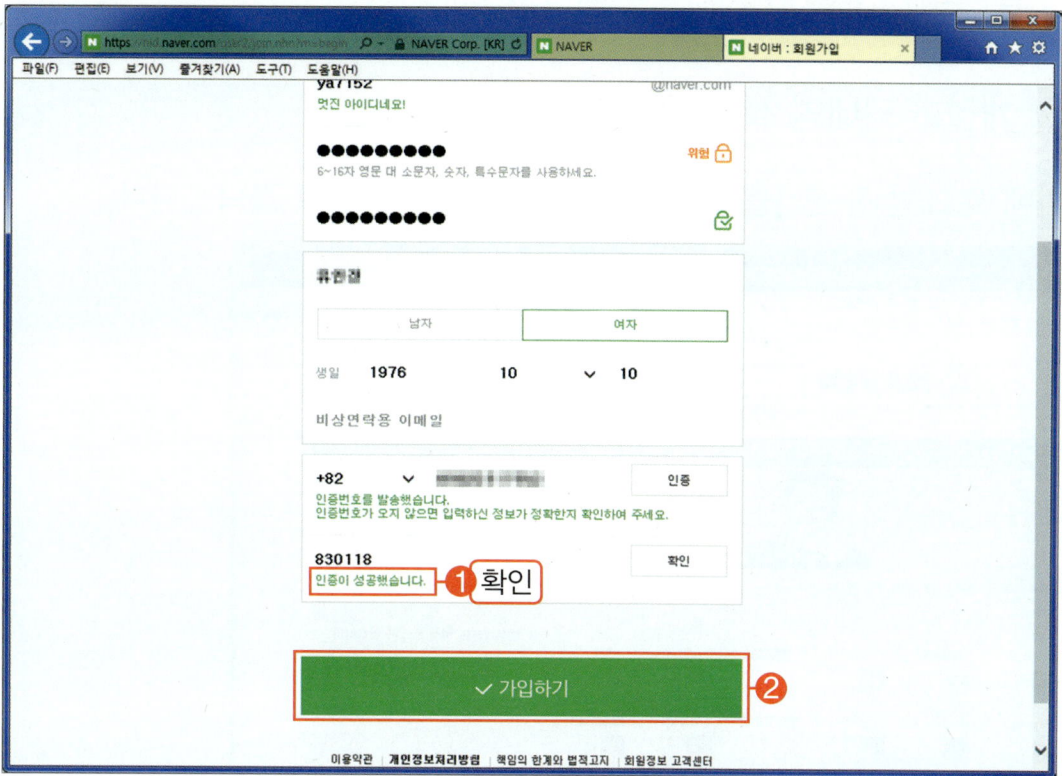

06 '환영합니다!'라는 메시지가 나타나면 **[시작하기]를 클릭**합니다.

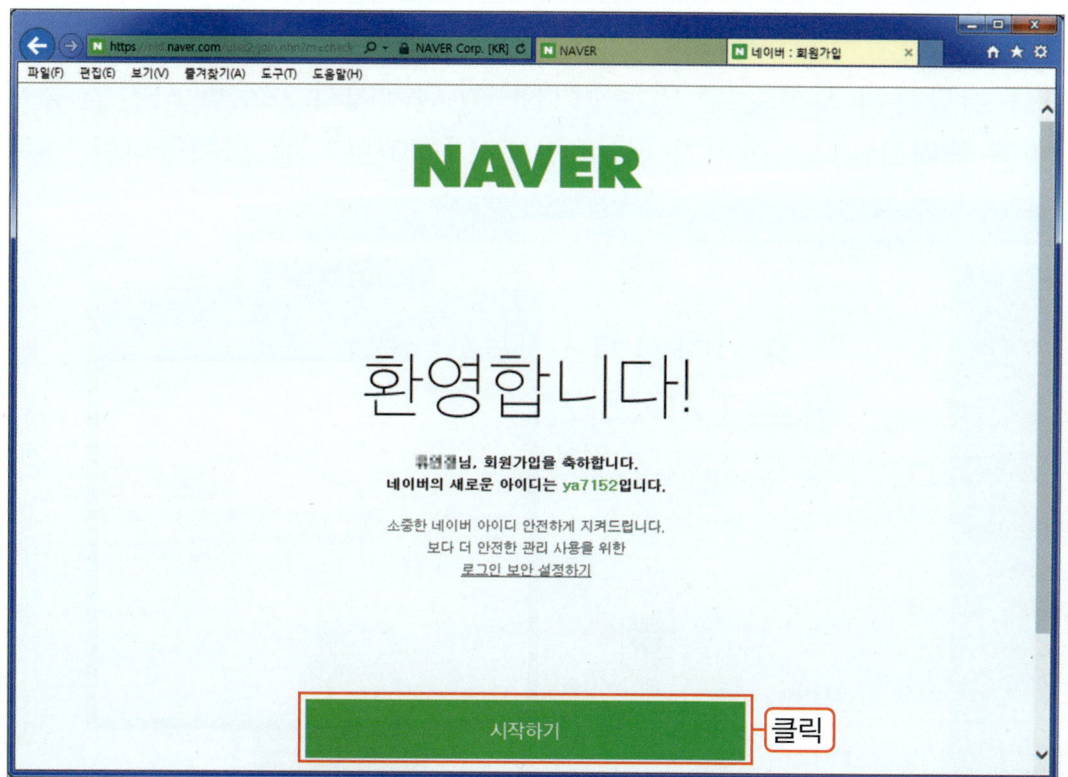

07 네이버 홈페이지로 이동되면 오른쪽 위에서 자신의 이름으로 로그인 된 것을 확인합니다.

 **02** 블로그 개설과 새 프로필 입력하기

블로그 개설과 닉네임 설명쓰기

01 네이버에 로그인 한 후 [블로그]-[내 블로그]를 순서대로 클릭합니다.

02 블로그를 간단하게 시작할 수 있는 [STEP 1] 단계에서 프로필 사진을 등록하기 위해 ⊕를 클릭합니다. [이미지 첨부] 창에서 **[찾아보기]**를 클릭합니다.

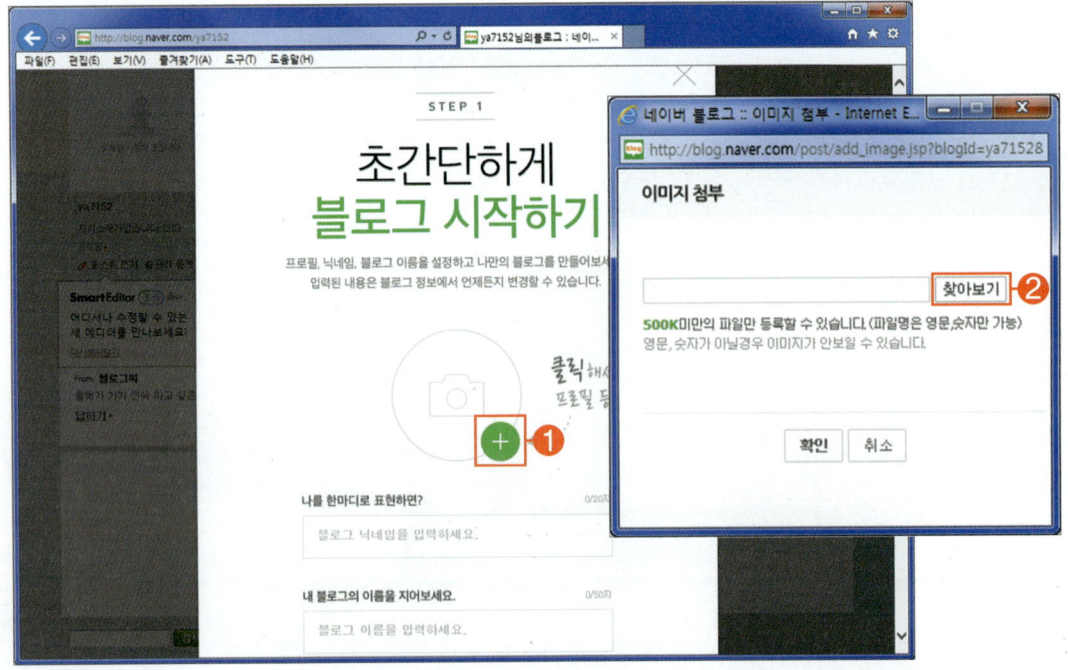

03 [업로드할 파일 선택] 대화상자가 나타나면 **대표 이미지 파일을 선택**한 후 **[열기]를 누르고** 다시 **[확인]을 클릭**합니다.

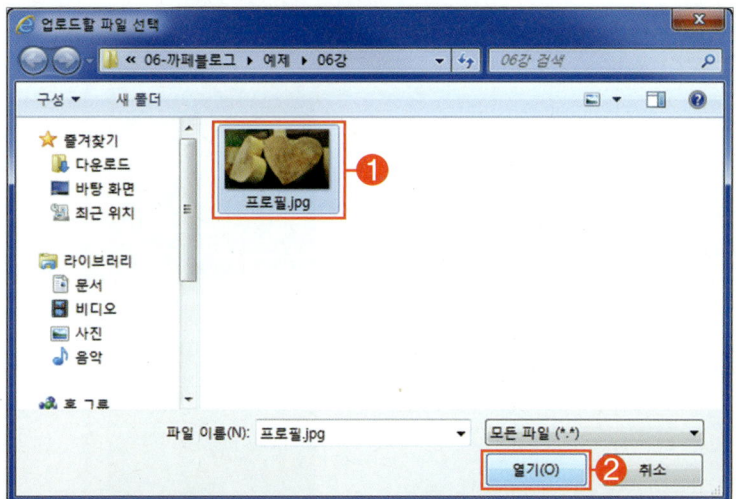
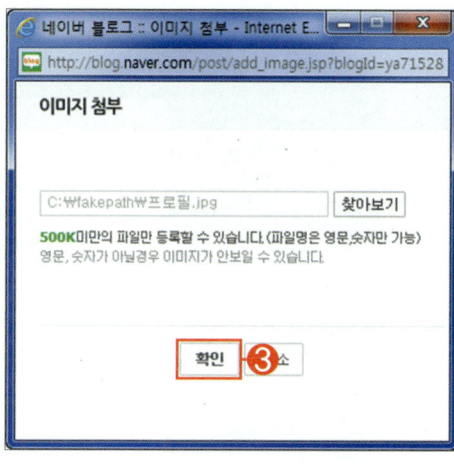

04 선택한 프로필 이미지가 등록되면 사용할 **닉네임과 블로그 이름을 각각 입력**하고 ▶를 **클릭**합니다.

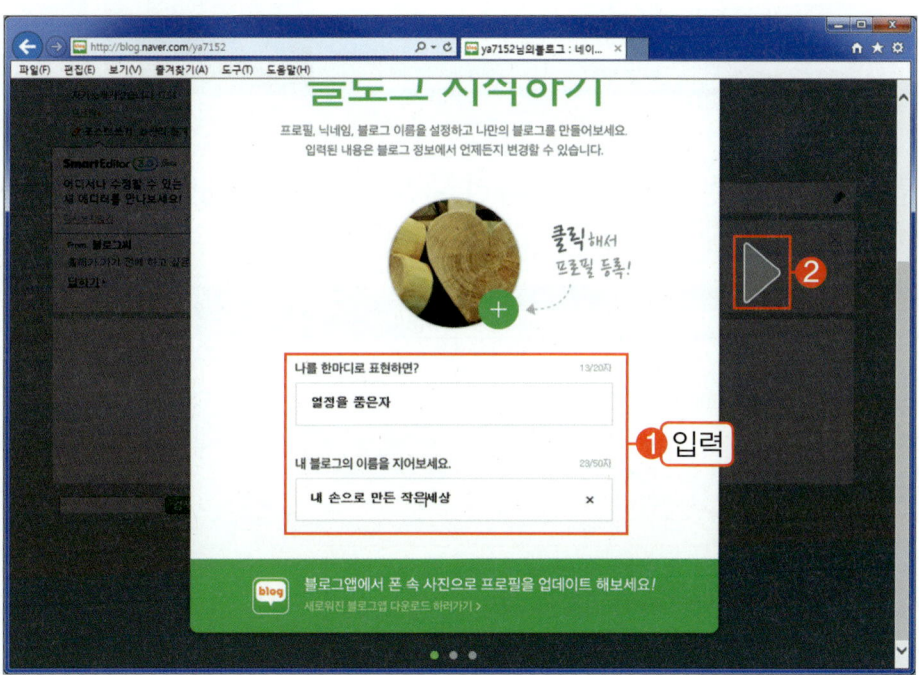

05 [STEP 2] 단계에서 관심 주제의 **카테고리를 클릭**합니다.

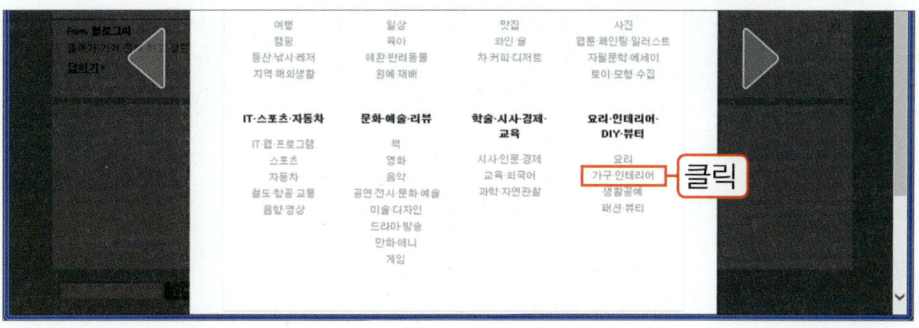

06 ▶를 **클릭**하여 [STEP 3] 단계가 나타나면 **[내 닉네임의 뜻을 알려주세요.]를 클릭**합니다.

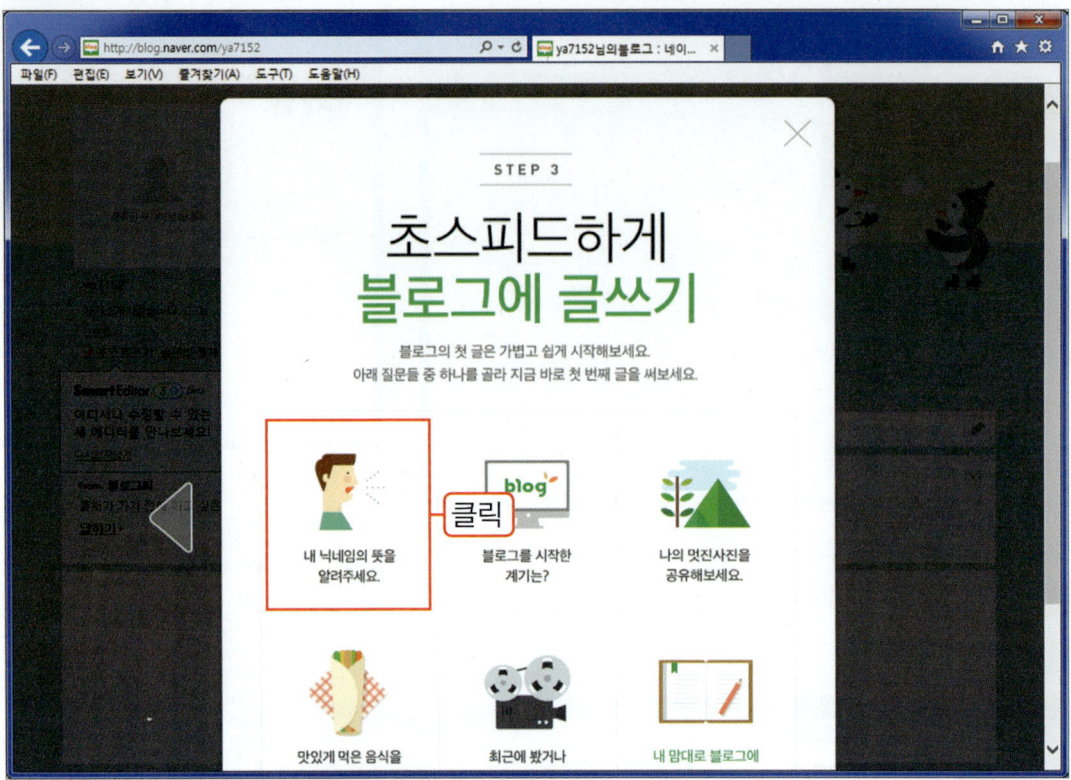

07 닉네임의 뜻을 입력할 수 있는 게시판이 나타나면 원하는 **닉네임 뜻을 입력**한 후 아래쪽에서 **[확인]을 클릭**합니다.

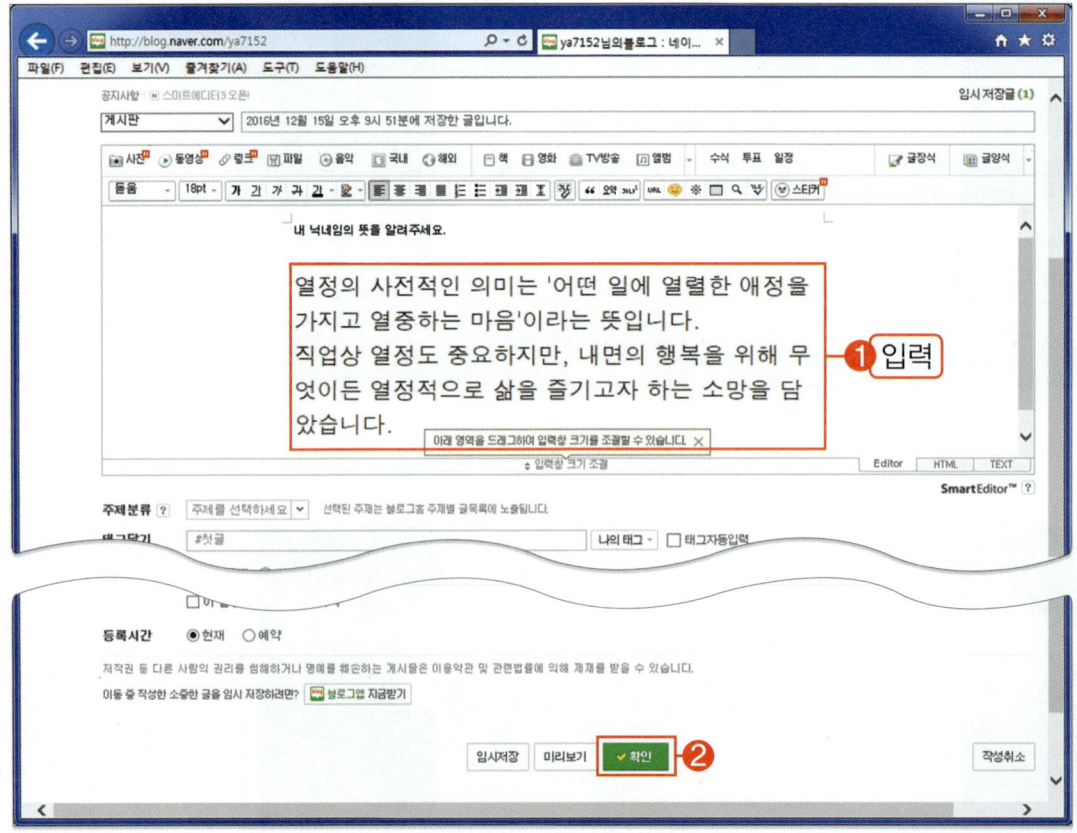

08 블로그 앱 페이지가 나타나면 왼쪽 아래에서 [PC로도 충분해요]를 클릭합니다.

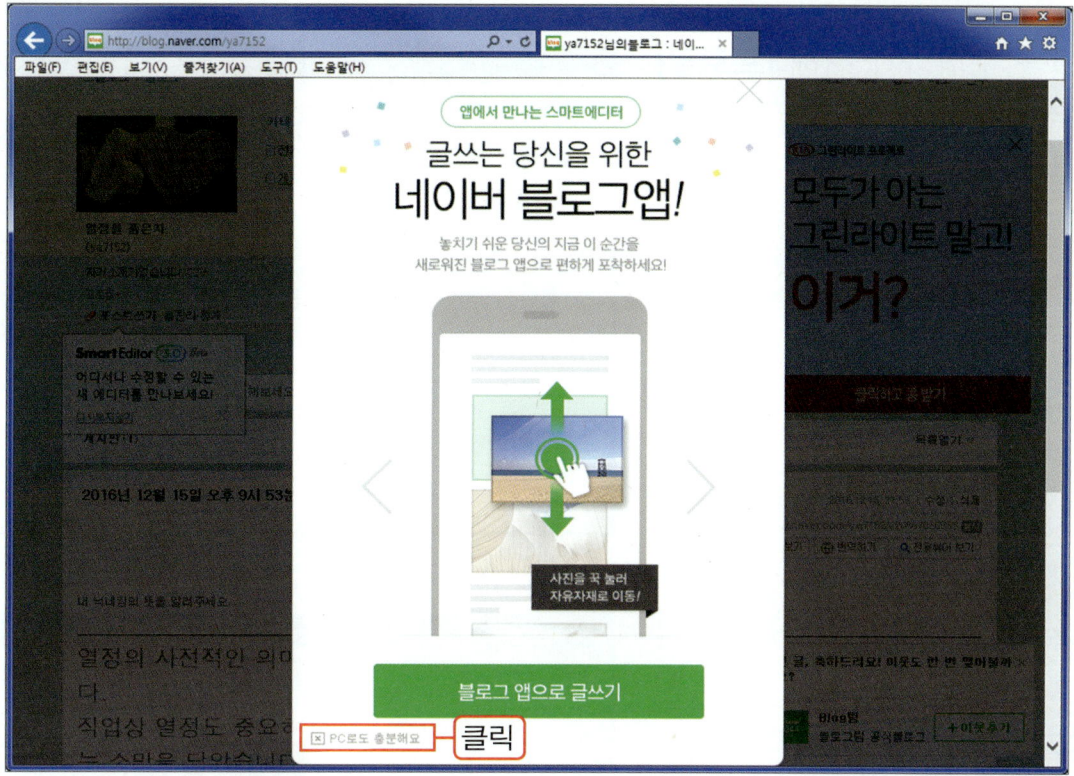

09 삽입한 프로필 사진과 닉네임 소개가 추가된 내 블로그가 만들어지면 'Smart Editor'의 [다시보지않기]를 클릭합니다.

새 프로필 작성하기

01 프로필을 수정하기 위해 [프로필]을 클릭한 후 [내 프로필 만들기]를 클릭합니다.

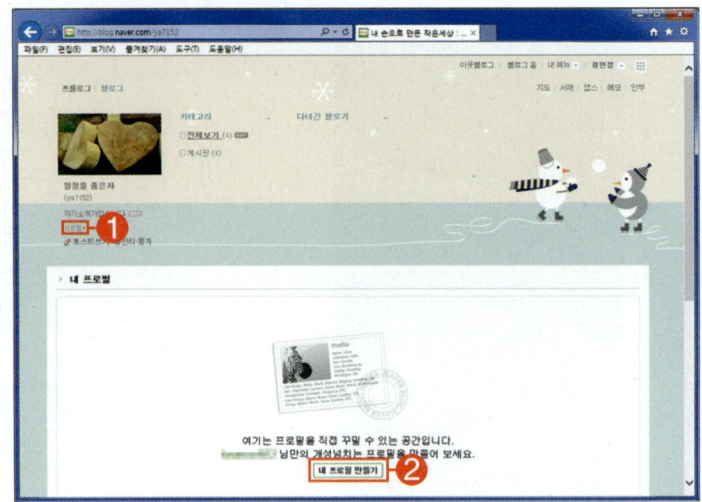

02 새 프로필을 작성할 수 있는 페이지가 나타나면 그림과 같이 **사진을 추가**한 후 **기본 정보를 입력**하고 아래쪽에서 [**확인**]을 클릭합니다.

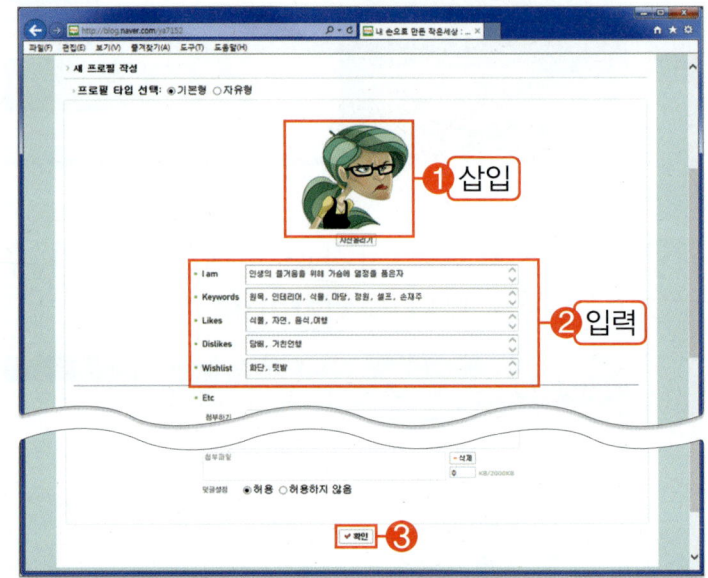

03 프로필 작성이 완료된 것을 확인합니다.

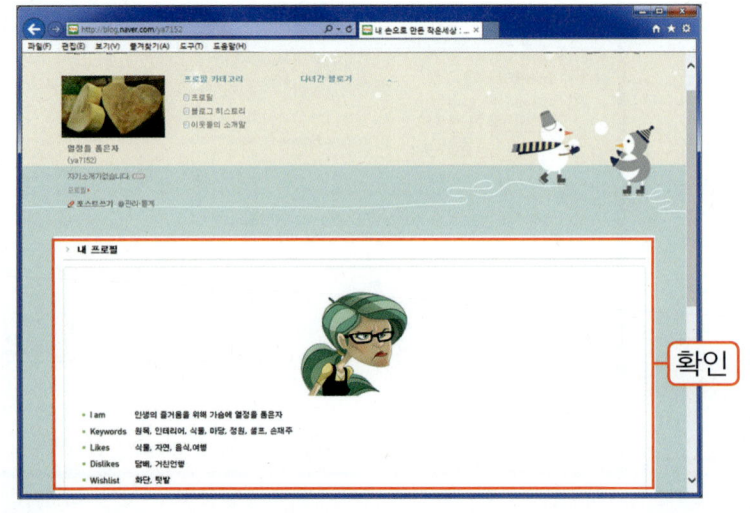

1 네이버의 파워블로그에서 '요리' 관련 블로그를 검색하여 블로그를 둘러봅니다.

도움터 블로그 위치 : 네이버 홈 > 블로그 > 파워블로그 > 요리 · 인테리어 · DIY · 뷰티 > 요리 > 뜨랑이랑

2 네이버의 공식블로그에서 '방송' 관련 블로그를 검색하여 블로그를 둘러봅니다.

도움터 블로그 위치 : 네이버 홈 > 블로그 > 공식블로그 > 육씨

07 내 블로그 꾸미기

이번 장에서는 내 블로그의 스킨과 위젯을 변경한 후 다시 아이템 팩토리에서 원하는 스킨으로 변경하는 방법을 배워 보도록 하겠습니다. 또한 나를 가장 잘 표현할 수 있도록 블로그 메뉴와 전체/구성/그룹 박스, 프로필을 각각 변경하는 방법에 대해 알아보도록 하겠습니다.

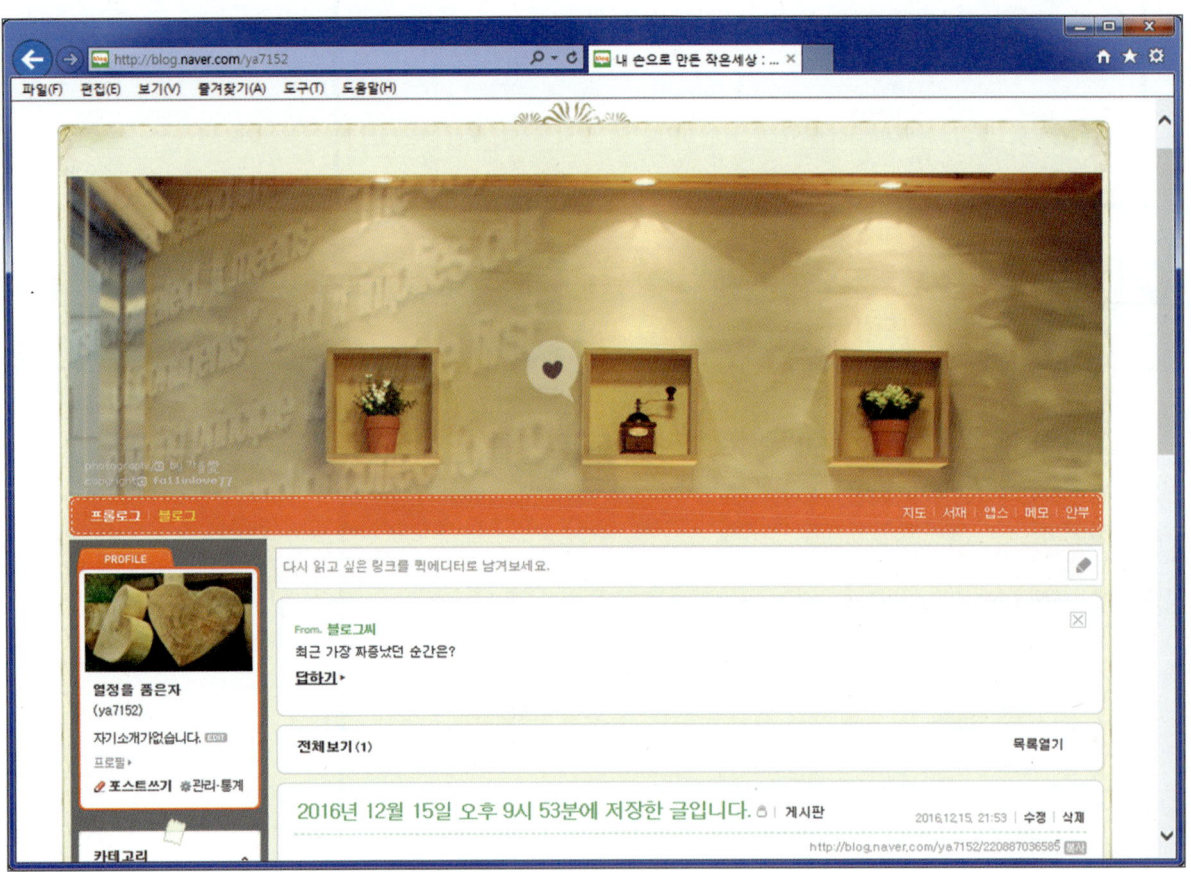

 무엇을 배울까요?

- ⋯› 네이버 블로그 스킨 적용하기
- ⋯› 레이아웃과 위젯 설정하기
- ⋯› 아이템 팩토리 스킨 지정하기
- ⋯› 블로그메뉴와 전체박스 변경하기
- ⋯› 구성/그룹박스와 프로필 변경하기

01 스킨 적용과 레이아웃 지정하기

네이버 블로그 스킨 적용하기

01 블로그에 디자인 스킨을 적용하기 위해 내 블로그에 접속합니다. **[관리]를 클릭**하여 꾸미기 설정에서 **[스킨 선택]을 클릭**합니다.

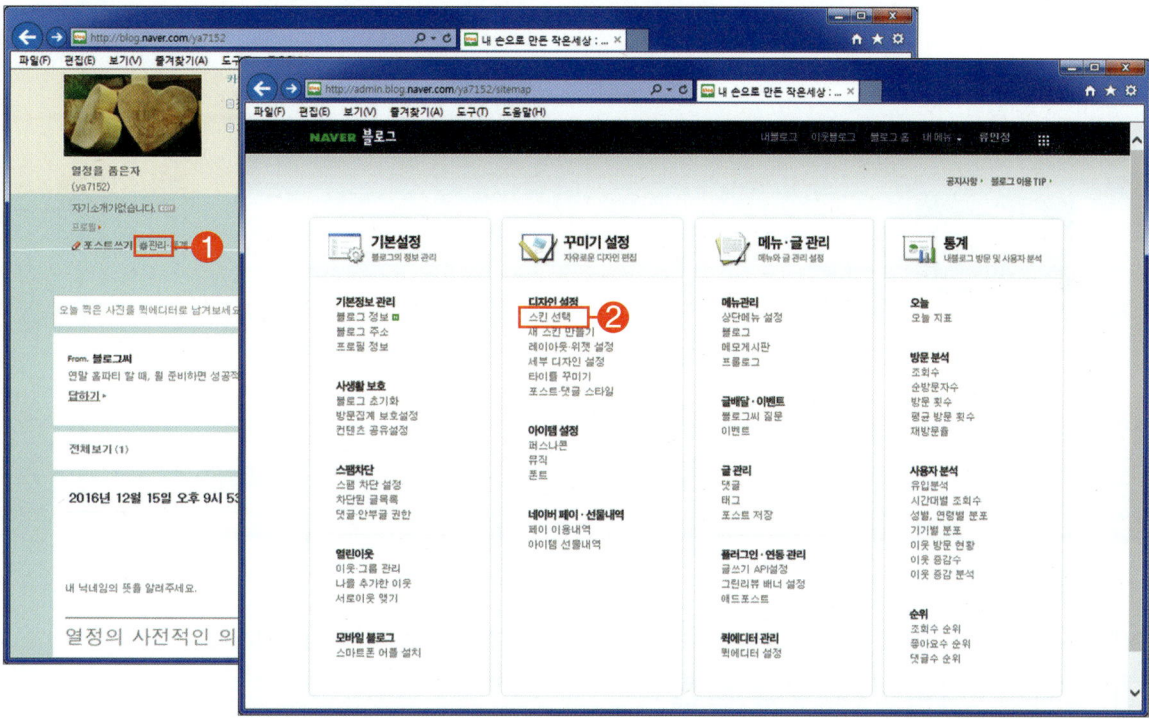

02 스킨 선택 페이지에서 **[네이버 블로그 스킨] 탭을 클릭**하여 네이버에서 제공하는 블로그 스킨 목록이 표시되면 **원하는 스킨 종류**를 선택하고 **[미리보기]를 클릭**합니다.

03 선택한 스킨이 적용된 블로그가 미리보기로 표시되면 디자인을 확인한 후 **[탭 닫기]를 클릭**하여 미리보기 창을 닫습니다.

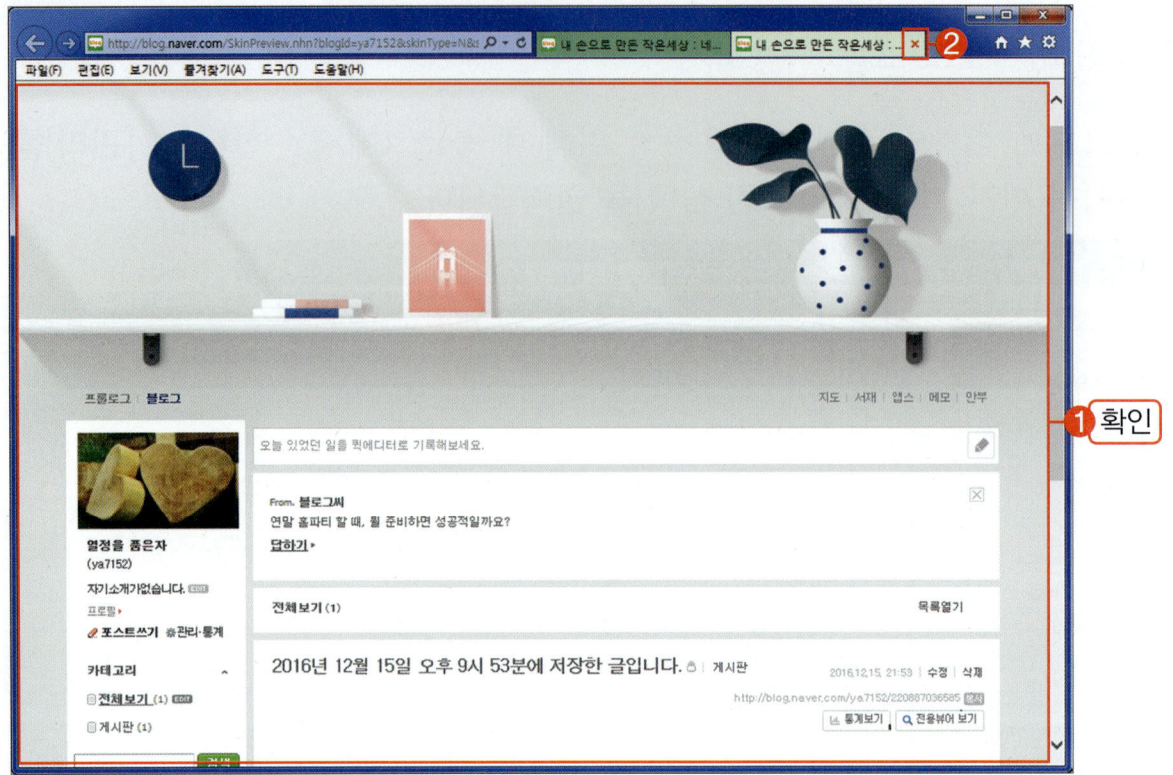

04 아래쪽에서 **[스킨 적용]을 클릭**하여 '스킨이 적용되었습니다.'라는 메시지 상자가 나타나면 **[확인] 단추를 클릭**합니다.

05 선택한 스킨으로 디자인이 변경된 것을 확인합니다.

레이아웃과 위젯 설정하기

01 레이아웃을 변경하기 위해 [관리]를 클릭한 후 꾸미기 설정에서 [레이아웃·위젯 설정]을 클릭합니다.

02 레이아웃·위젯 설정 페이지에서 원하는 레이아웃 종류를 클릭하여 '레이아웃을 변경하시겠습니까?'라는 메시지 상자가 나타나면 [확인]을 클릭합니다.

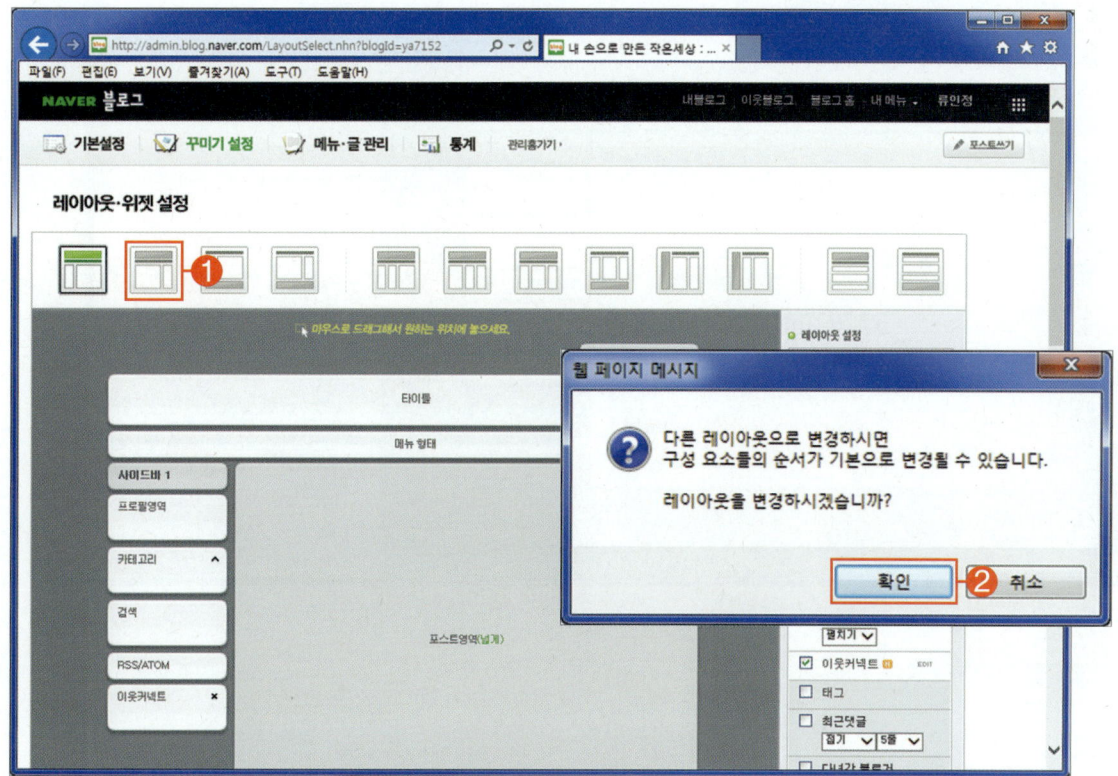

03 선택한 모양으로 레이아웃이 변경되면 **[이웃커넥트] 항목의 체크 표시를 해제**하여 [이웃커넥트]가 삭제되는 것을 확인합니다.

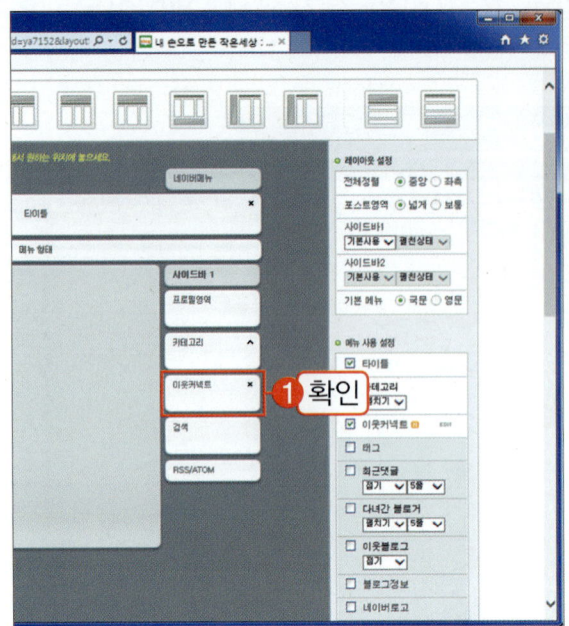 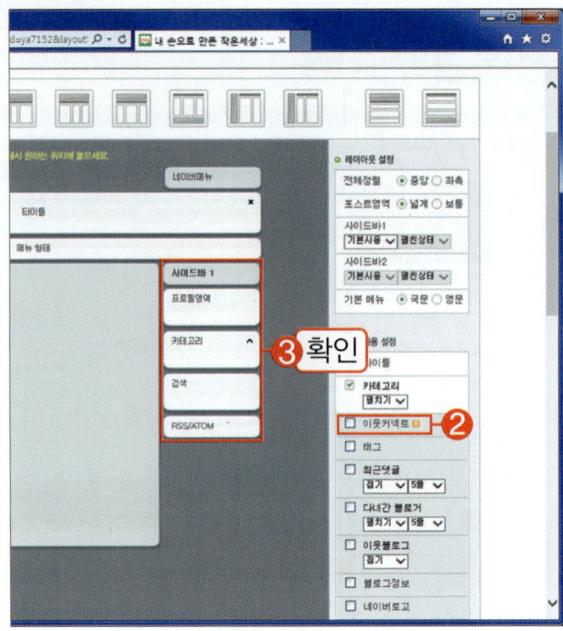

04 **[다녀간 블로그]** 항목을 체크 표시하여 [다녀간블로그]가 나타나면 **[접기]로 선택**합니다.

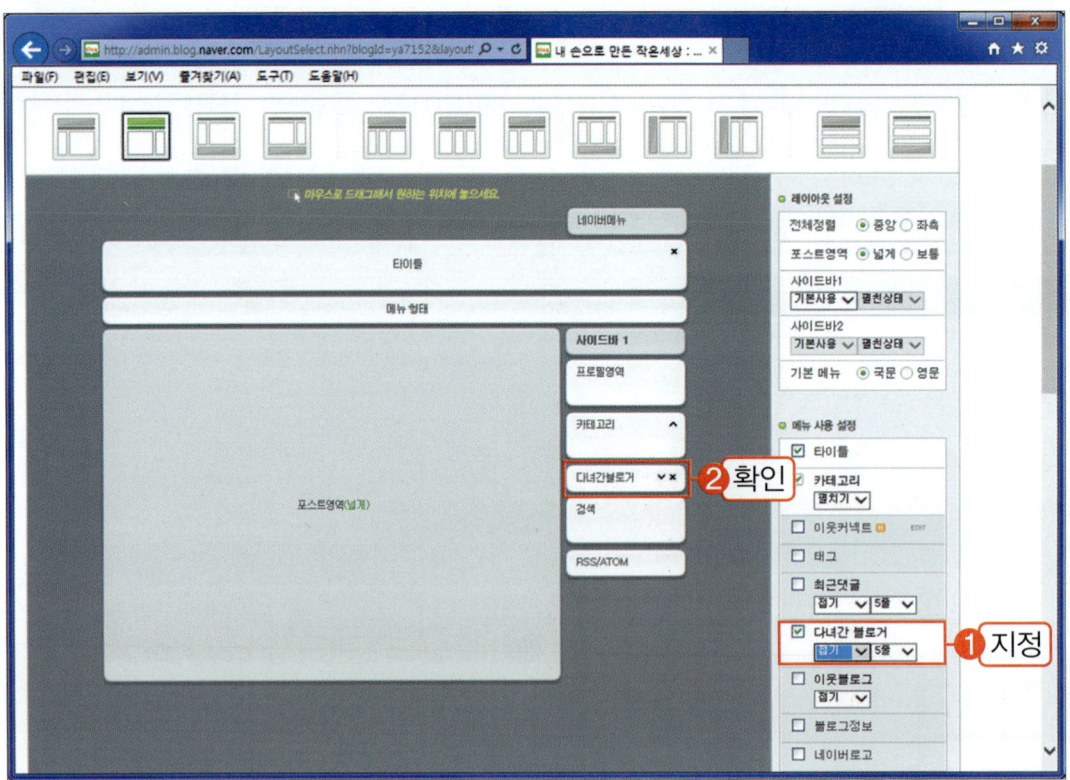

05 위젯 사용 설정에서 [달력] 항목을 체크 표시한 후 [월별보기]를 선택하고 아래쪽에서 [적용]을 클릭합니다. '레이아웃을 블로그에 적용하시겠습니까?'라는 메시지 상자가 나타나면 [확인]을 클릭합니다.

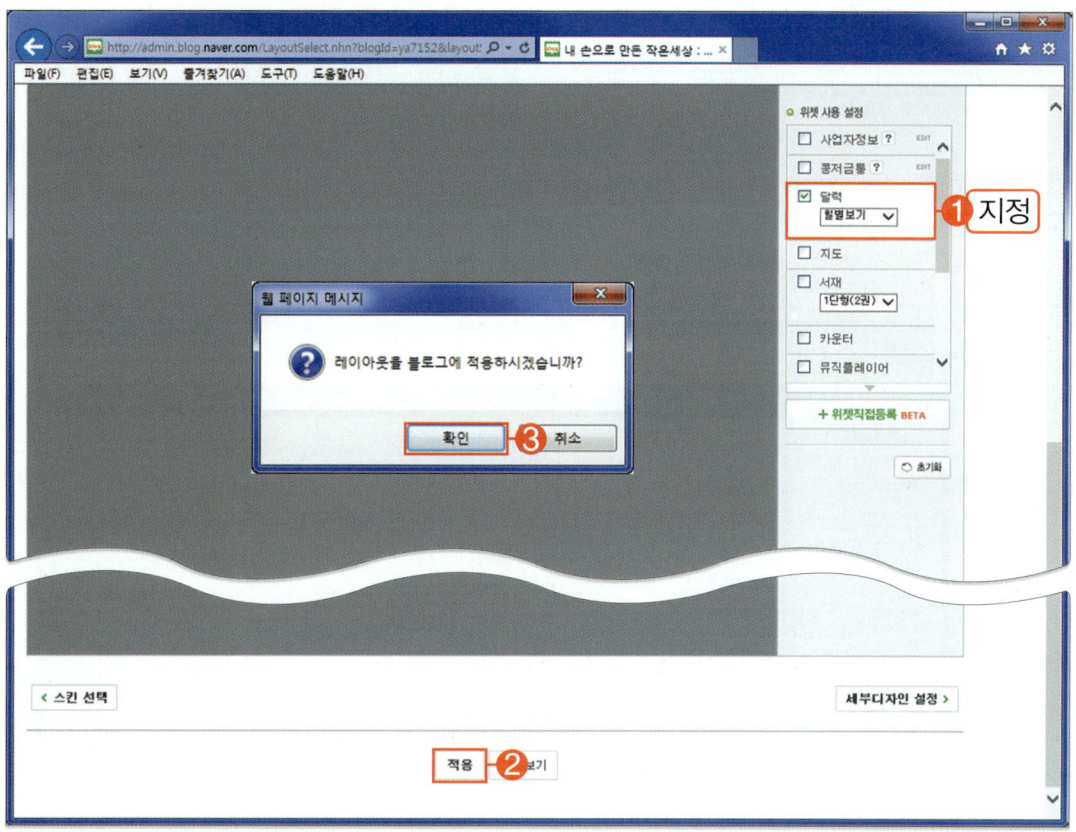

06 선택한 스킨과 레이아웃, 위젯이 적용되면 오른쪽 아래의 달력에서 [달력보기]를 클릭하여 [달력보기] 형식으로 변경되는 것을 확인합니다.

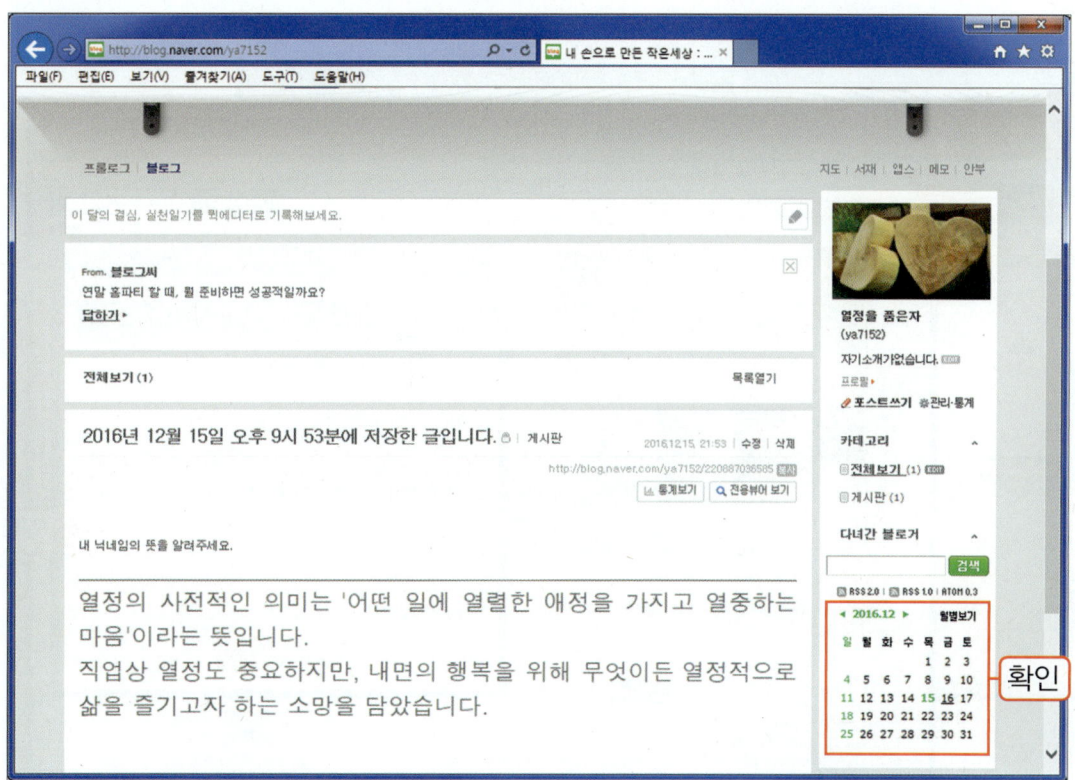

아이템 팩토리 스킨 지정하기

01 꾸미기 설정에서 [**스킨 선택**]을 **선택**하고 [아이템 팩토리 스킨] 탭의 [**아이템 팩토리 바로가기**]를 클릭합니다.

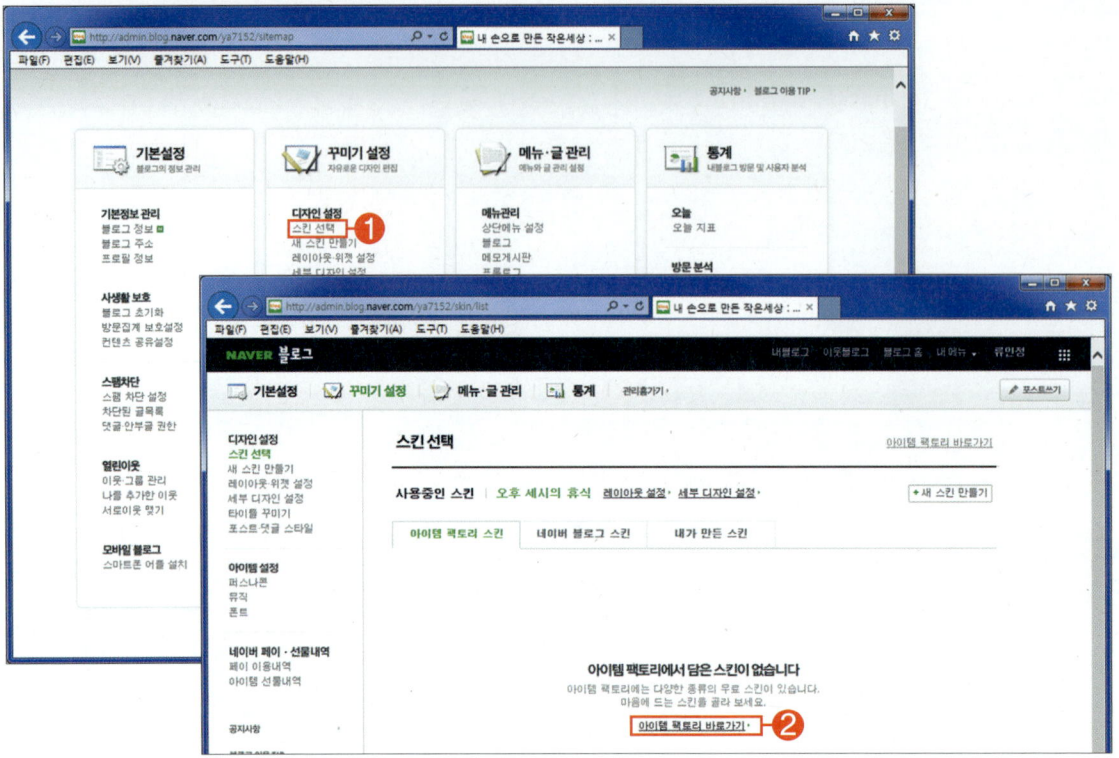

02 네이버 아이템 팩토리 목록이 표시되면 **원하는 디자인을 선택**한 후 [**아이템 담기**]를 클릭합니다. 스킨 작가분께 **감사 인사를 입력**하고 [**스킨 바로 적용**]을 클릭합니다.

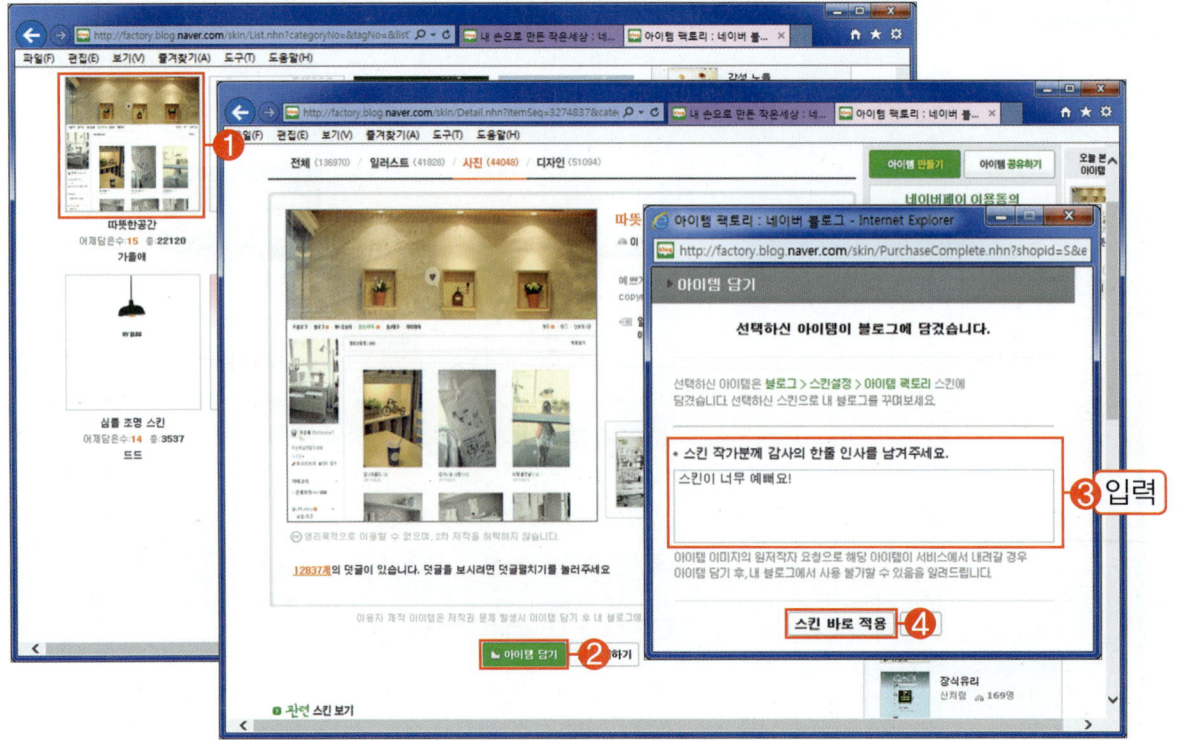

03 '현재 사용중인 스킨 대신 새 스킨을 사용하시겠습니까?'와 '성공적으로 반영되었습니다. 지금 확인하시겠습니까?'라는 메시지 상자가 나타나면 **순서대로 [확인]을 클릭**합니다.

04 [아이템 팩토리 스킨] 탭에 선택한 스킨이 등록되면 **선택**한 후 **[스킨 적용]을 클릭**하여 '스킨이 적용되었습니다.'라는 메시지 상자가 나타나면 **[확인]을 클릭**합니다.

05 아이템 팩토리에서 선택한 스킨이 적용된 것을 확인합니다.

세부 디자인 설정하기

블로그메뉴와 전체박스 변경하기

01 꾸미기 설정 페이지에서 **[세부 디자인 설정]을 선택**합니다. 리모콘이 나타나면 **[블로그메뉴]를 클릭**하여 기존의 블로그메뉴 모양을 확인합니다.

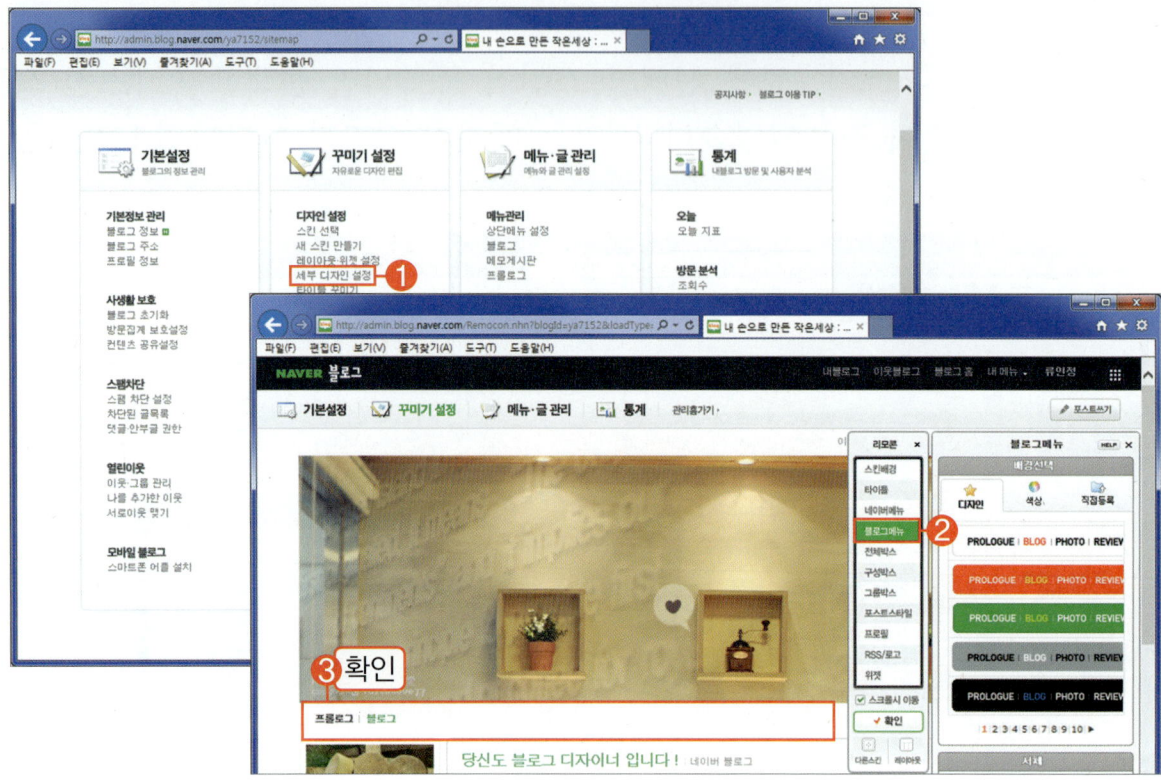

02 오른쪽의 디자인 목록에서 **원하는 메뉴 종류를 선택**한 후 **[강조색]을 지정**하여 결과를 확인합니다.

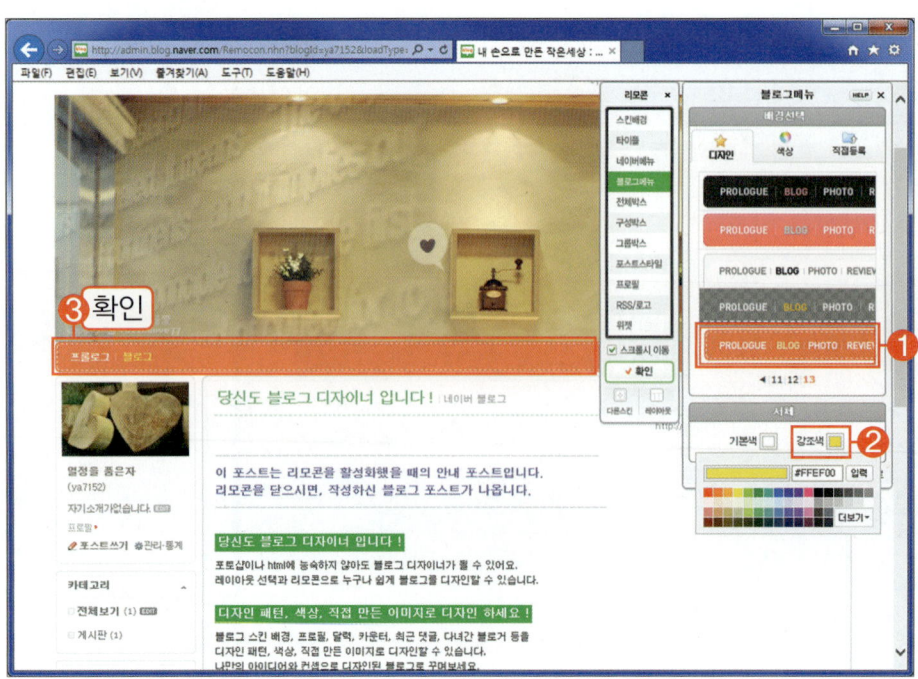

03 리모콘에서 **[전체박스]를 선택**하여 오른쪽에 디자인 목록이 표시되면 **원하는 박스 종류를 클릭**해 결과를 확인합니다.

배움터 — 사용자가 원하는 이미지를 직접 등록하는 방법

리모콘에서 변경할 항목을 선택한 후 [직접등록] 탭의 [찾기]를 누르면 [이미지 첨부] 대화상자가 나타나는데, 이때 삽입할 이미지를 찾아 등록하면 사용자가 원하는 이미지를 이용해 스킨 배경이나 타이틀, 블로그메뉴 등을 꾸밀 수 있습니다.

구성/그룹박스와 프로필 변경하기

01 리모콘에서 **[구성박스]를 선택**하여 오른쪽에 디자인 목록이 표시되면 **원하는 구성 박스 종류를 클릭**해 결과를 확인합니다.

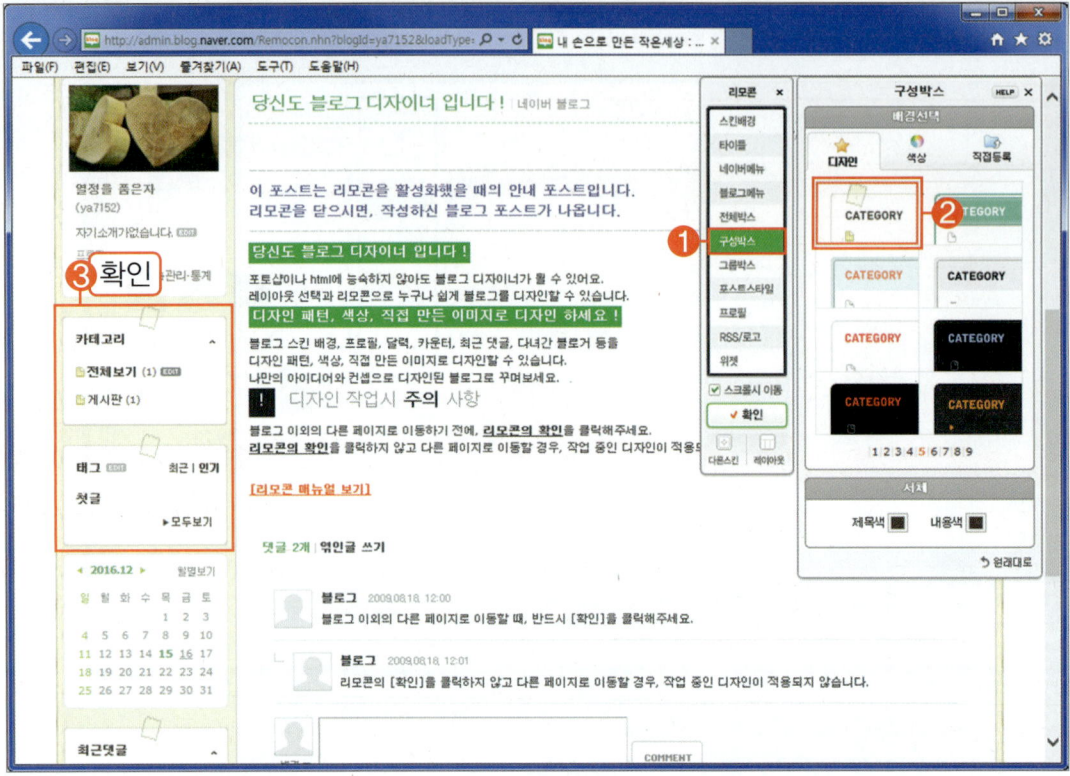

02 리모콘에서 **[그룹박스]를 선택**한 후 **[색상] 탭을 클릭**하여 색상 목록이 표시되면 **원하는 색을 클릭**해 결과를 확인합니다.

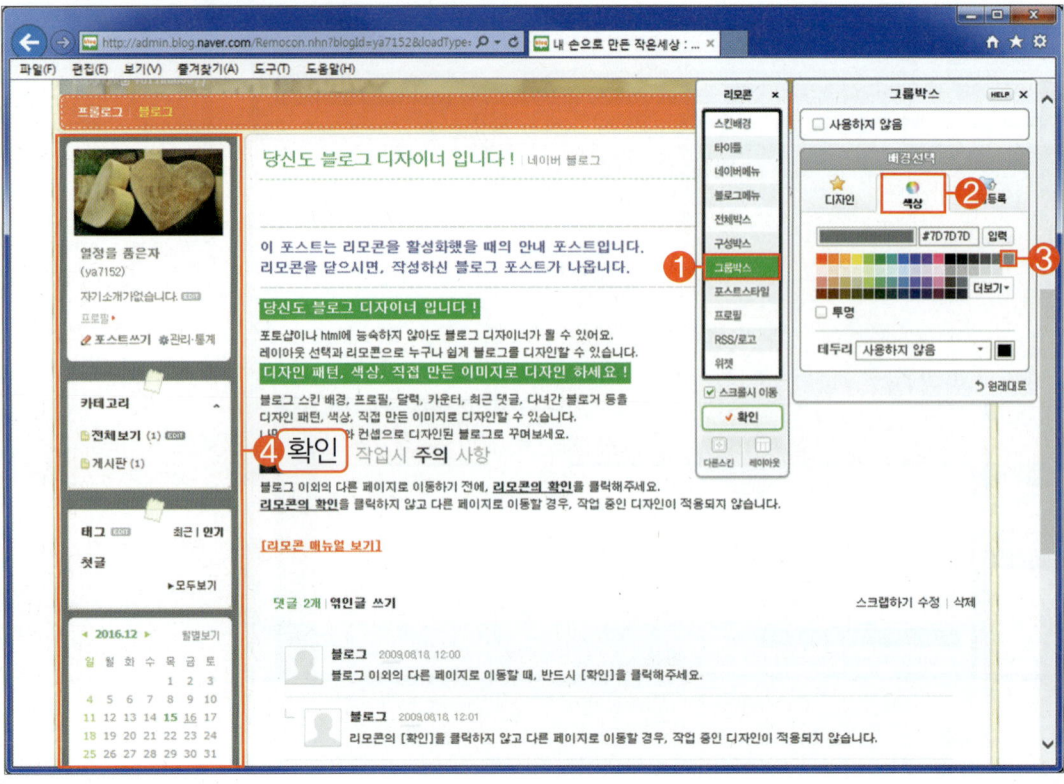

03 리모콘에서 [**프로필**]을 **클릭**하여 오른쪽에 디자인 목록이 표시되면 원하는 **프로필 종류를 선택**하고 [**확인**]을 **클릭**합니다. '현재 디자인을 적용하시겠습니까?'라는 메시지 상자가 나타나면 [**적용**]을 **클릭**합니다.

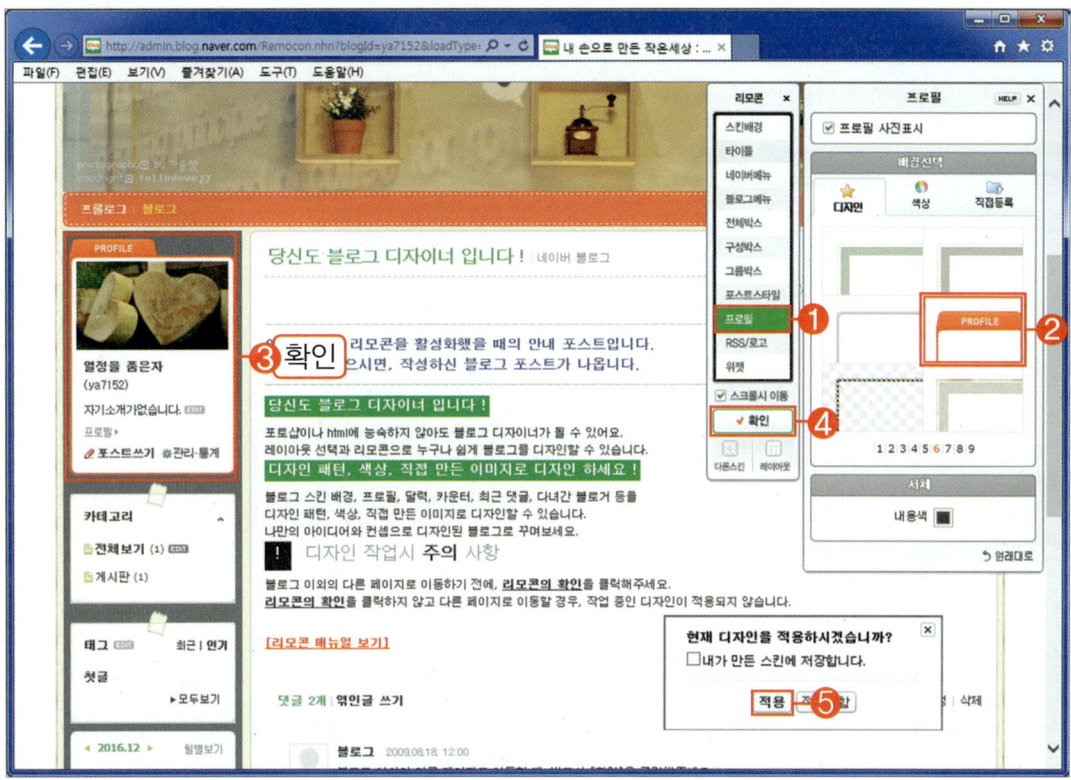

04 세부 디자인에서 설정한 블로그메뉴와 전체박스, 구성박스, 프로필 등의 디자인이 변경된 것을 확인합니다.

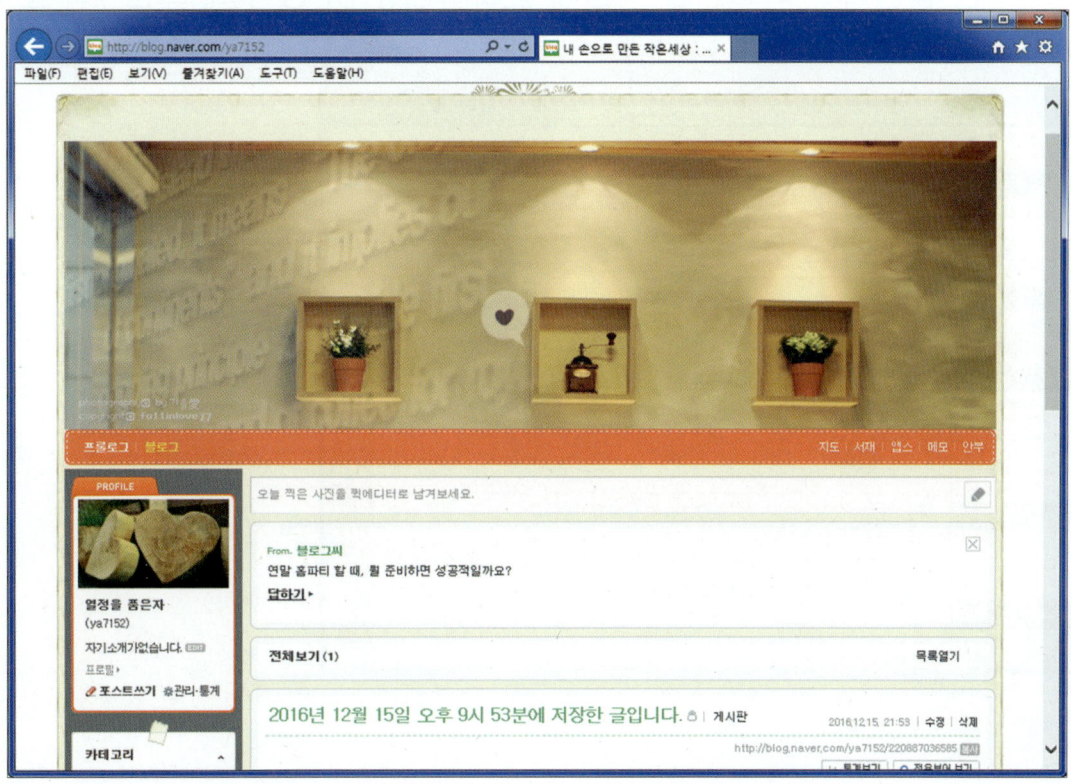

1 네이버 블로그 스킨 탭에서 원하는 스킨 종류를 선택하여 내 블로그에 적용해 봅니다.

도움터 네이버 블로그 스킨 종류 : 고고한 산책

2 세부 디자인 설정에서 리모콘을 이용해 블로그메뉴, 구성박스, 그룹박스를 선택하여 내 블로그에 적용해 봅니다.

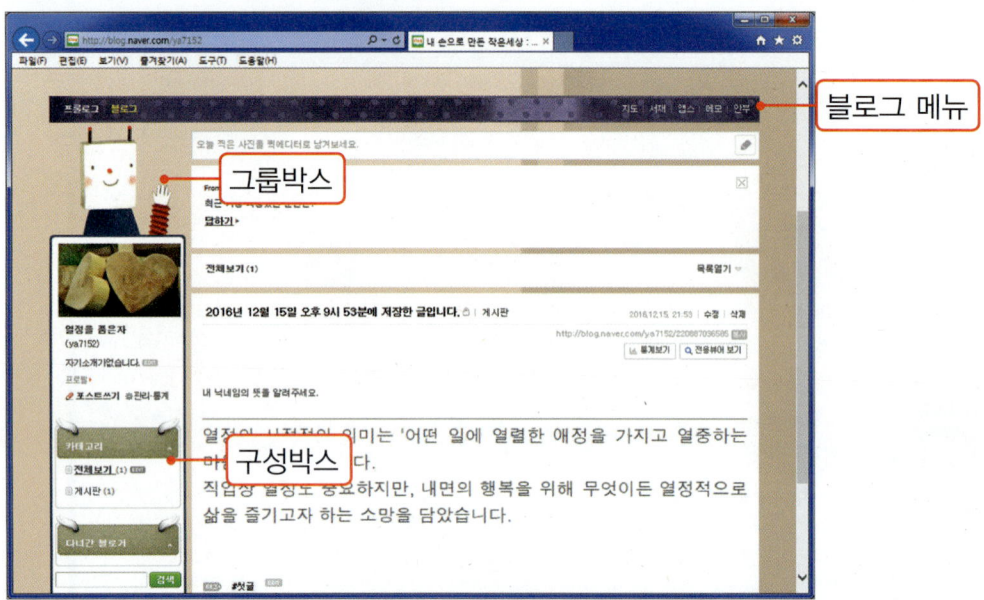

카테고리 추가 및 포스트쓰기

이번 장에서는 내 블로그에 카테고리와 구분선을 추가하고 이동하는 방법을 알아보고 여러 개의 사진을 삽입한 후 사진에 액자 효과 및 말풍선을 추가하는 방법도 배워 봅니다. 또한 동영상이 포함된 포스트를 쓰는 방법에 대해서 알아보도록 하겠습니다.

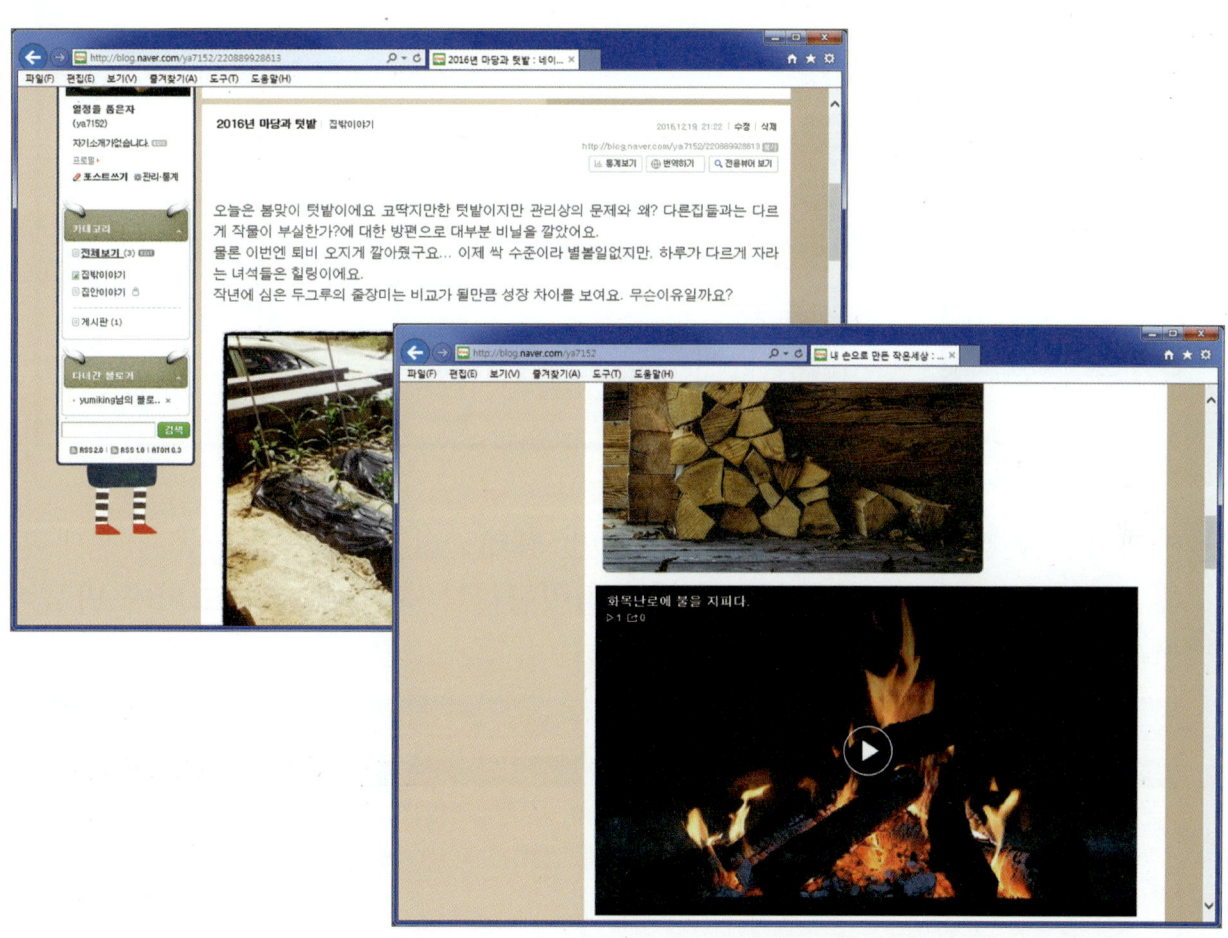

 무엇을 배울까요?

- ⋯ 새로운 카테고리 추가하기
- ⋯ 카테고리 이동과 구분선 추가하기
- ⋯ 여러 개의 사진이 있는 포스트쓰기
- ⋯ 모든 사진에 액자 효과 지정하기
- ⋯ 말풍선 추가와 선 색 지정하기
- ⋯ 동영상이 있는 포스트쓰기

블로그 카테고리 추가 및 이동하기

새로운 카테고리 추가하기

01 블로그에 새로운 카테고리를 추가하기 위해 내 블로그에 접속한 후 **[관리]**를 클릭하여 메뉴·글 관리에서 **[블로그]**를 클릭합니다.

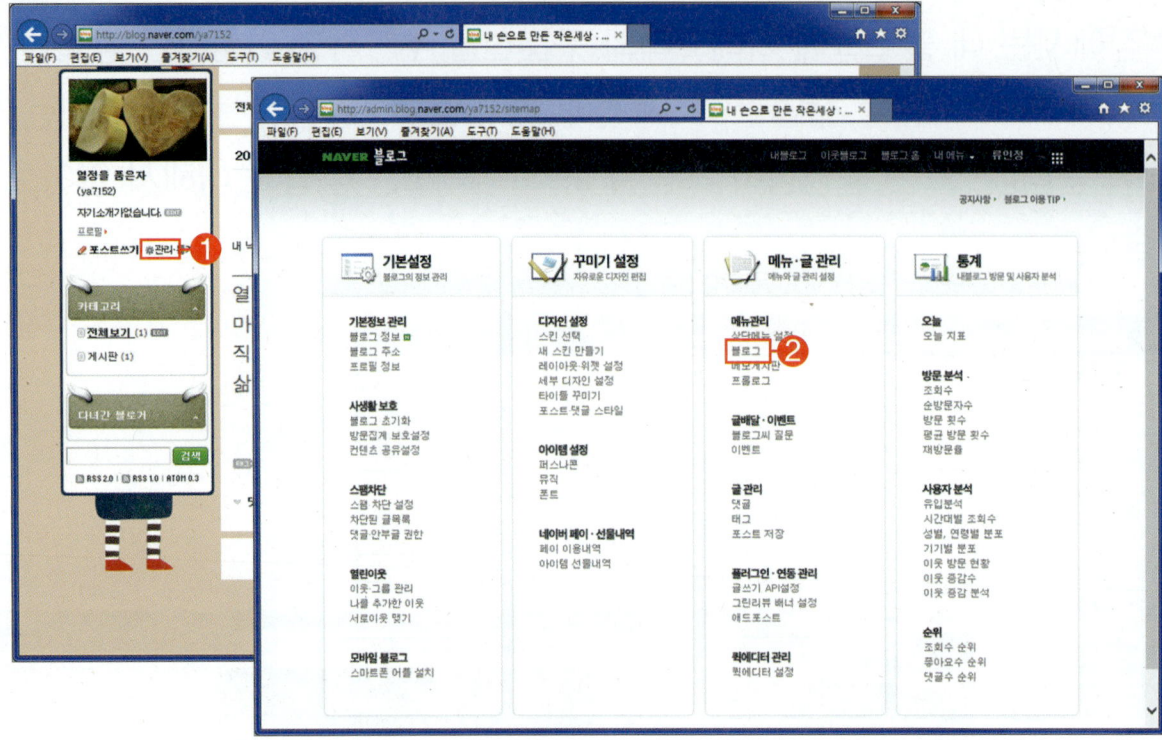

02 카테고리 관리·설정 페이지가 나타나면 '카테고리 전체보기' 항목이 선택된 상태에서 **[카테고리 추가(+ 카테고리 추가)]를 클릭**합니다. 새로운 카테고리가 만들어진 것을 확인합니다.

 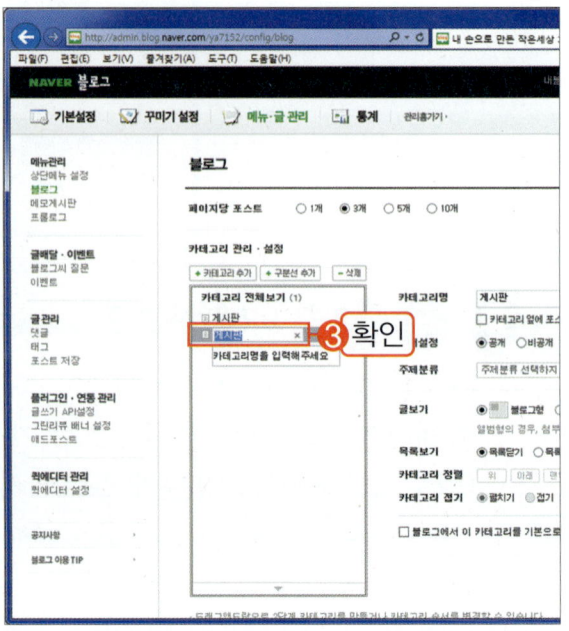

03 오른쪽의 카테고리명 입력란에 '**집밖이야기**'를 **입력**한 후 글보기 항목을 '**앨범형**'으로 변경합니다.

> **배움터** 앨범형 선택시 주의사항
>
> 글보기 유형을 '앨범형'으로 선택한 경우 포스트 내용에 이미지나 동영상이 첨부되지 않은 경우 앨범형 목록에 노출되지 않습니다.

04 같은 방법으로 '카테고리 전체보기' 항목이 선택된 상태에서 [**카테고리 추가**(+카테고리 추가)]를 클릭하여 '**집안이야기**'를 **입력**하고 공개설정 항목을 '**비공개**'로 변경합니다. 메시지 상자가 그림과 같이 나타나면 [**확인**]을 클릭합니다.

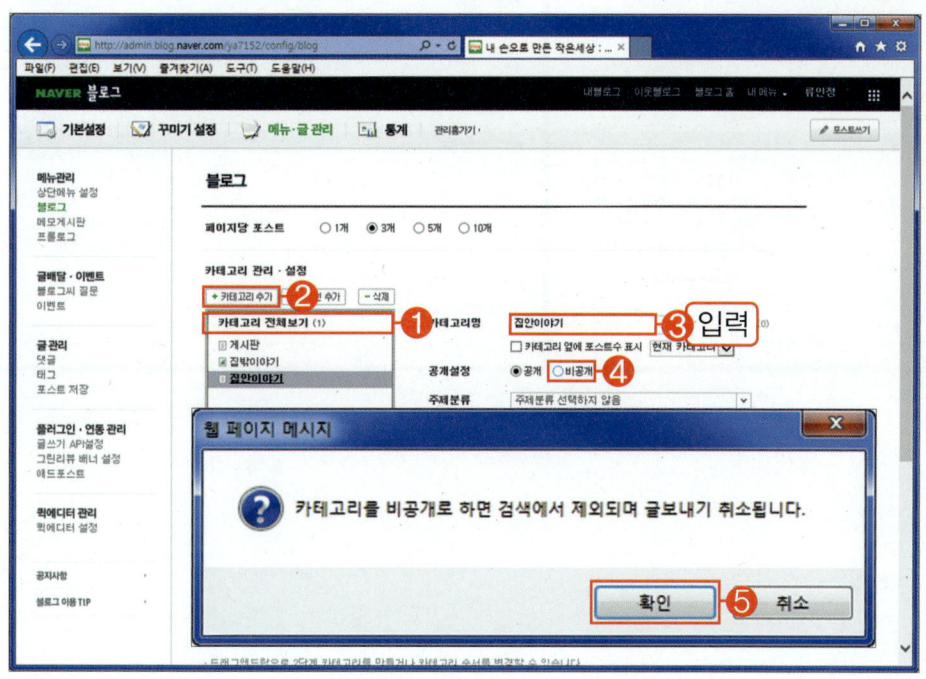

카테고리 이동과 구분선 추가하기

01 카테고리 목록에서 '**게시판**' **메뉴를 선택**합니다. '**집안이야기**' **아래로 드래그**하여 이동시키고 결과를 확인합니다.

 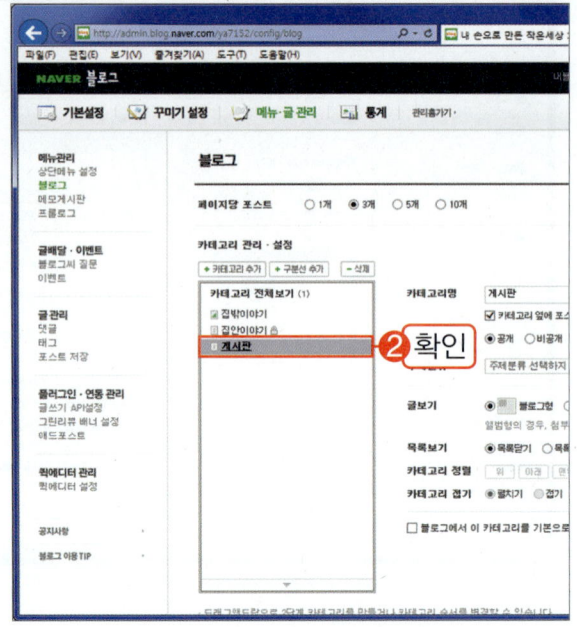

02 카테고리 목록의 '**게시판**'이 **선택된 상태**에서 [**구분선 추가**(+구분선 추가)]를 클릭하여 새로운 구분선이 추가되는 것을 확인합니다.

 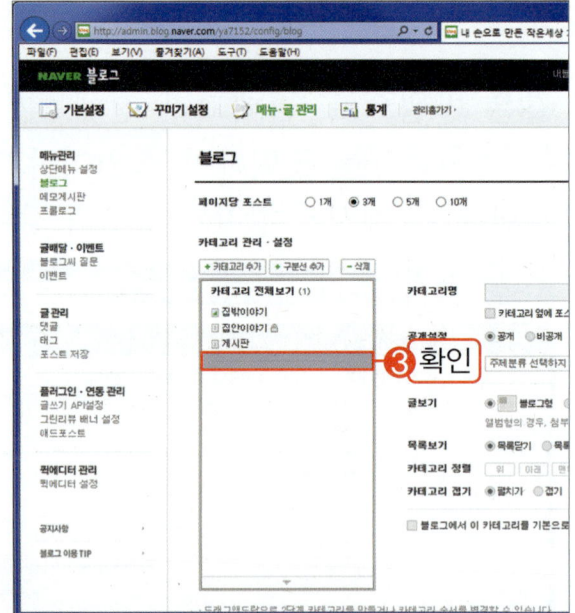

03 추가된 구분선을 선택한 후 '게시판' 위로 드래그하여 그림과 같이 이동시킵니다.

 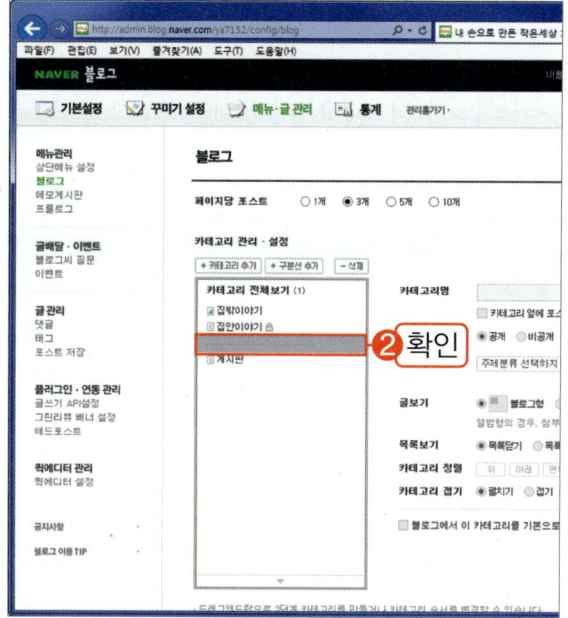

04 아래쪽의 [확인]을 클릭하여 '성공적으로 반영되었습니다.'라는 메시지 상자가 나타나면 [확인]을 클릭합니다. 화면 위쪽에서 [내블로그]를 클릭합니다.

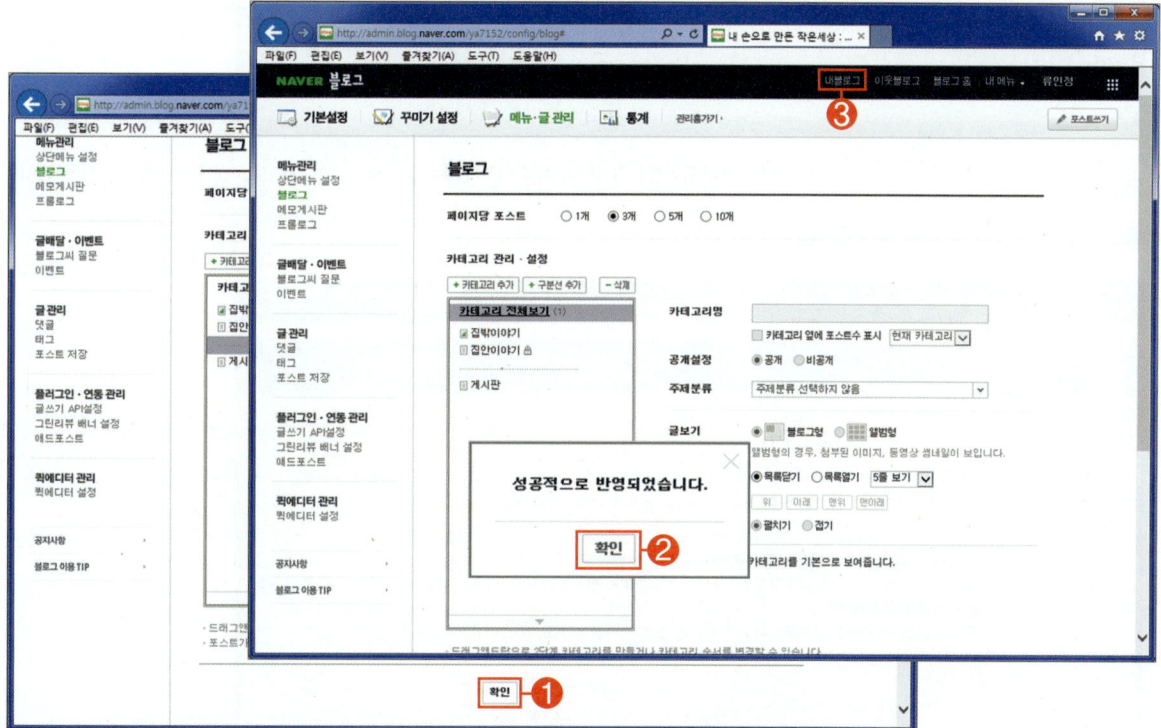

02 사진 편집과 말풍선 삽입하기

예제파일 : 장미1.jpg, 장미2.jpg, 텃밭1.jpg, 텃밭2.jpg, 화목난로.jpg, 장작.jpg, 장작불.mp4

여러 개의 사진이 있는 포스트쓰기

01 내 블로그에서 [집밖이야기]를 클릭한 후 [포스트쓰기()]를 선택합니다.

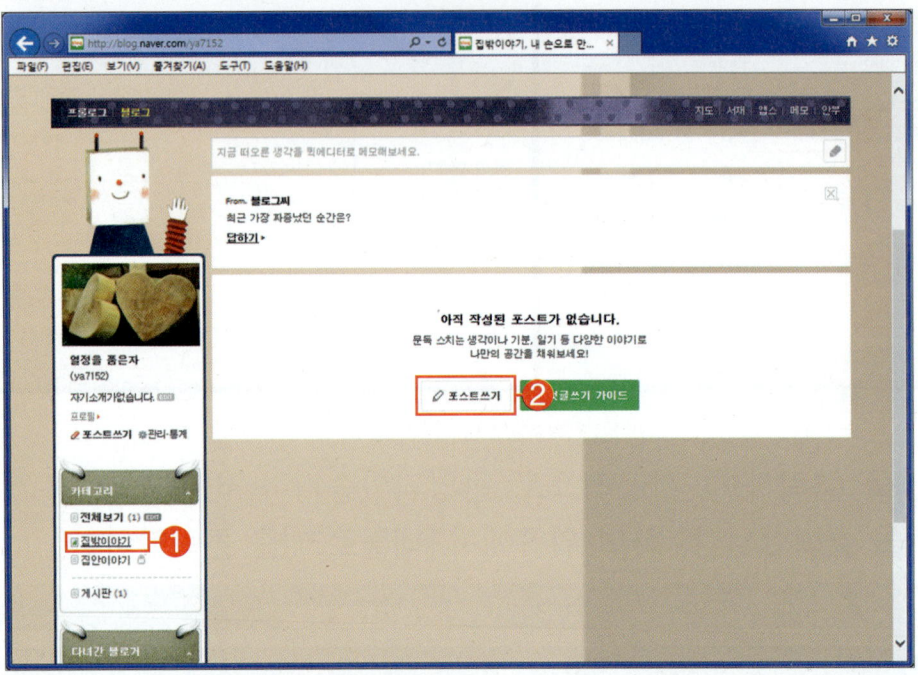

02 글쓰기 페이지가 나타나면 **제목과 내용을 입력**한 후 그림을 삽입할 위치에 **커서를 이동**하고 [사진]을 클릭합니다.

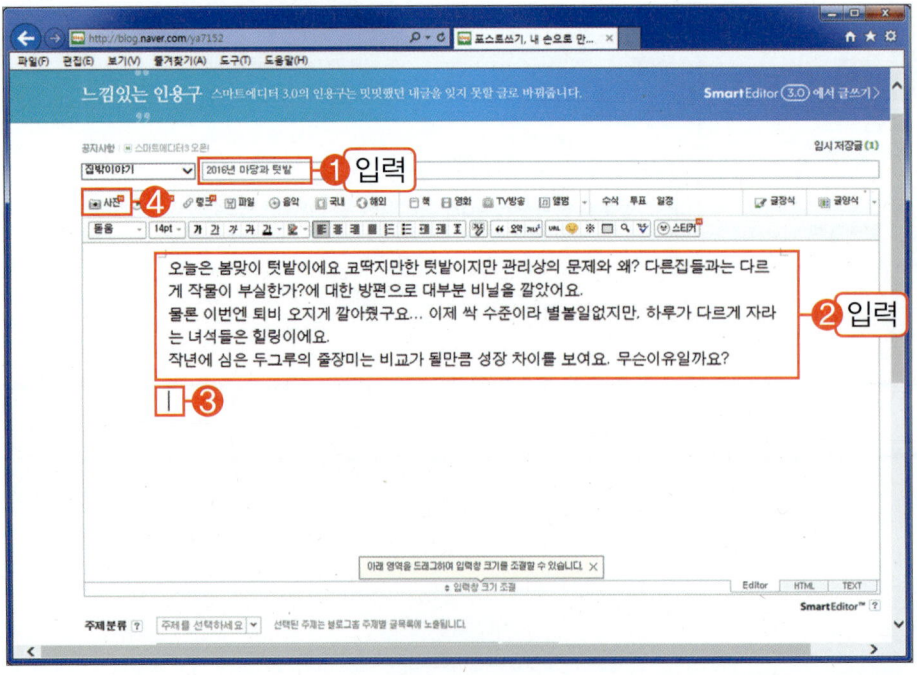

104 • 스마트한 생활을 위한 카페와 블로그

03 [네이버 포토업로더] 창이 실행되면 [내 PC(내PC)]를 클릭합니다. [업로드할 파일 선택] 대화상자에서 그림과 같이 **두 개의 장미와 텃밭 그림 파일을 선택**한 후 [열기] 단추를 클릭합니다.

04 선택한 네 개의 사진이 추가되면 [**역순으로**(역순으로)]를 **클릭**하여 사진의 순서가 바뀌는 것을 확인합니다.

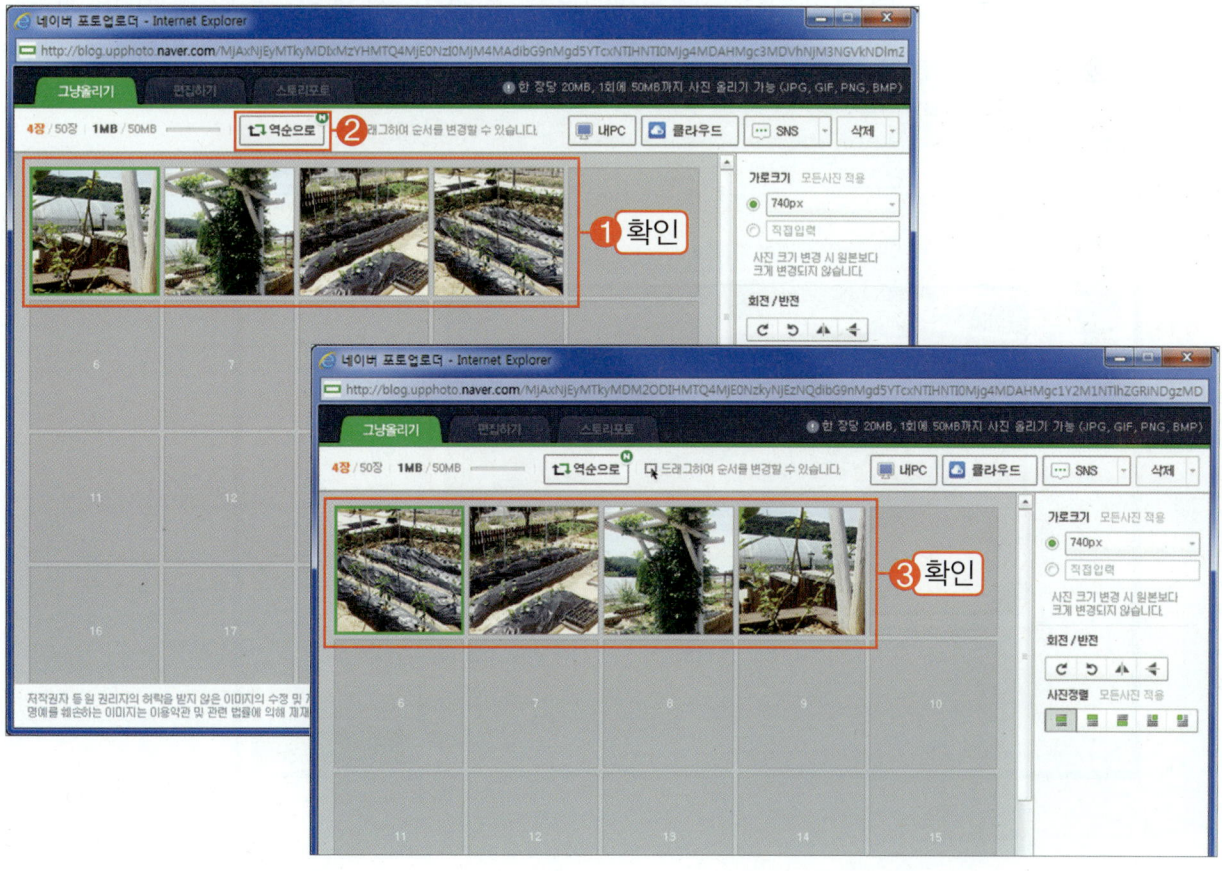

모든 사진에 액자 효과 지정하기

01 추가된 사진을 꾸미기 위해 **[편집하기] 탭을 클릭**하여 편집 화면이 나타나면 왼쪽 아래에서 **[화면맞춤]을 클릭**합니다. 그림이 창 크기에 맞게 표시되는 것을 확인합니

02 **[액자(액자)]를 클릭**하여 액자 목록이 표시되면 **원하는 종류를 선택**하고 [모든 사진 적용]을 클릭합니다. 사진에 액자 효과가 적용된 것을 확인합니다.

03 왼쪽의 사진 목록에서 **두 번째 사진을 선택**한 후 **[화면맞춤]을 클릭**하여 위에서 지정한 액자 효과가 적용된 것을 확인합니다.

말풍선 추가와 선 색 지정하기

01 왼쪽의 사진 목록에서 **세 번째 사진을 선택**한 후 **[화면맞춤]을 클릭**하고 **말풍선( )을 누릅니다.** 말풍선 목록이 표시되면 **[번개모양( )]을 선택**합니다.

08 카테고리 추가 및 포스트쓰기 • **107**

02 번개모양의 말풍선이 삽입되면 다시 **[화면맞춤]의 선택을 해제**하여 사진을 크게 확대합니다. 말풍선의 내용을 수정하기 위해 **말풍선을 더블 클릭**합니다.

03 '내용을 입력하세요' 글자가 활성화되면 **원하는 내용으로 수정**한 후 [테두리] 탭에서 원하는 **테두리 색을 선택**합니다.

04 같은 방법으로 **네 번째 사진**에 그림과 같은 **말풍선을 삽입**한 후 **[올리기]를 클릭**합니다.

05 선택한 네 개의 사진이 추가되면 **[확인]을 클릭**하여 테두리와 말풍선이 적용된 것을 확인합니다.

동영상이 있는 포스트쓰기

01 [집안이야기]를 클릭한 후 [포스트쓰기(✎ 포스트쓰기)]를 선택합니다.

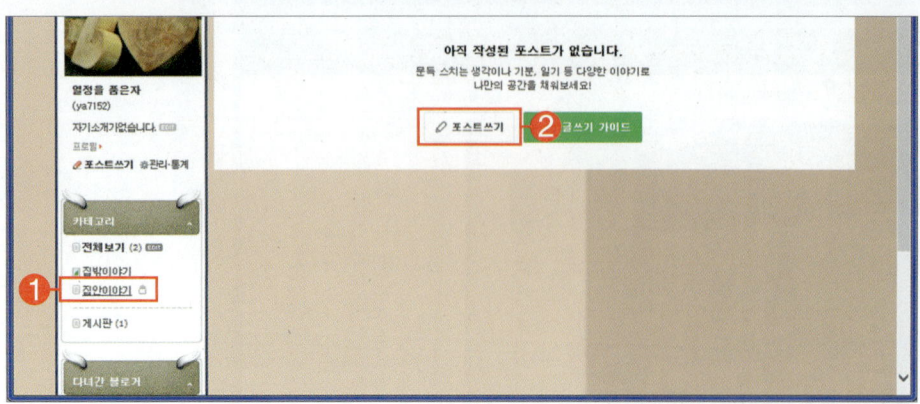

02 글쓰기 페이지가 나타나면 **제목과 내용을 입력**한 후 [사진]을 클릭합니다. [편집하기] 탭을 선택한 후 그림과 같은 액자가 적용되도록 '**화목난로.jpg**' 그림 파일을 삽입합니다.

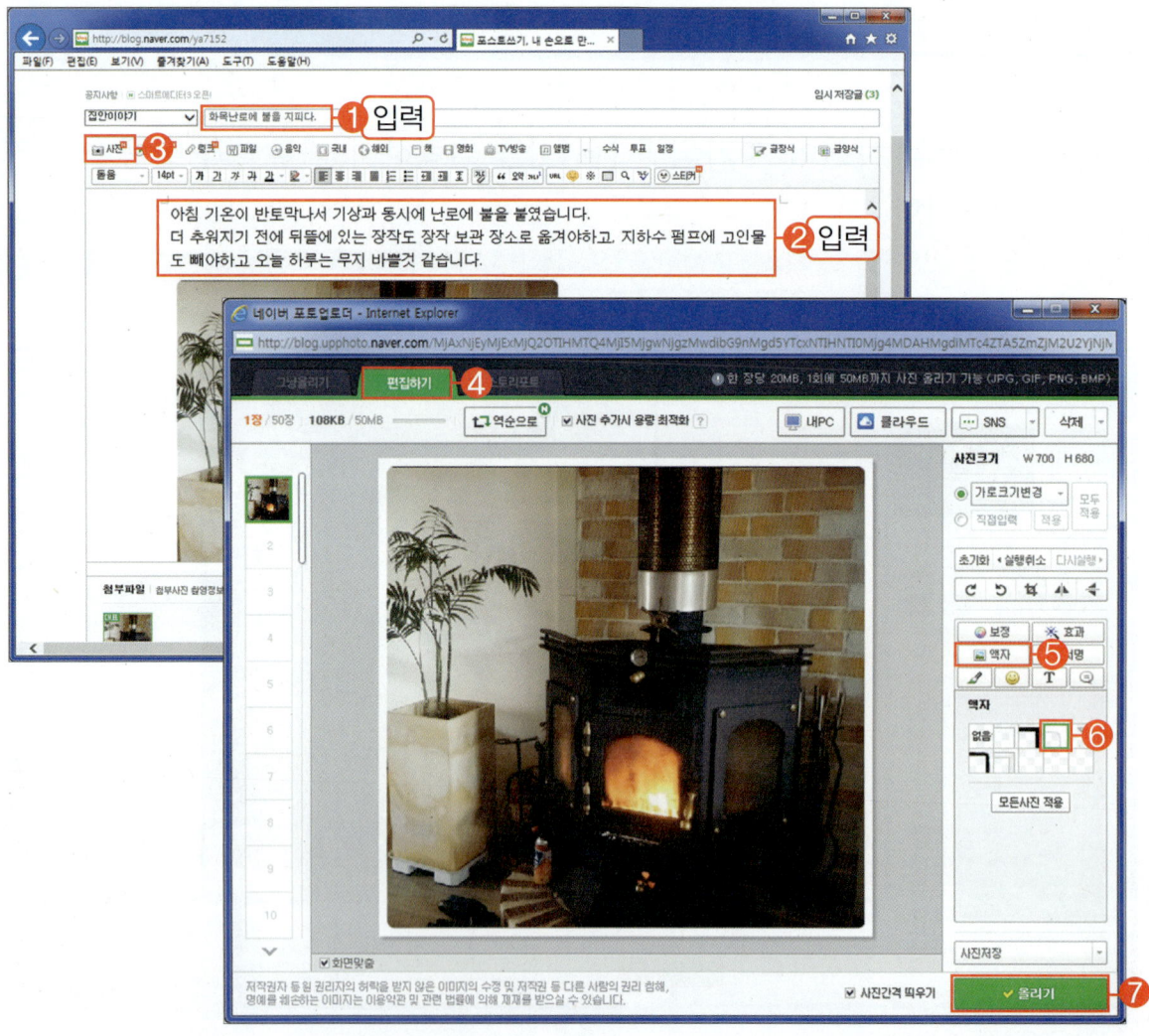

03 같은 방법으로 '화목난로' 그림 아래에 **'장작.jpg' 그림 파일을 삽입**하고 그림과 같은 **액자를 적용**합니다.

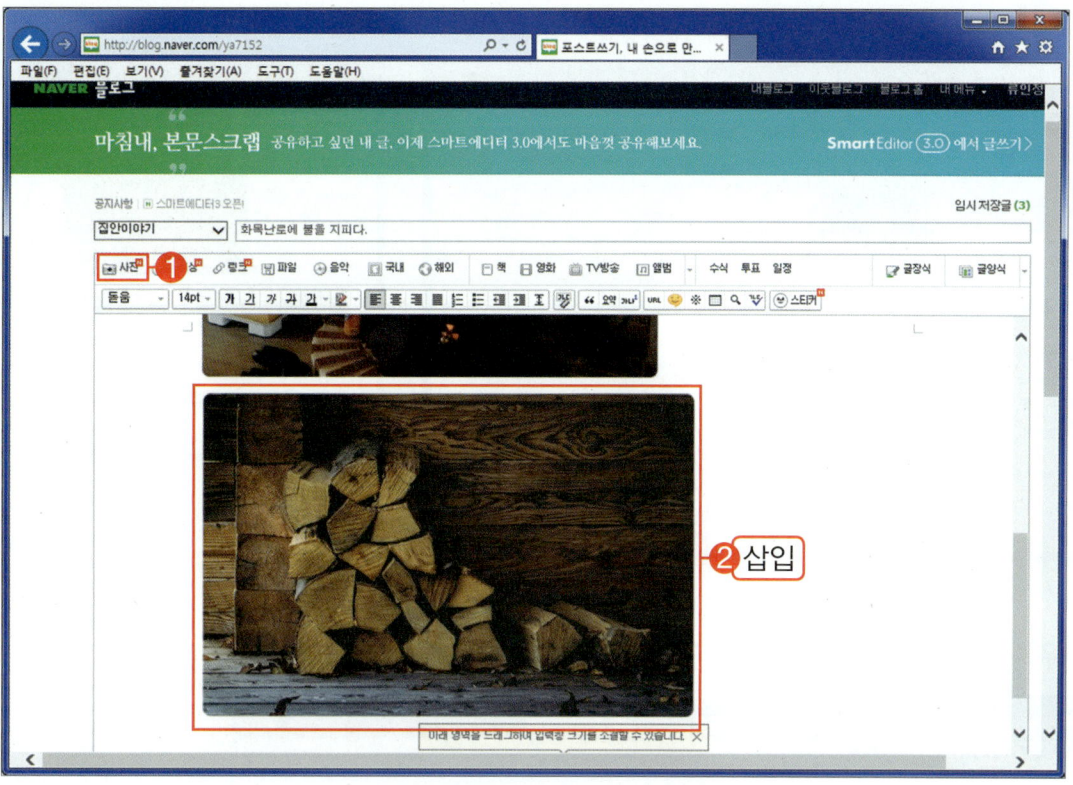

04 '장작' 그림 아래에 **커서를 이동**하고 **[동영상]을 클릭**합니다. **[네이버 블로그업로더]** 창이 실행되면 **[파일 선택]을 클릭**합니다.

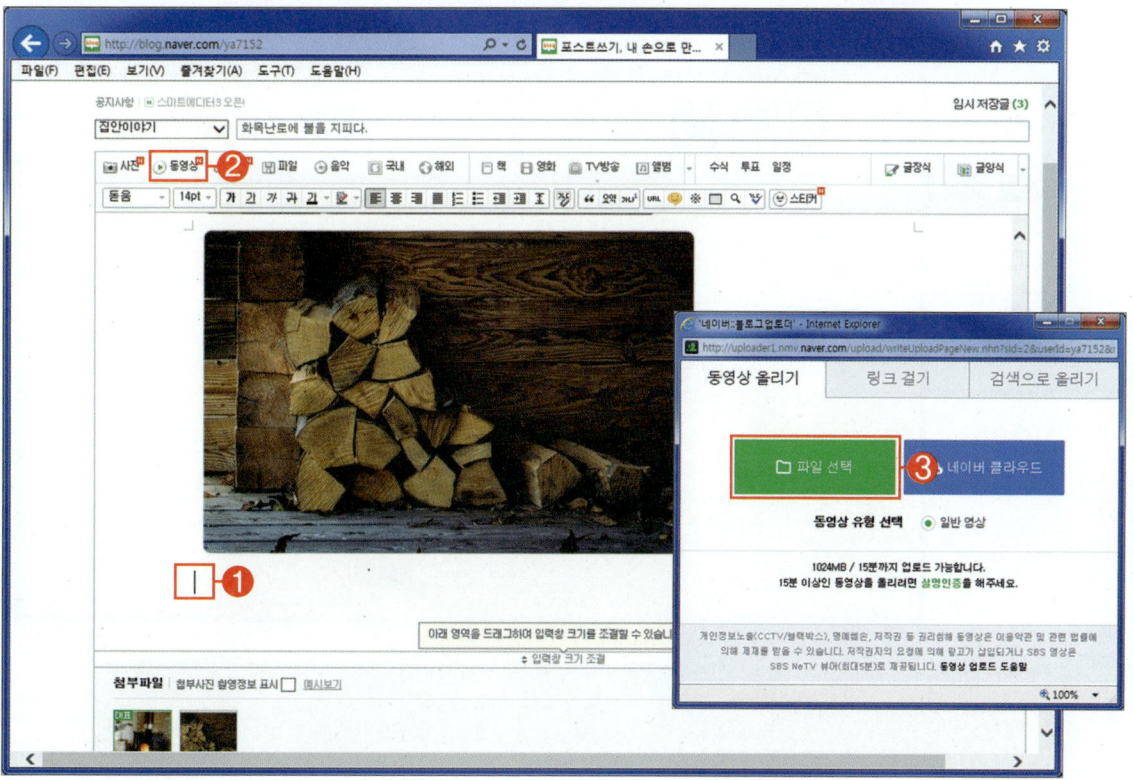

05 [업로드할 파일 선택] 대화상자에서 '장작불.mp4' 동영상 파일을 선택한 후 [열기] 단추를 클릭합니다. [네이버 블로그업로더] 창이 나타나면 **대표 이미지를 선택**하고 [완료]를 클릭합니다.

06 해당 위치에 동영상이 삽입되면 아래쪽에서 [확인]을 클릭합니다.

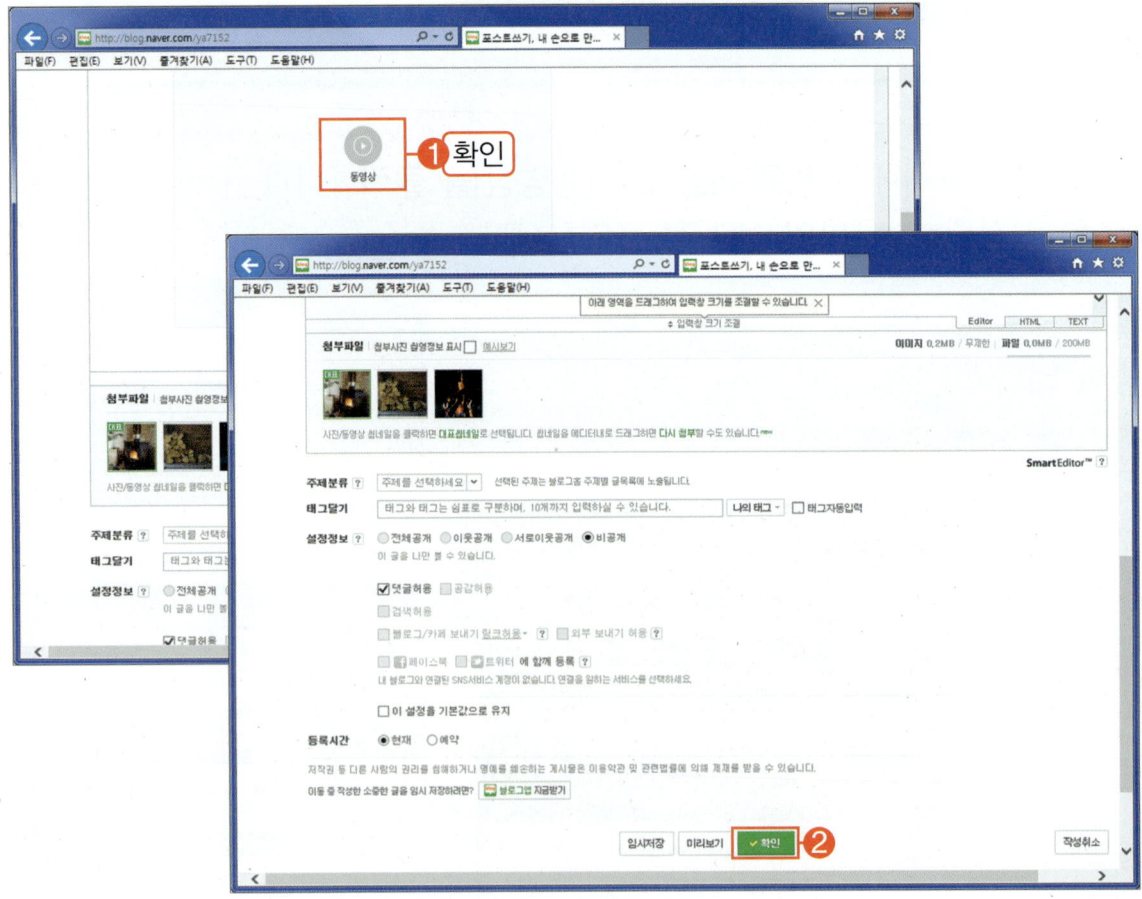

07 삽입된 동영상의 재생 표식을 클릭하여 동영상이 재생되는 것을 확인합니다.

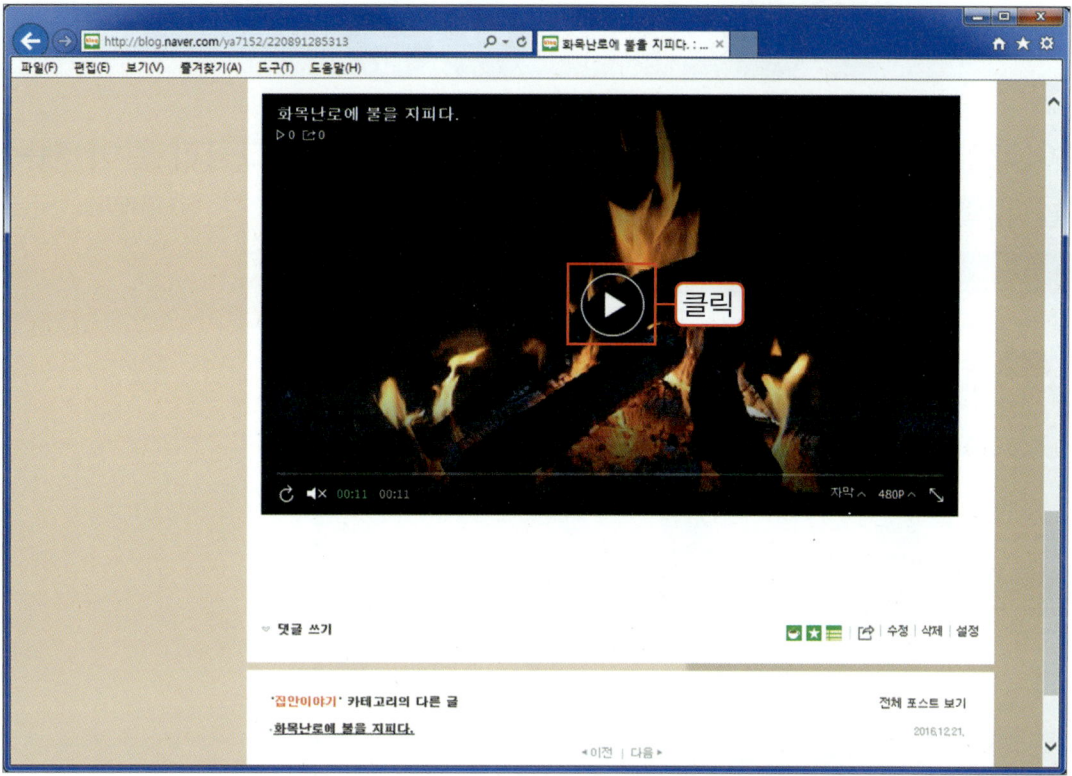

08 [전체보기]를 클릭한 후 [목록열기]를 클릭합니다. 전체 포스팅 목록이 표시되는 것을 확인합니다.

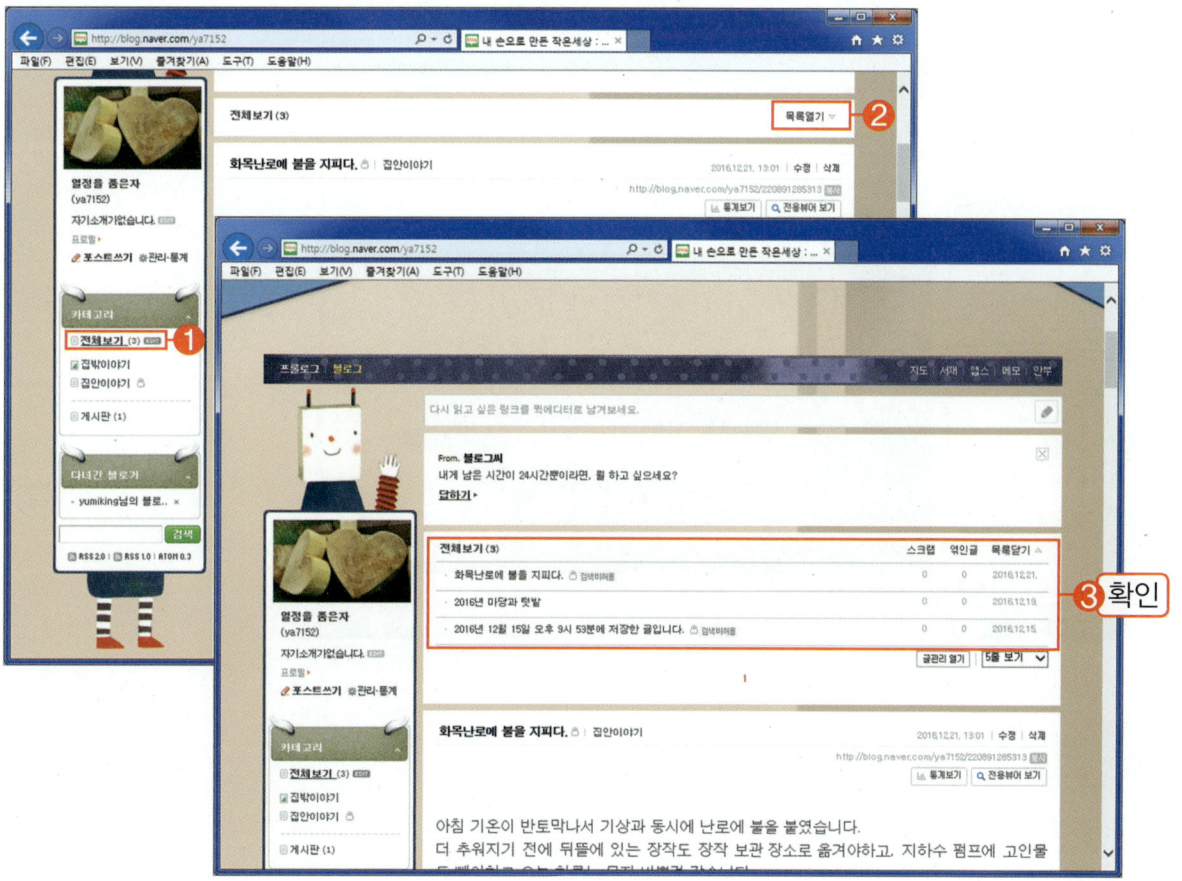

1 '집안이야기' 아래에 '일상이야기' 카테고리를 추가한 후 그림과 같이 제목과 내용을 입력하고 '국궁.jpg' 사진을 삽입해 봅니다.

📁 예제파일 : 국궁.jpg

2 '일상이야기' 아래에 '공구이야기' 카테고리를 추가한 후 그림과 같이 제목과 내용을 입력하고 '직소.mp4' 동영상을 삽입해 봅니다.

📁 예제파일 : 직소.mp4

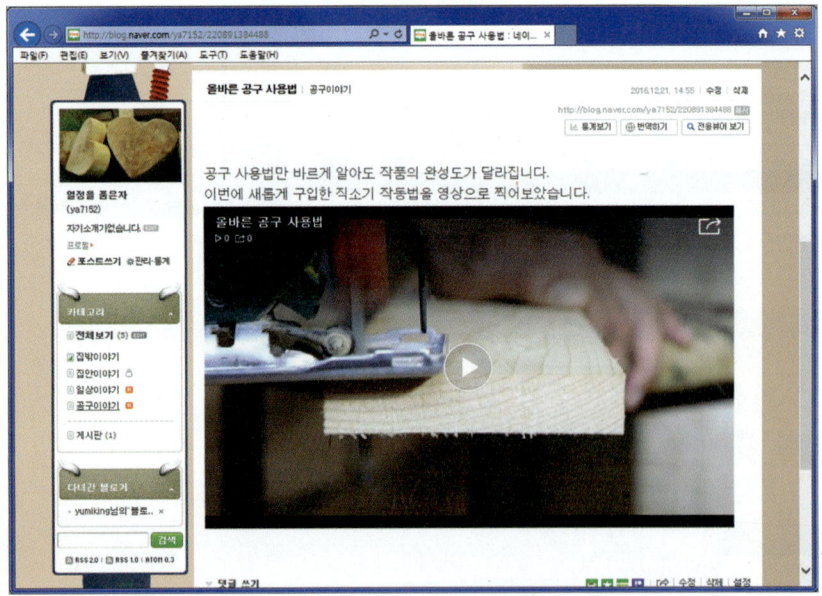

이웃 추가 및 위젯 만들기

이번 장에서는 마음에 드는 블로그를 이웃으로 추가하고 서로 이웃 추가를 한 후 블로그 목록이 표시되도록 하는 방법을 알아봅니다. 서로 이웃을 신청한 블로그를 수락하고 내 블로그를 쉽게 이웃으로 추가할 수 있도록 위젯을 만드는 방법에 대해 알아보도록 하겠습니다.

 무엇을 배울까요?

- ⇢ 블로그 이웃 추가하기
- ⇢ 블로그 서로 이웃 추가하기
- ⇢ 블로그에 이웃 목록 표시하기
- ⇢ 서로이웃 맺기 수락하기
- ⇢ 이웃 추가 위젯 만들기

01 블로그 이웃과 서로 이웃 추가하기

블로그 이웃 추가하기

01 네이버에 로그인한 후 **[블로그]**를 **클릭**하여 네이버 블로그 페이지로 이동합니다. **[요리]**를 **선택**한 후 **[주목받는 글]** 탭에서 원하는 **목록을 클릭**합니다.

02 목록에서 선택한 블로그 페이지로 이동되면 **[이웃추가]**를 **클릭**합니다. [이웃추가] 창에서 **[이웃]** 항목을 **선택**하고 **[다음]**을 **클릭**합니다.

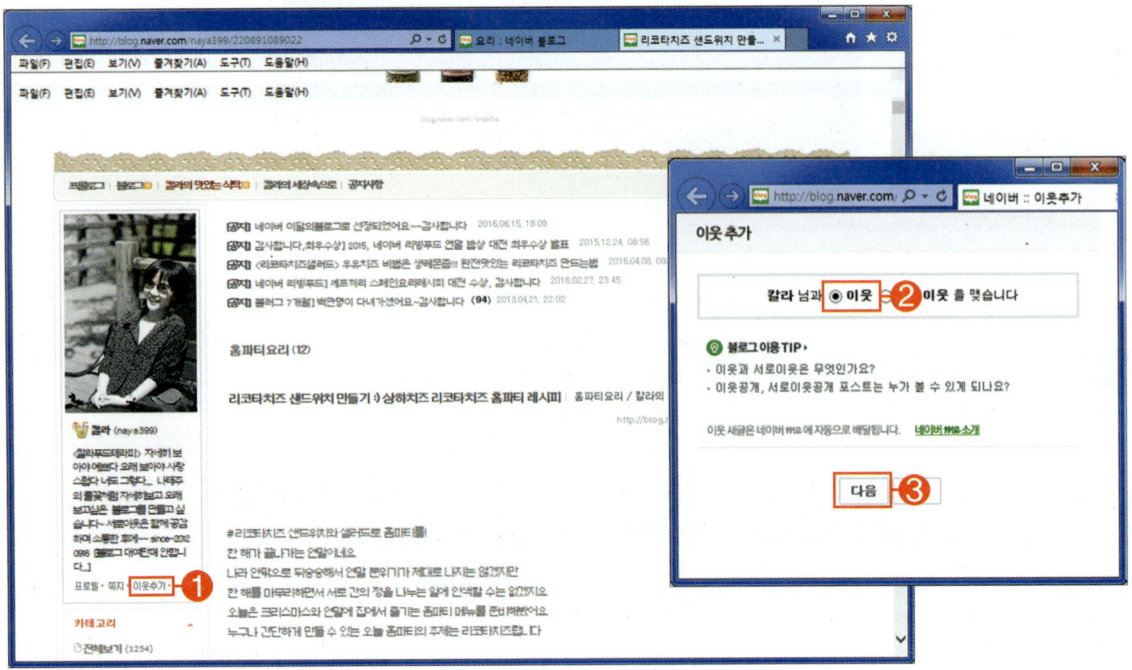

03 [그룹추가(+그룹추가)]를 클릭하여 아래쪽에 [새 그룹]이 만들어지면 이름을 '특별요리'로 수정하고 [확인]을 클릭합니다.

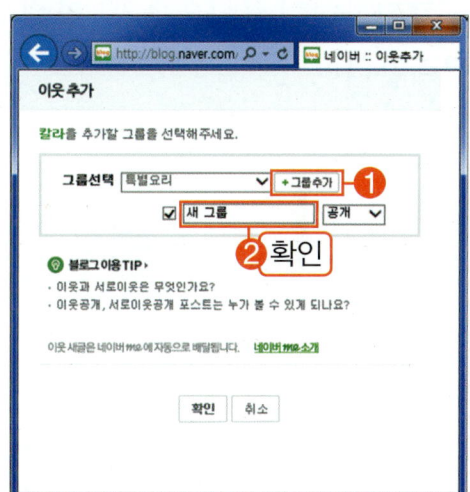 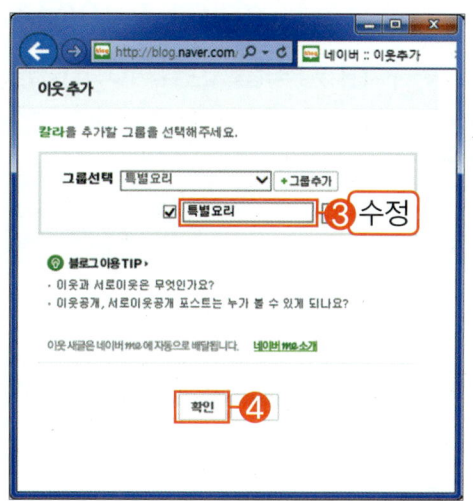

04 '이웃으로 추가하였습니다.'라는 메시지가 나타나면 아래쪽에서 [닫기]를 클릭합니다. 탭을 닫을지 묻는 메시지 상자가 나타나면 [예]를 클릭합니다.

 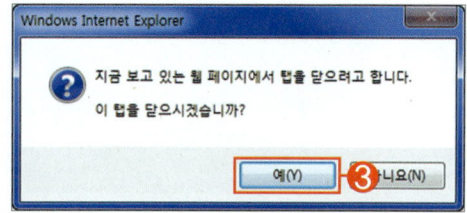

블로그 서로 이웃 추가하기

01 원하는 네이버 블로그로 이동한 후 [**이웃추가**]를 **클릭**합니다. [이웃추가] 창에서 [**서로이웃을 맺습니다.**] **항목을 선택**하고 [**다음**]을 **클릭**합니다.

02 '서로이웃을 신청합니다.'라는 메시지가 나타나면 [**그룹추가**(+그룹추가)]를 **클릭**하여 '**인테리어**'로 **수정**하고 [**확인**]을 **클릭**합니다. 계속해서 '서로이웃이 신청되었습니다.' 라는 메시지가 나타나면 [**확인**]을 **클릭**합니다. 탭을 닫을지 묻는 대화상자가 나타나면 [**예**]를 **누릅니다**.

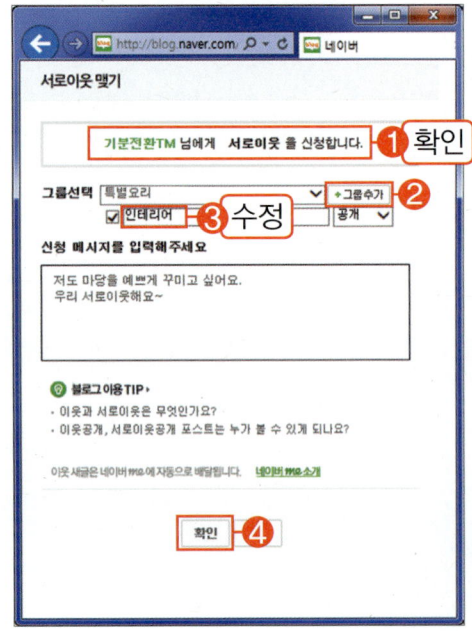
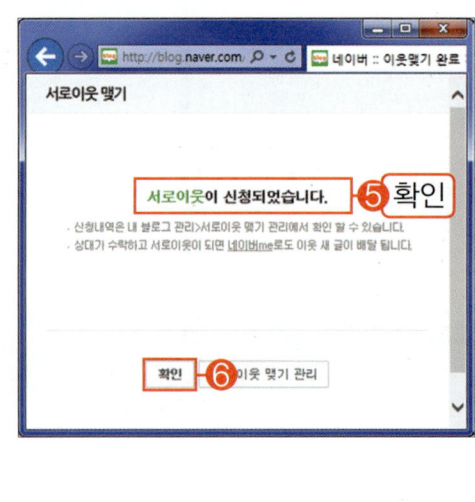

118 • 스마트한 생활을 위한 카페와 블로그

블로그에 이웃 목록 표시하기

01 내 블로그에서 [관리]를 클릭합니다. 꾸미기 설정의 [레이아웃·위젯 설정]을 클릭합니다.

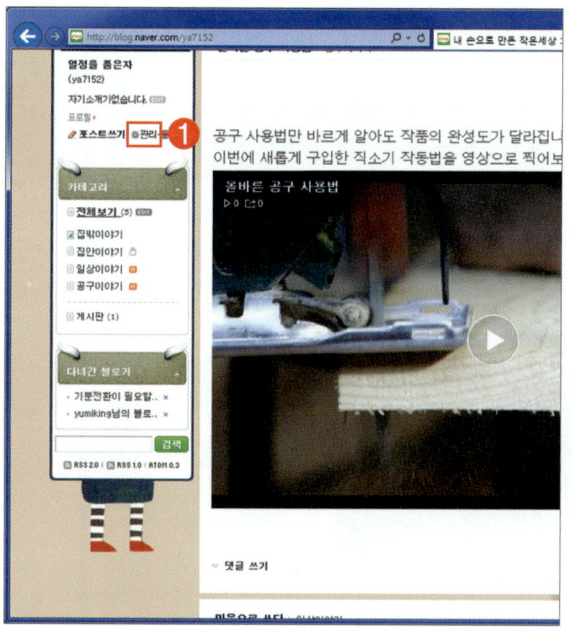 

02 레이아웃·위젯 설정 페이지가 나타나면 [이웃커넥트]와 [이웃블로그] 항목을 그림과 같이 지정합니다. 아래쪽에서 [적용]을 클릭하여 '레이아웃을 변경하시겠습니까?'라는 메시지 상자가 나타나면 [확인]을 클릭합니다.

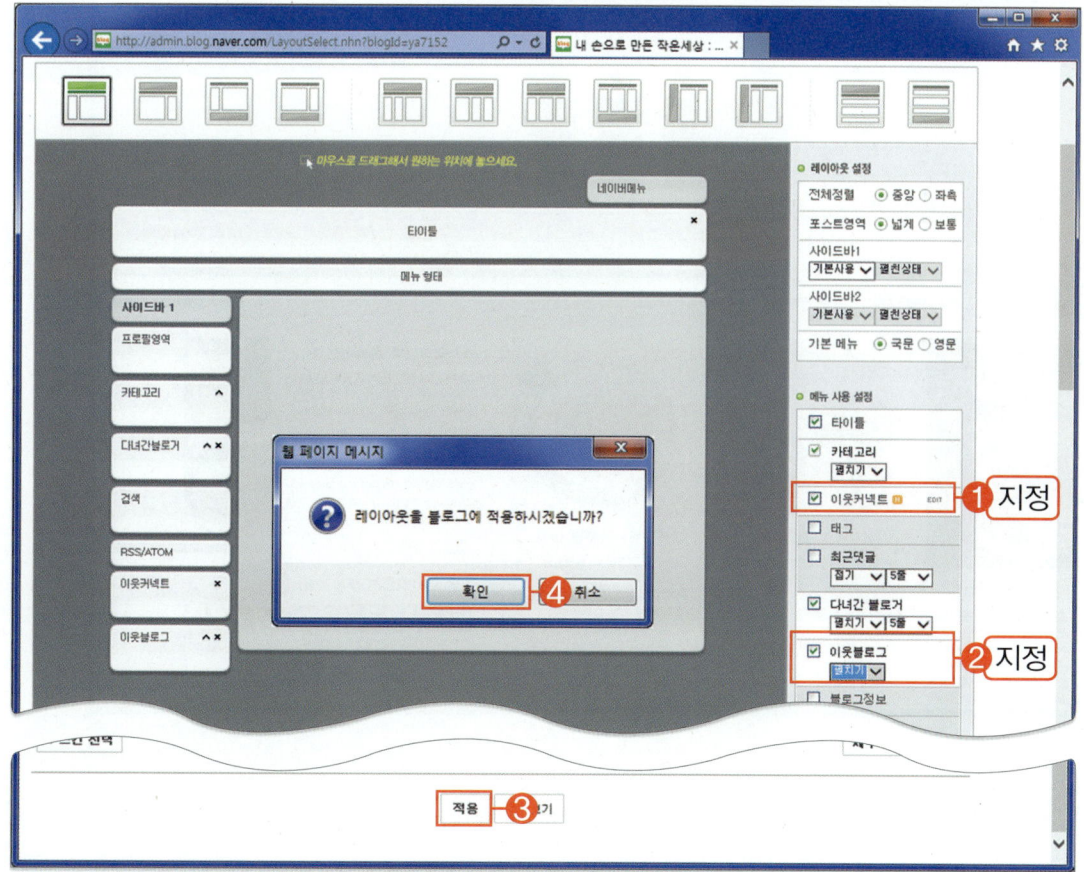

03 내 블로그로 이동하여 이웃커넥트와 이웃블로그 목록이 표시되면 [**내가 추가한 이웃**] 탭에서 블로그를 클릭합니다.

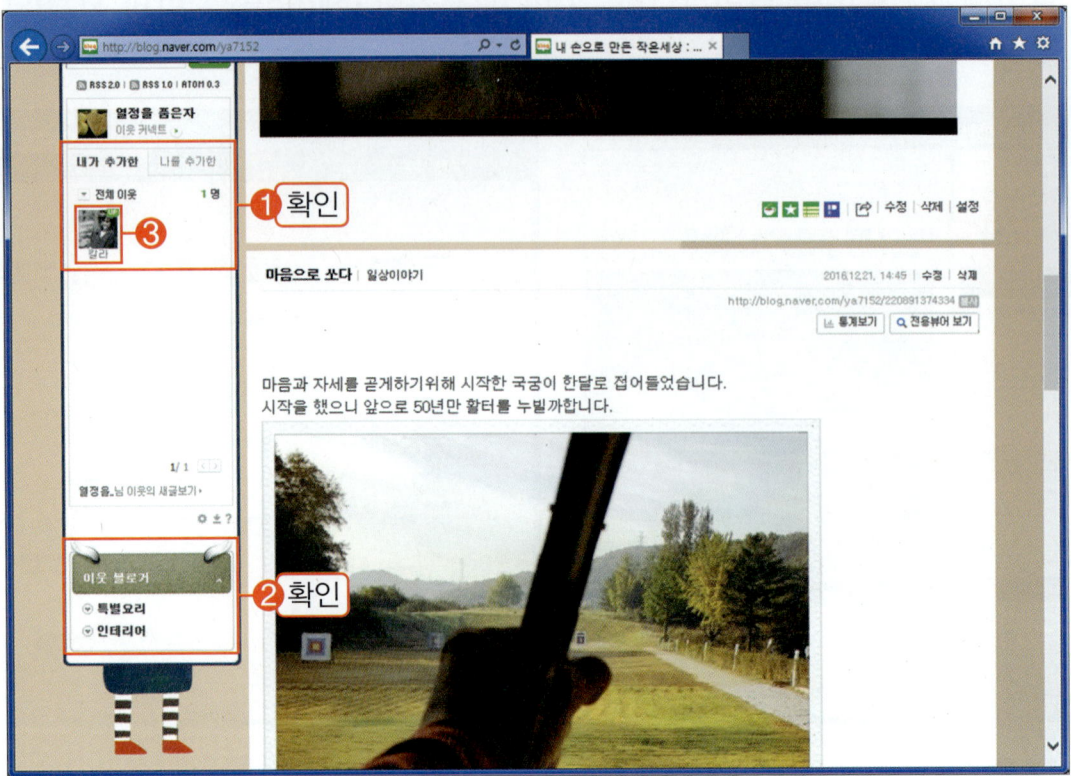

04 이웃으로 추가한 블로그로 바로 이동되면 **해당 블로그 탭을 닫습니다.**

예제파일 : 위젯.gif, 네이버이웃추가코드.txt

02 이웃 관리 및 이웃 추가 위젯 만들기

서로이웃 맺기 수락하기

01 내 블로그에서 [관리]를 클릭한 후 기본 설정에서 [서로이웃 맺기]를 클릭합니다.

 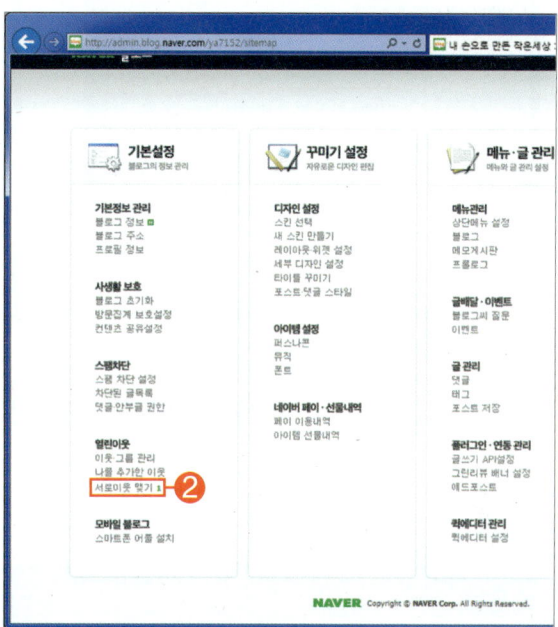

02 서로이웃 맺기 설정 페이지의 [받은신청] 탭에서 **신청한 사람 항목을 체크** 표시하고 [수락]을 클릭합니다.

> **배움터** 내가 보낸 서로이웃 신청 확인방법
>
> 서로이웃 맺기 설정 페이지의 [보낸신청] 탭에서 내가 신청한 서로이웃맺기 신청 목록을 확인할 수 있고, 상대방이 서로이웃 맺기를 수락한 경우 목록에서 자동으로 삭제됩니다.

03 '서로이웃 신청을 수락합니다'라는 메시지를 확인하고 **'인테리어' 그룹을 선택**한 후 **[확인]을 클릭**합니다. '서로이웃이 맺어졌습니다.'라는 메시지가 나타나면 **[확인]을 클릭**하고 탭을 닫을지 묻는 대화상자가 나타나면 **[예] 단추를 누릅니다.**

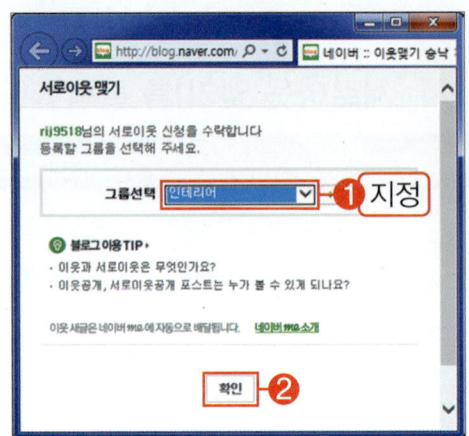 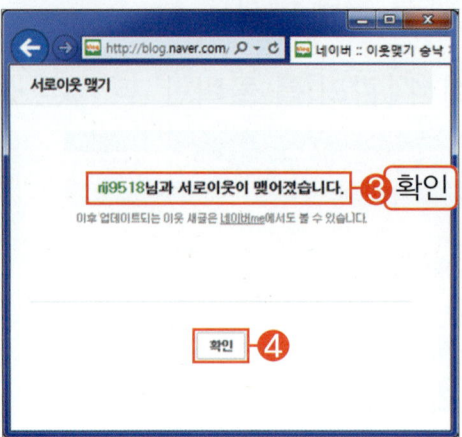

04 내 블로그로 이동합니다. 이웃커넥트의 **[나를 추가한 이웃] 탭을 클릭**하여 나에게 이웃신청한 블로그의 목록을 확인합니다. 클릭하면 해당 블로그로 이동할 수 있습니다.

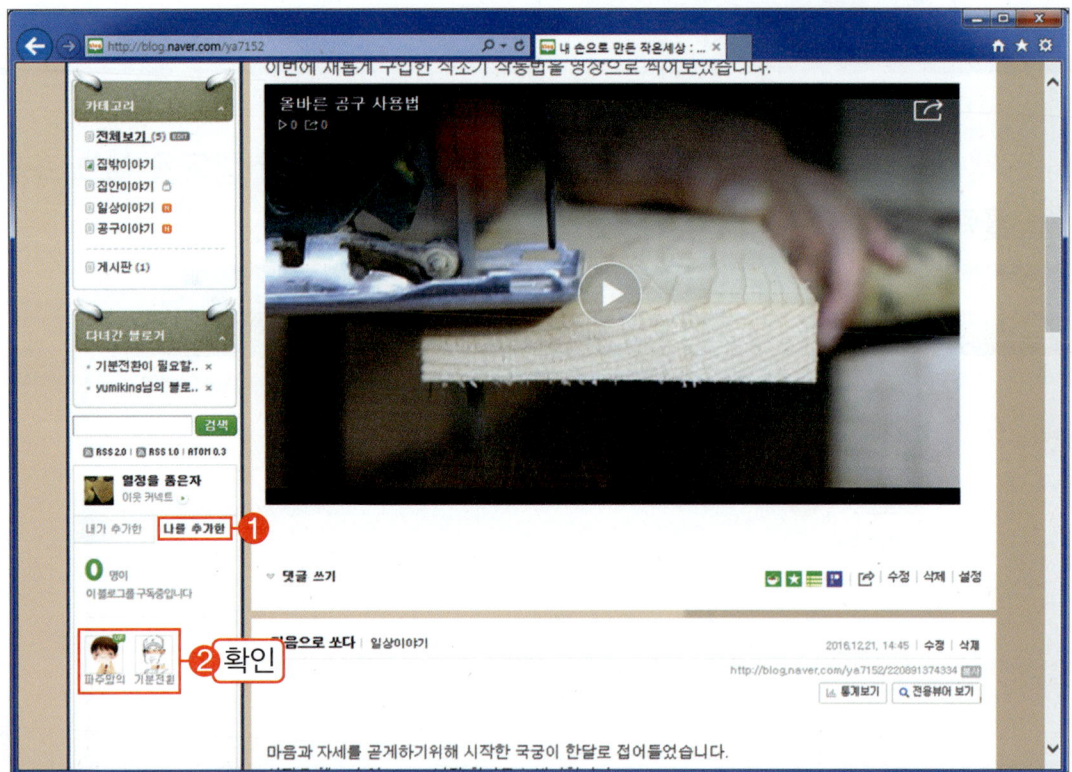

이웃 추가 위젯 만들기

01 내 블로그에 접속한 후 [**포스트쓰기**(✎ 포스트쓰기)]를 클릭합니다. 글쓰기 페이지가 나타나면 [**사진**]을 클릭합니다.

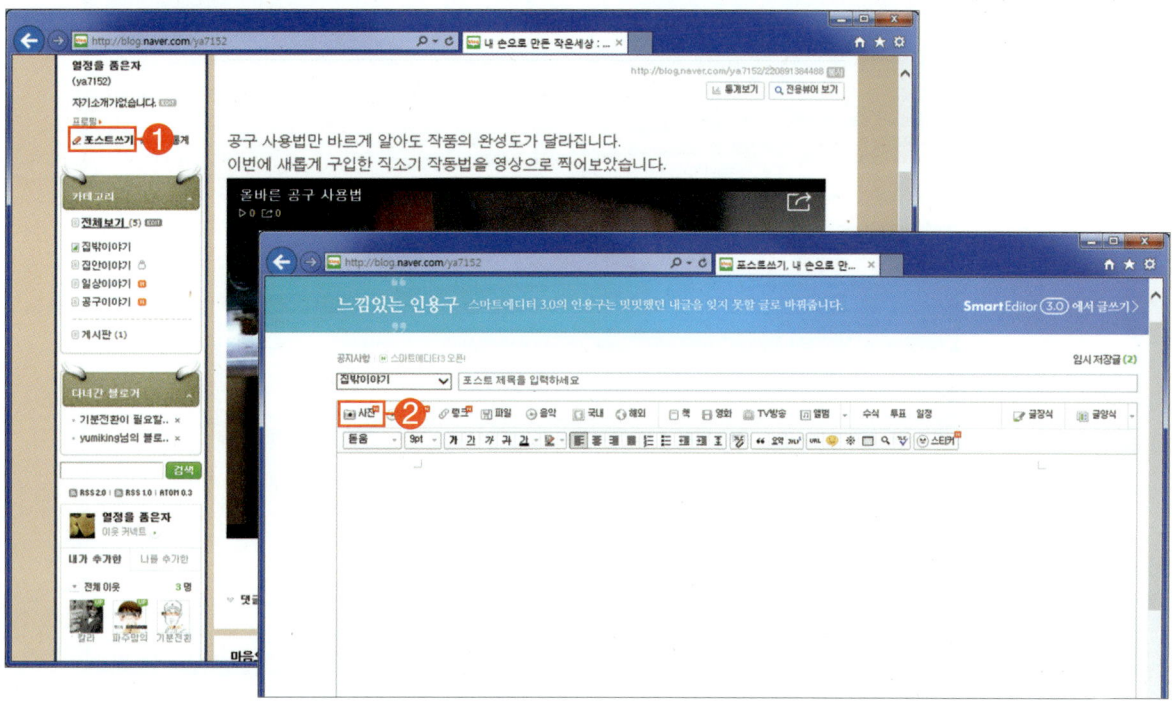

02 [네이버 포토업로더] 창이 실행되면 [**내 PC**(🖥 내PC)]를 클릭하여 '**위젯.gif**' 그림 파일을 추가한 후 [**올리기**]를 클릭합니다.

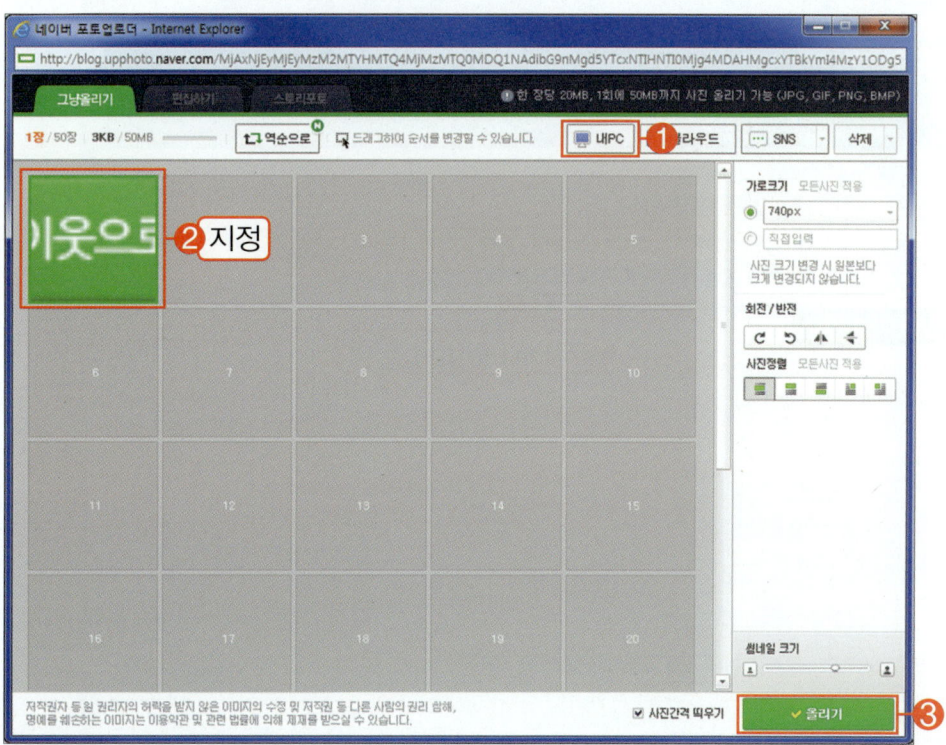

03 위젯 그림이 삽입되면 **그림을 선택**한 후 **[URL]을 클릭**합니다. URL 주소 입력란에 '네이버이웃추가코드.txt' 파일의 모든 텍스트를 복사하여 붙여넣기 합니다.

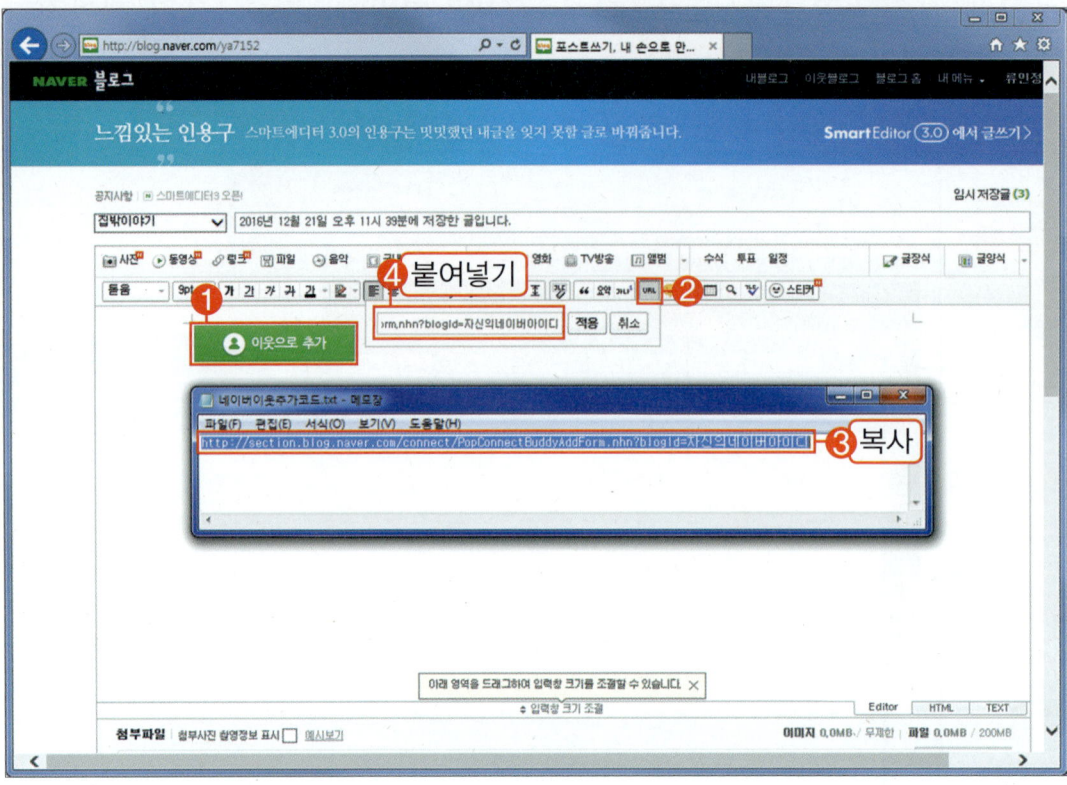

04 복사된 URL 주소의 뒤쪽에 있는 **'자신의네이버아이디'** 글자를 실제 자신의 **네이버 아이디로 수정**한 후 **[적용]을 클릭**합니다.

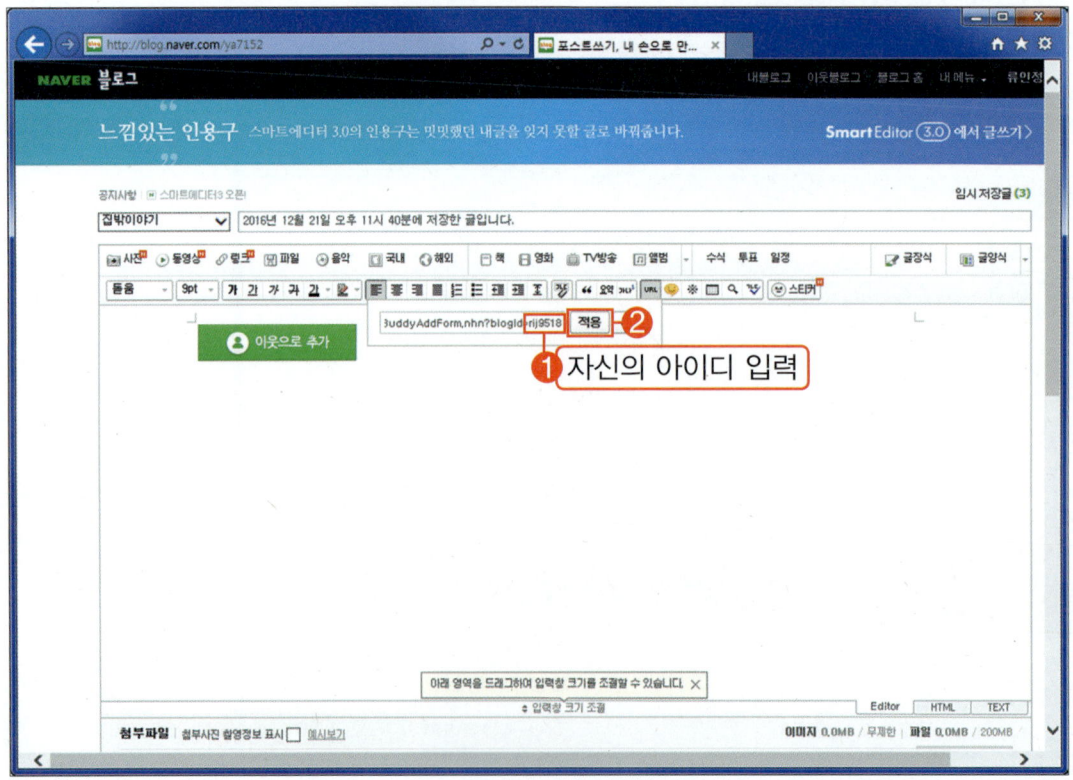

05 오른쪽 아래에서 [HTML] **탭**을 누르면 이웃 추가 소스가 표시됩니다. 전체를 **블록 지정한 후** 마우스 **오른쪽 단추를 눌러** 바로 가기 메뉴에서 [**복사**]를 **선택**하고 화면 위쪽에서 [내 블로그]를 클릭합니다.

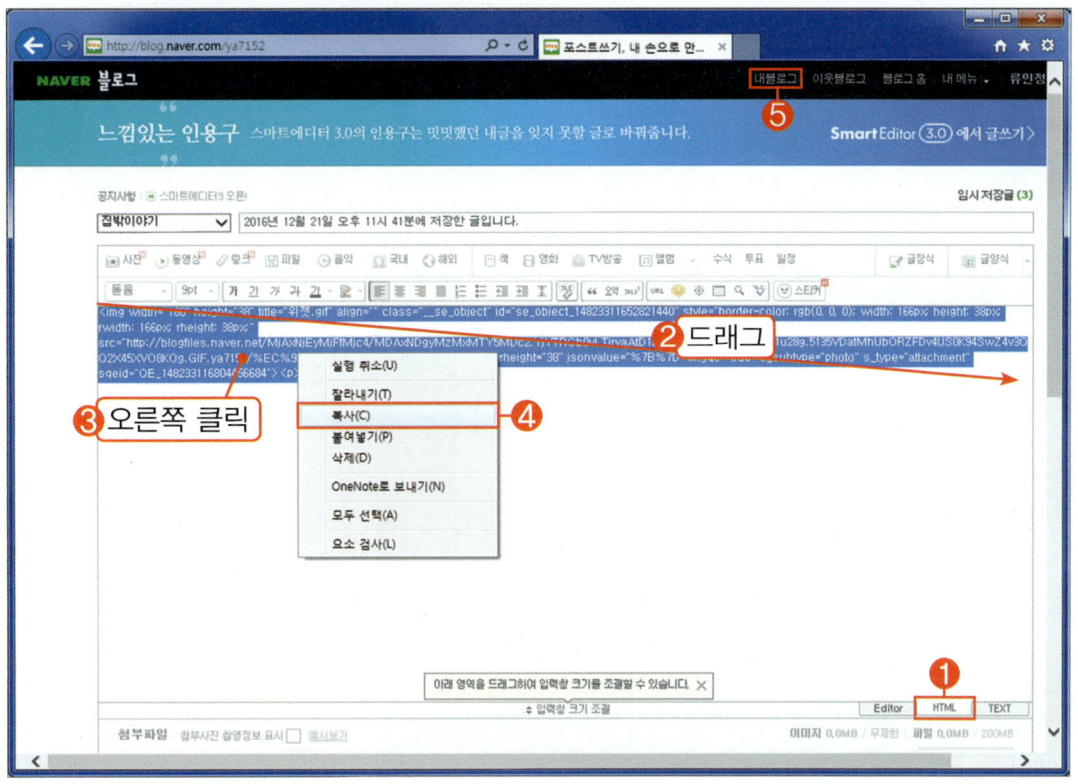

06 '이 페이지에서 나가시겠습니까'라는 메시지가 나타나면 [이 페이지 나가기]를 선택합니다. [관리]를 클릭하고 디자인 설정의 [레이아웃·위젯 설정]을 선택합니다.

07 [이웃커넥트] 항목이 체크 표시된 상태에서 아래쪽의 [위젯직접등록(+ 위젯직접등록 BETA)]을 클릭합니다.

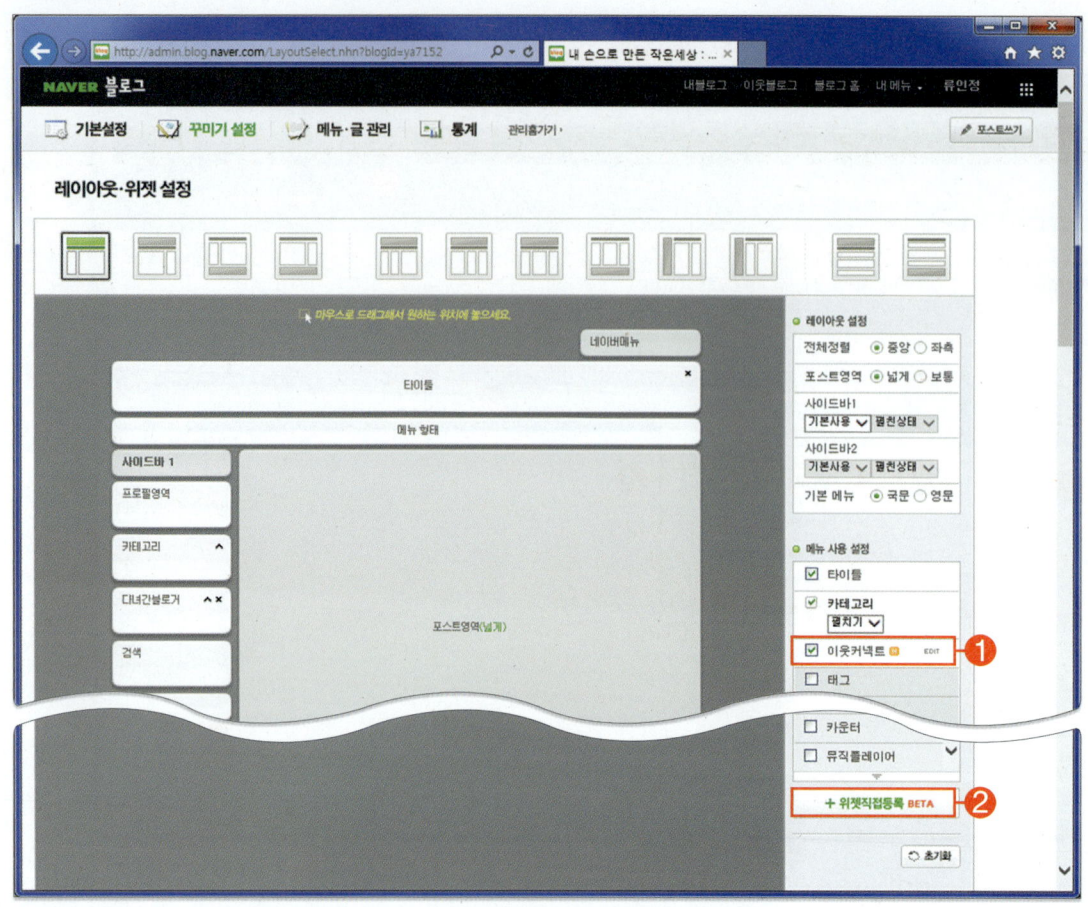

08 위젯명을 입력하고 위젯코드입력란에서 Ctrl + V 키를 눌러 URL 주소를 붙여넣기한 후 [다음]을 클릭합니다.

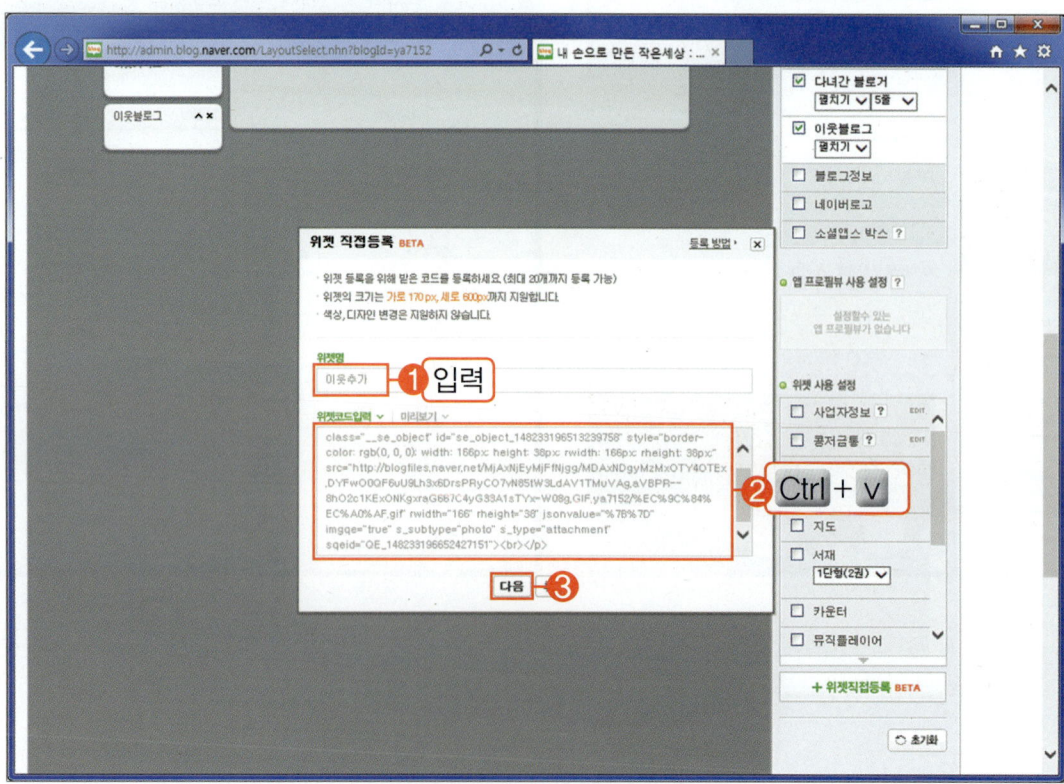

09 위젯 그림이 표시되면 [등록]을 클릭합니다. '정상적으로 반영되었습니다'라는 메시지 상자가 나타나면 [확인]을 클릭 한 후 다시 아래쪽에서 [적용]을 클릭합니다.

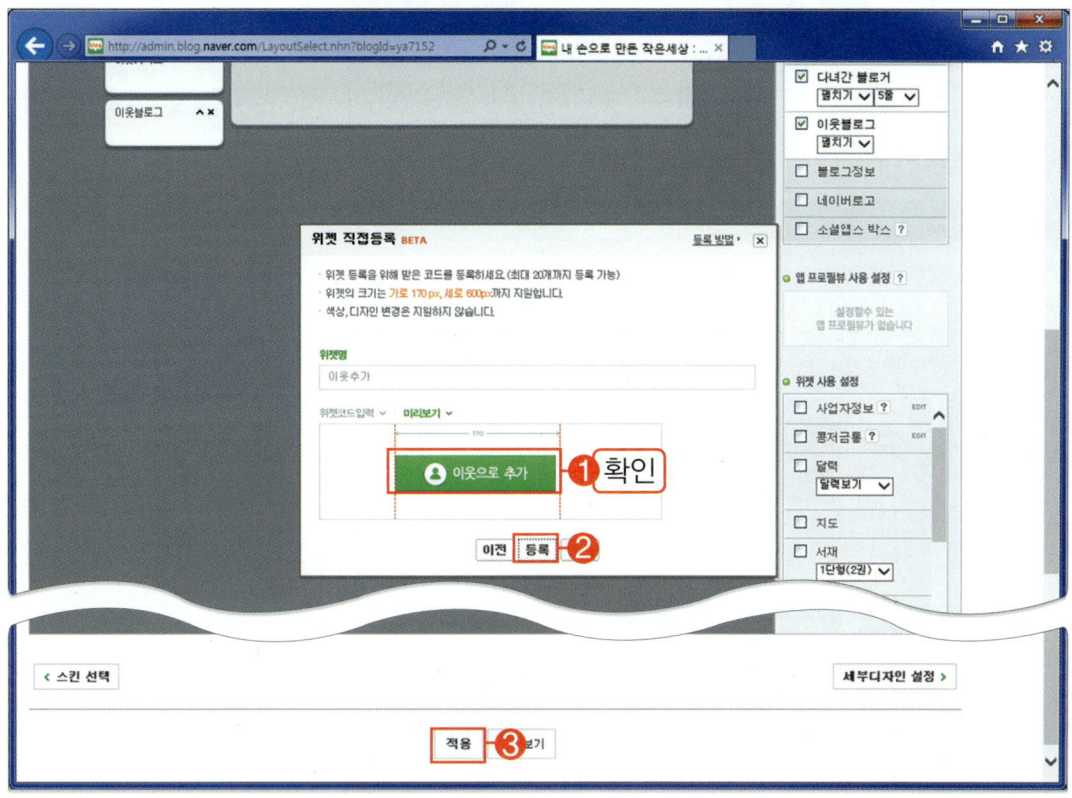

10 '레이아웃을 블로그에 적용하시겠습니까?'라는 메시지가 나타나면 [확인]을 클릭합니다. 내 블로그에서 이웃 추가 위젯이 삽입된 것을 확인합니다.

> **배움터** 이웃 추가 위젯 사용 방법
>
> 내 블로그는 이웃으로 추가할 수 없으므로 다른 아이디로 로그인한 경우에만 이웃 추가 위젯을 클릭하여 내 블로그를 이웃으로 추가할 수 있습니다.

1 네이버 공식블로그의 '문화, 예술' 카테고리 목록에서 원하는 블로그를 이웃으로 추가해 봅니다.

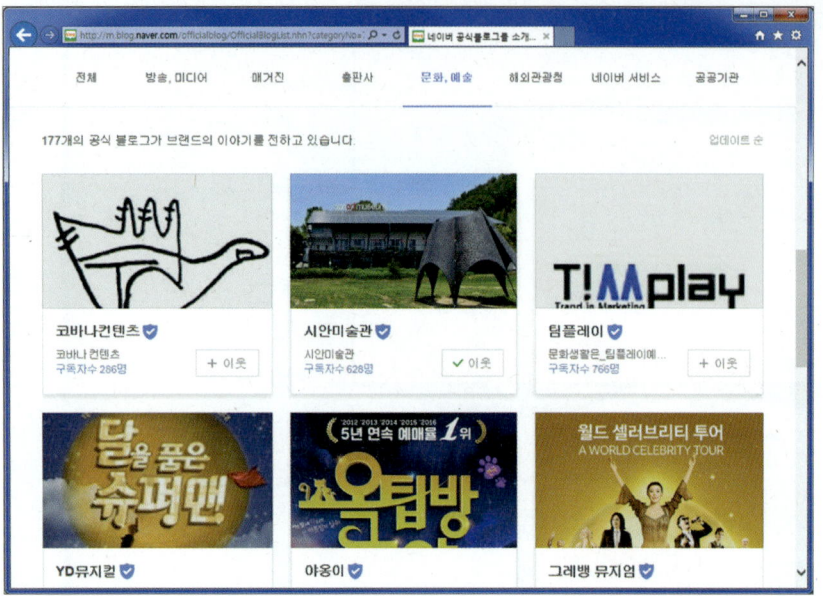

도움터 공식블로그의 경우 목록에서 [이웃]을 클릭하면 회색의 체크 표식이 초록색으로 변경되면서 내 블로그의 이웃으로 바로 추가됩니다.

2 기본정보 관리의 [이웃·그룹 관리]에서 내 블로그와 이웃한 블로그를 확인해 봅니다.

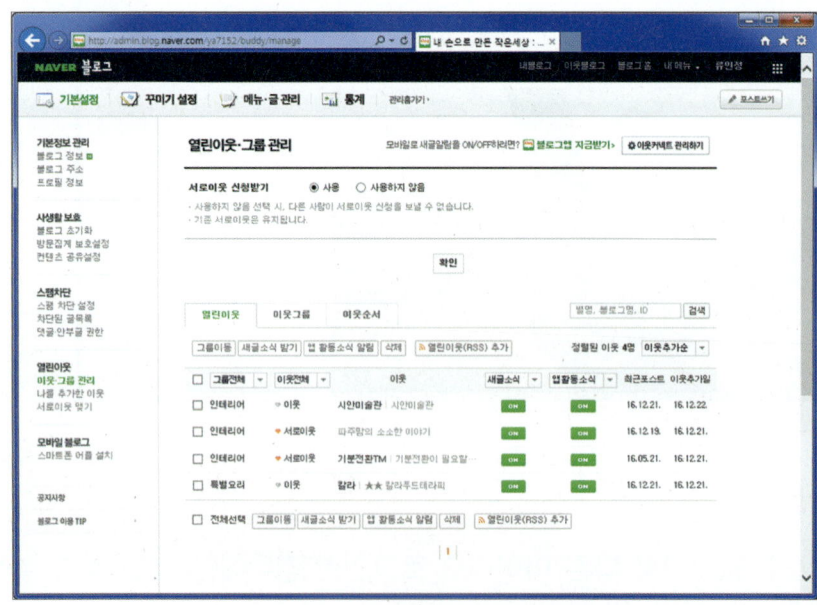

10 블로그에서 소통하기

이번 장에서는 다른 블로그의 게시글에 댓글, 스티커 댓글, 공감 등으로 내 생각을 전달하고 마음에 드는 글을 내 블로그에 공유하는 방법을 알아보겠습니다. 또한 블로그 공유를 위해 필요한 여러 가지 보호설정을 지정하는 방법에 대해 알아보도록 하겠습니다.

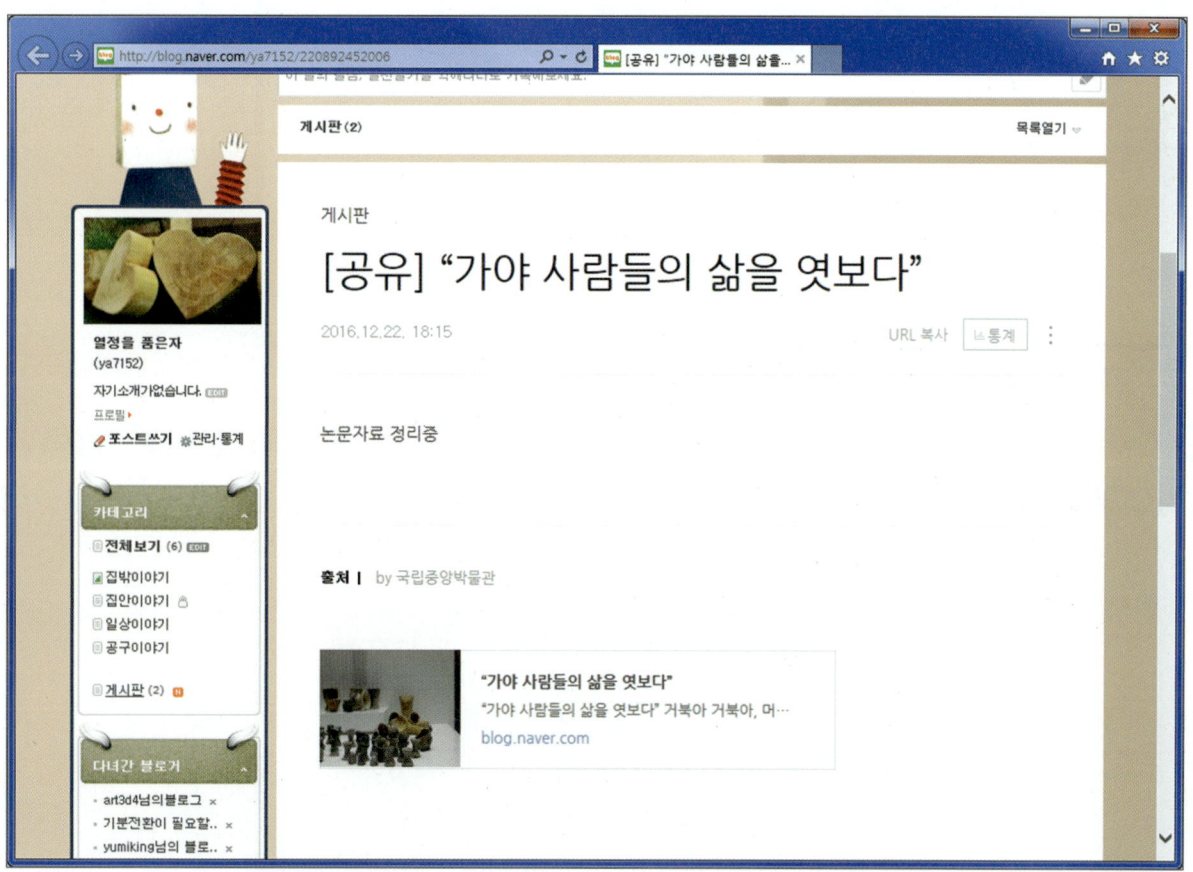

 무엇을 배울까요?

- 댓글 쓰기
- 스티커 댓글 쓰기와 공감하기
- 내 댓글 환경설정하기
- 포스트 쓰기에서 설정정보 지정하기
- 마우스 오른쪽 단추 금지 설정하기
- 블로그 초기화하기

댓글 쓰기 및 댓글 환경설정하기

댓글 쓰기

01 네이버에 로그인한 후 원하는 블로그의 포스트 내용을 확인하고 아래쪽에서 [댓글]을 클릭합니다.

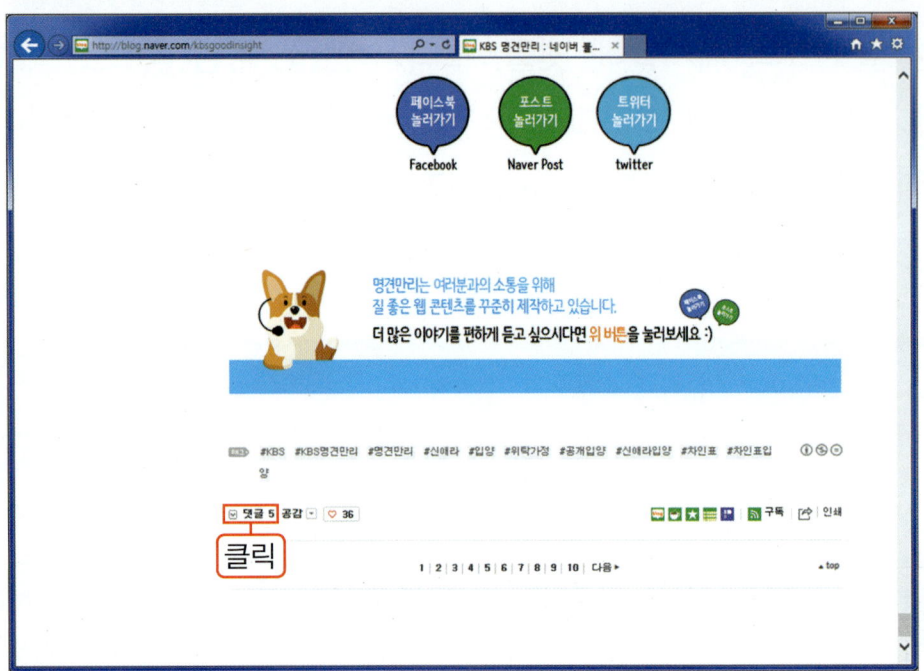

02 다른 사용자의 댓글 내용이 표시되면 아래쪽에서 **자신의 생각을 입력**한 후 **[COMMENT]를 클릭**해 댓글이 등록된 것을 확인합니다.

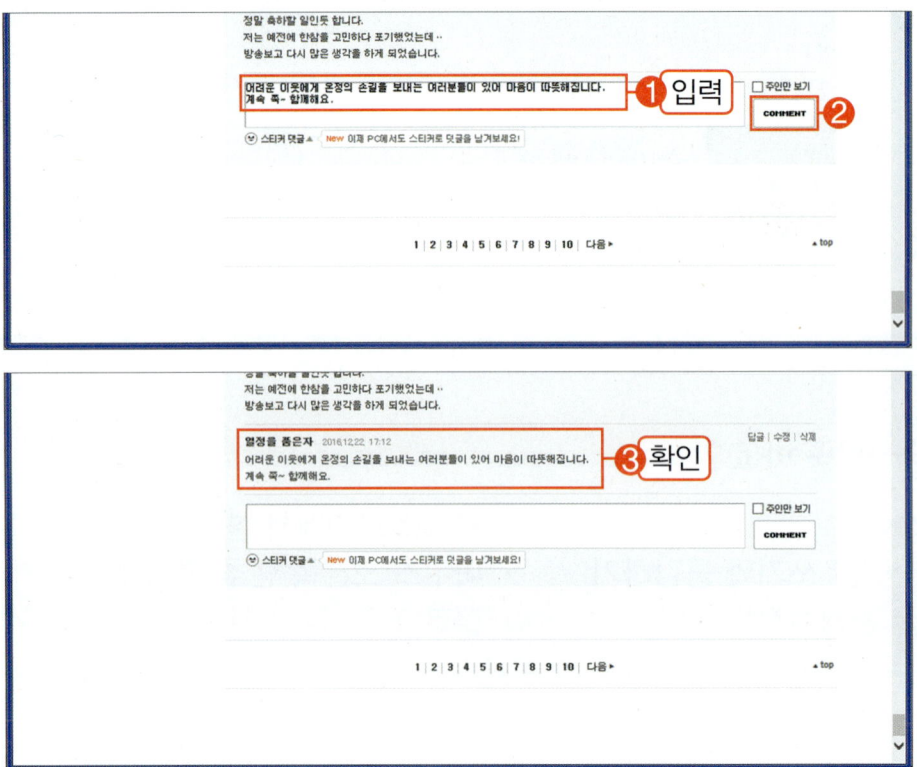

스티커 댓글 쓰기와 공감하기

01 다른 포스트 내용의 아래쪽에서 [댓글]을 클릭합니다. [스티커 댓글]을 클릭하여 **원하는 스티커 모양을 클릭**합니다.

02 선택한 스티커가 삽입되면 [공감] 오른쪽의 **하트(♥ 44)를 클릭**하여 숫자가 하나 증가되는 것을 확인합니다.

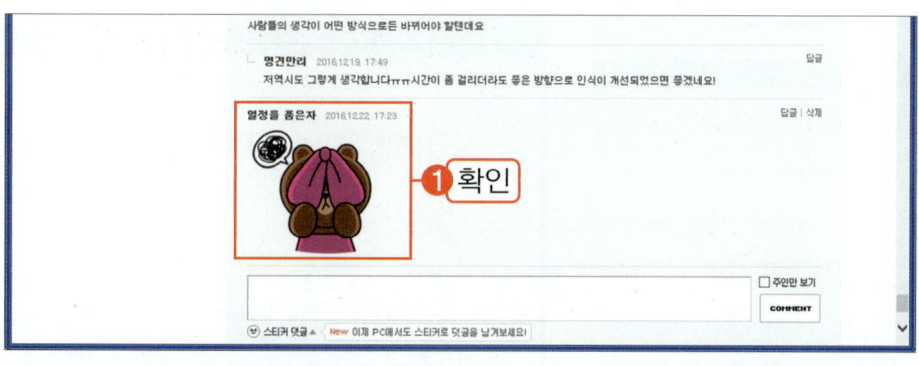

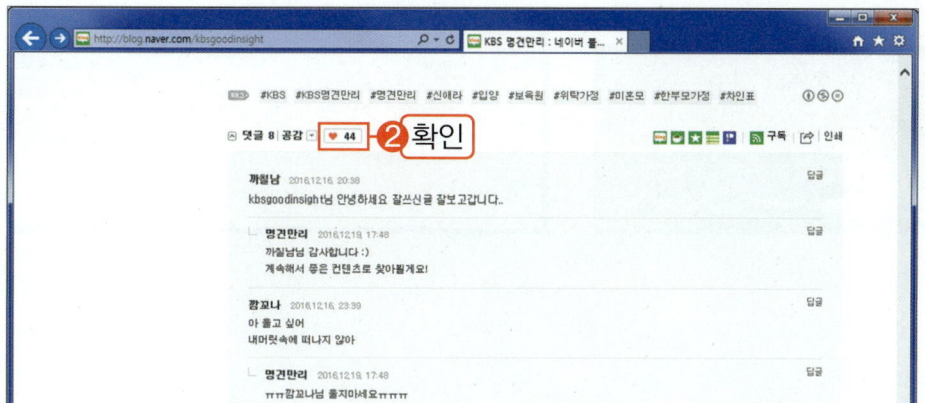

10 블로그에서 소통하기 • **131**

03 [공감]을 클릭하면 해당 글에 대한 공감을 선택한 사용자의 블로그 목록이 표시되는 것을 확인할 수 있습니다.

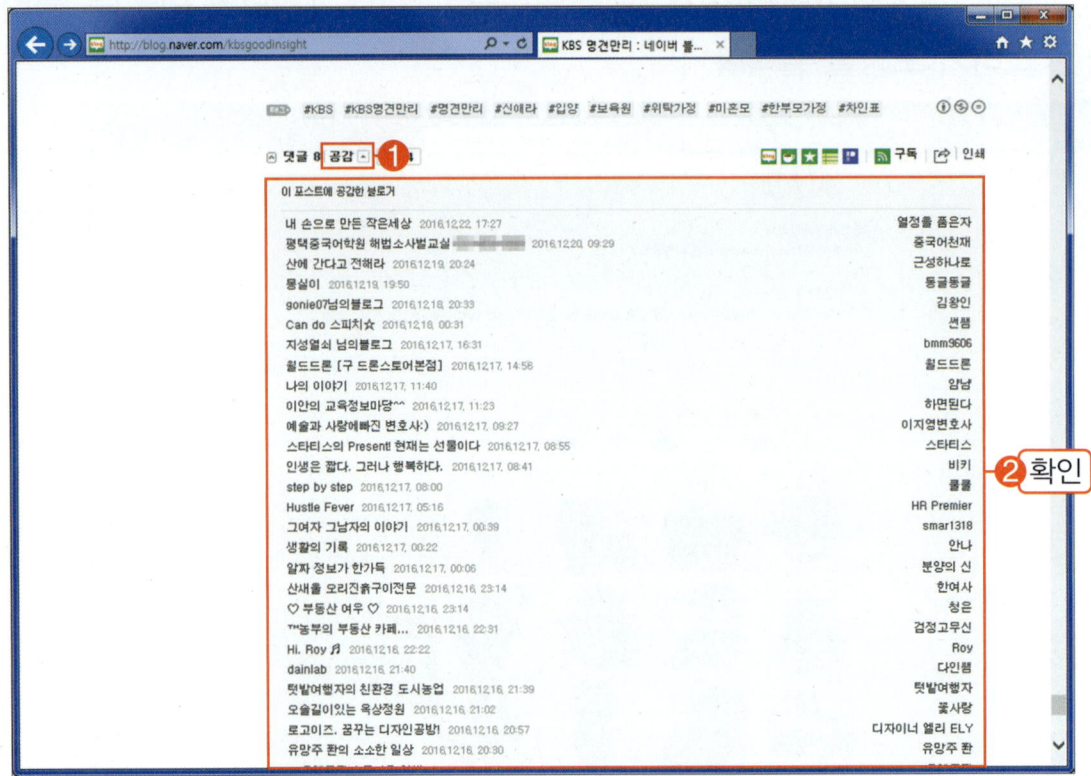

내 댓글 환경설정하기

01 내 블로그에 접속한 후 [관리]를 클릭하여 기본 설정에서 [댓글·안부글 권한]을 클릭합니다.

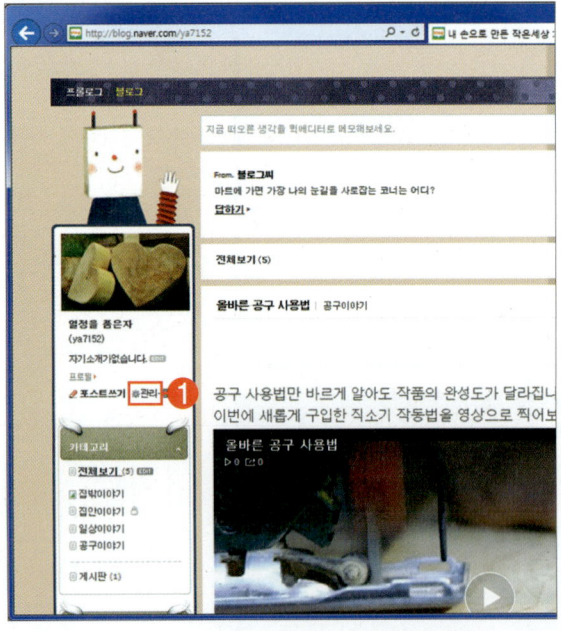 

02 댓글·안부글 권한 페이지에서 **[익명 댓글 차단]**과 **[안부글 쓰기 설정]** 항목을 체크하고 **[확인]을 클릭**합니다. 이어서 '성공적으로 반영되었습니다.'라는 메시지 상자가 나타나면 **[확인]을 클릭**합니다.

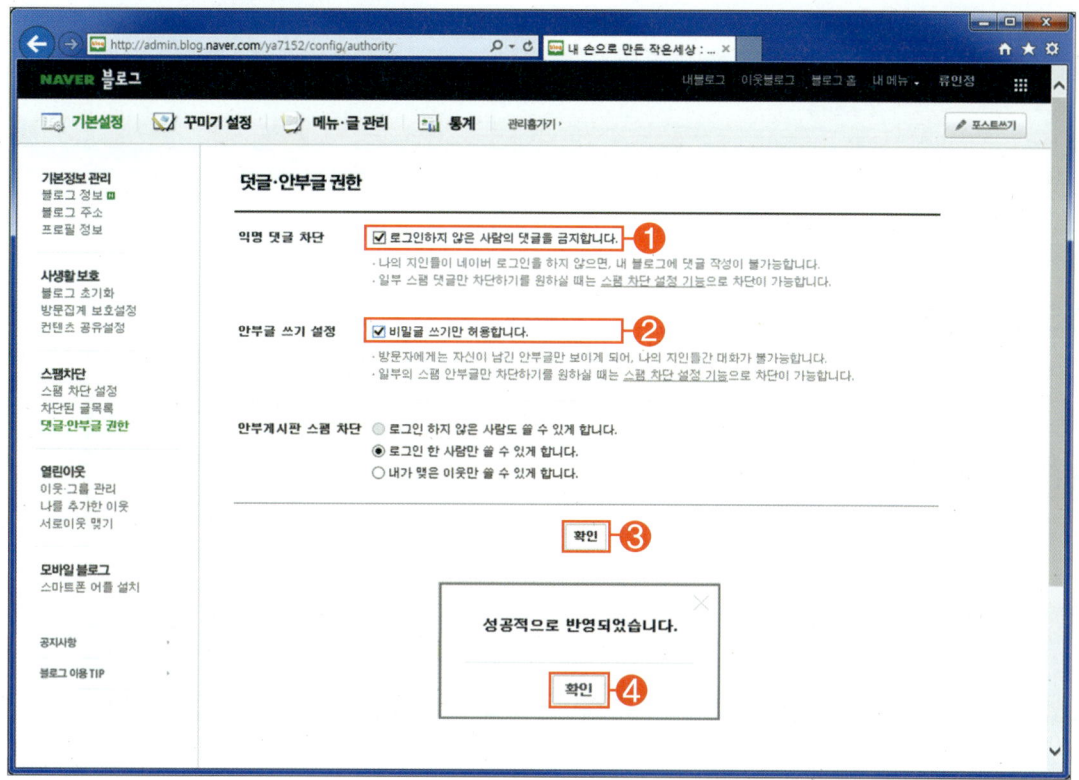

03 로그아웃한 후 내 블로그의 특정 포스트에서 **[댓글 쓰기]를 클릭**합니다. 로그인한 사람만 댓글 쓰기가 허용되었음을 알리는 메시지가 표시되는 것을 확인합니다.

04 내 블로그 위쪽에서 **[안부]를 클릭**하여 로그인한 사람만 글쓰기가 허용되었음을 알리는 메시지가 표시되는 것을 확인합니다.

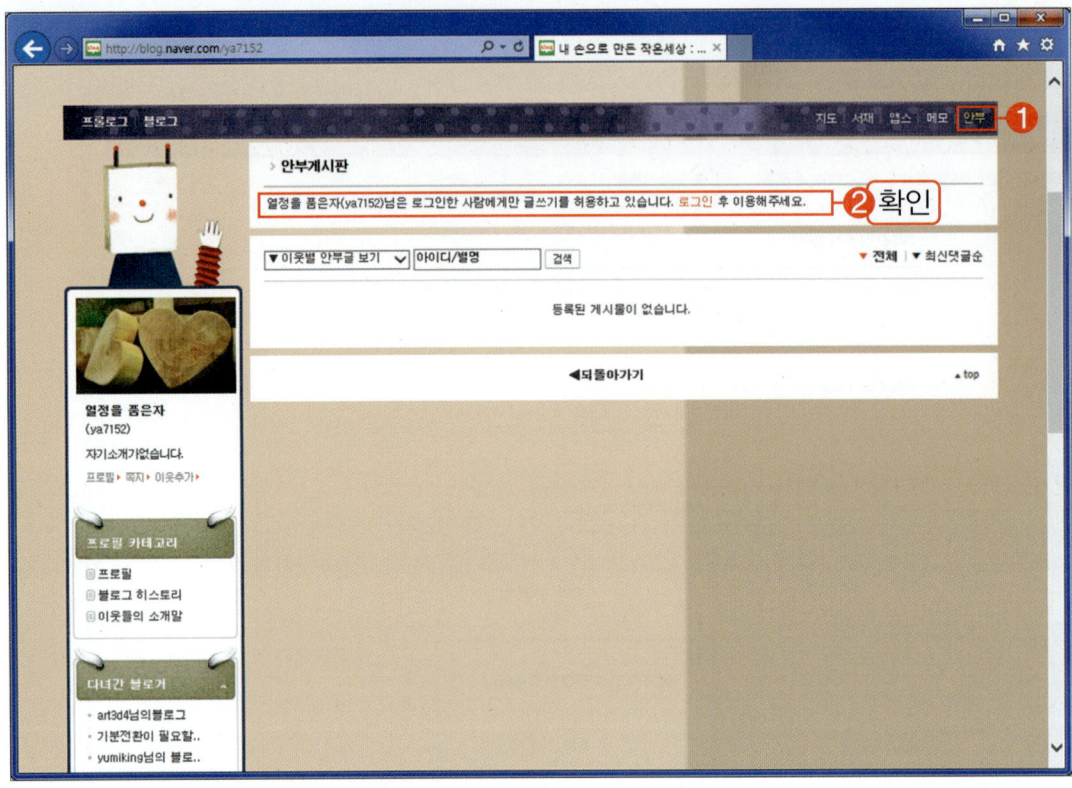

05 다시 로그인한 후 **[안부]를 클릭**하여 안부게시판이 비밀 글쓰기로 적용된 것을 확인합니다.

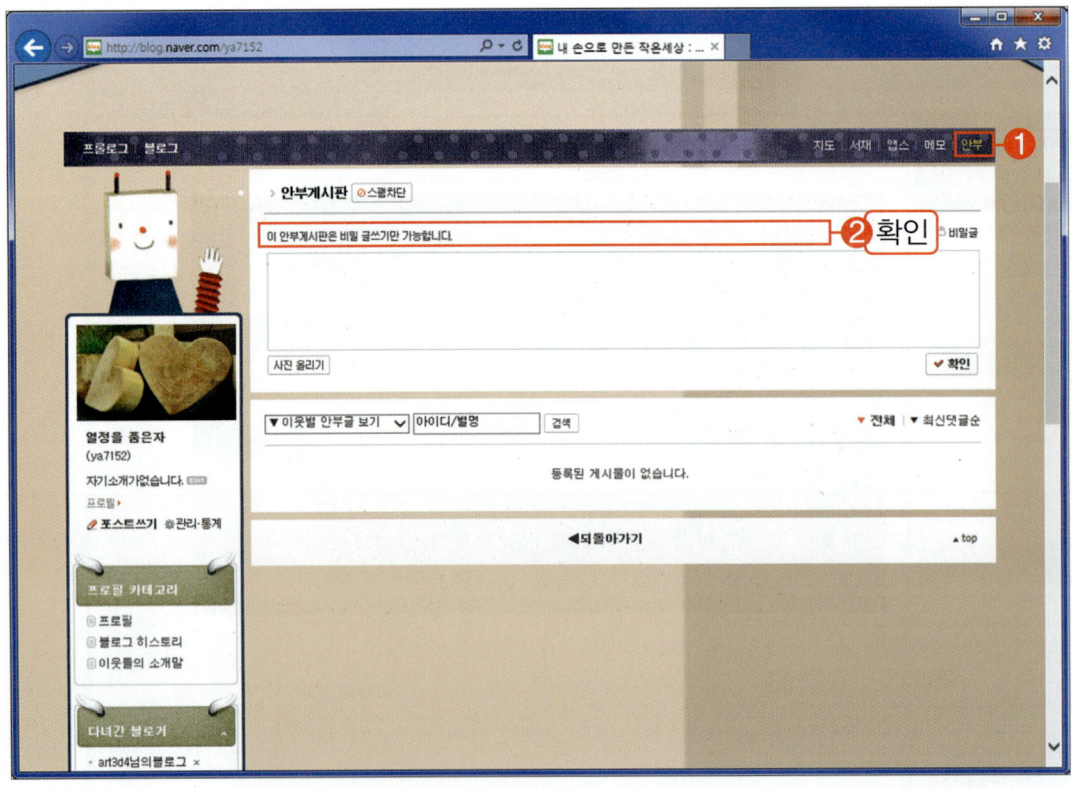

02 여러 가지 방법으로 블로그 공유하기

블로그 글, 내 게시판으로 보내기

01 네이버에 로그인된 상태에서 원하는 블로그의 포스트 내용을 확인하고 아래쪽에서 [블로그 보내기(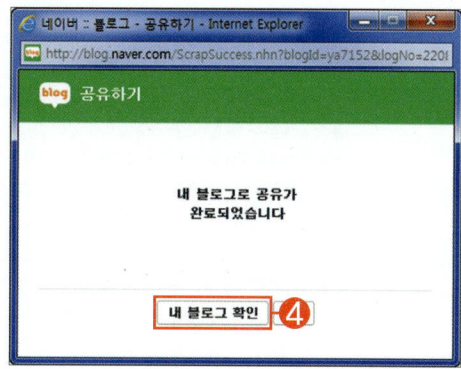)]를 클릭합니다.

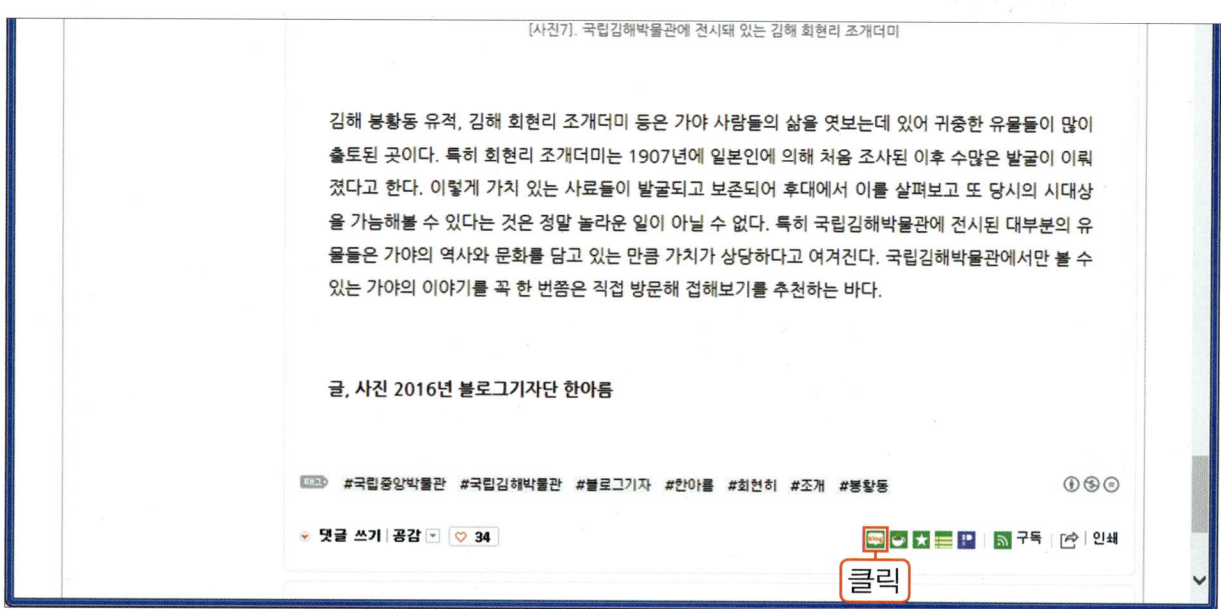

02 [공유하기] 창의 위쪽에서 **덧붙임 글을 간단하게 입력**한 후 **보내기할 게시판 종류를 선택**하고 [확인]을 클릭합니다. 이때 '내 블로그로 공유가 완료되었습니다'라는 메시지가 나타나면 [내 블로그 확인]을 클릭합니다.

03 내 블로그의 게시판에 포스트 내용이 추가된 것을 확인합니다.

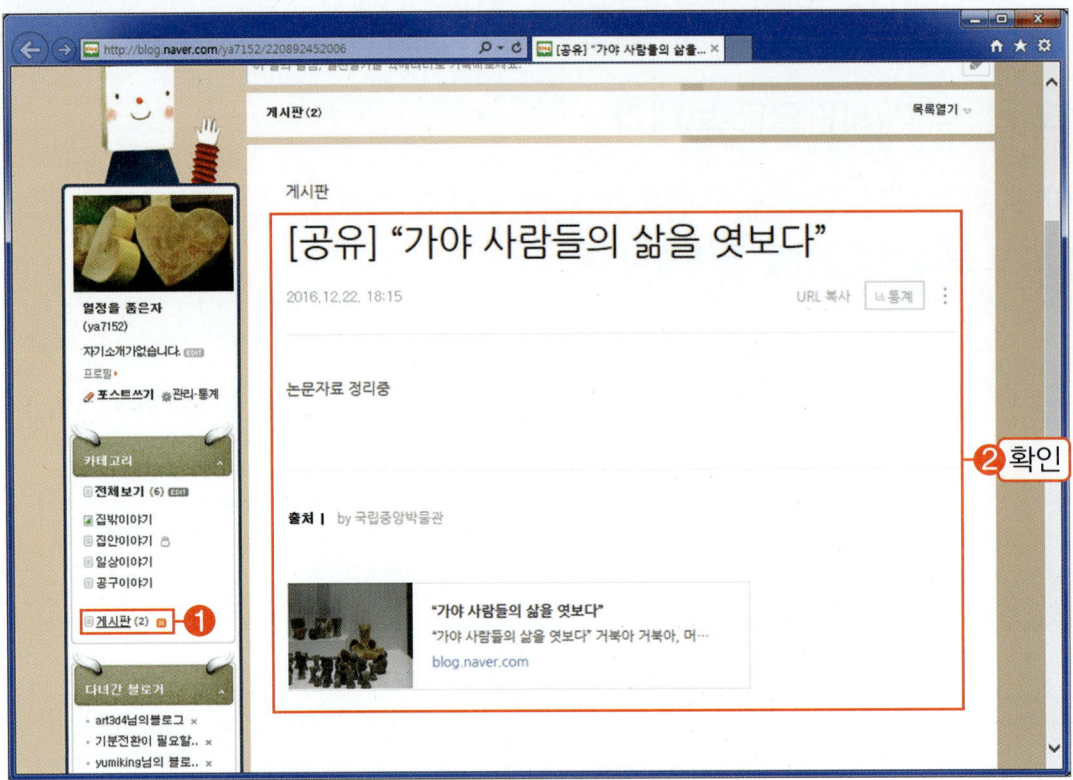

블로그 북마크 지정 및 인쇄하기

01 블로그 포스트 내용 아래쪽에서 [북마크로 보내기(★)]를 클릭합니다. '북마크 되었습니다.'라는 메시지가 나타나면 [네이버me 북마크 가기]를 클릭합니다.

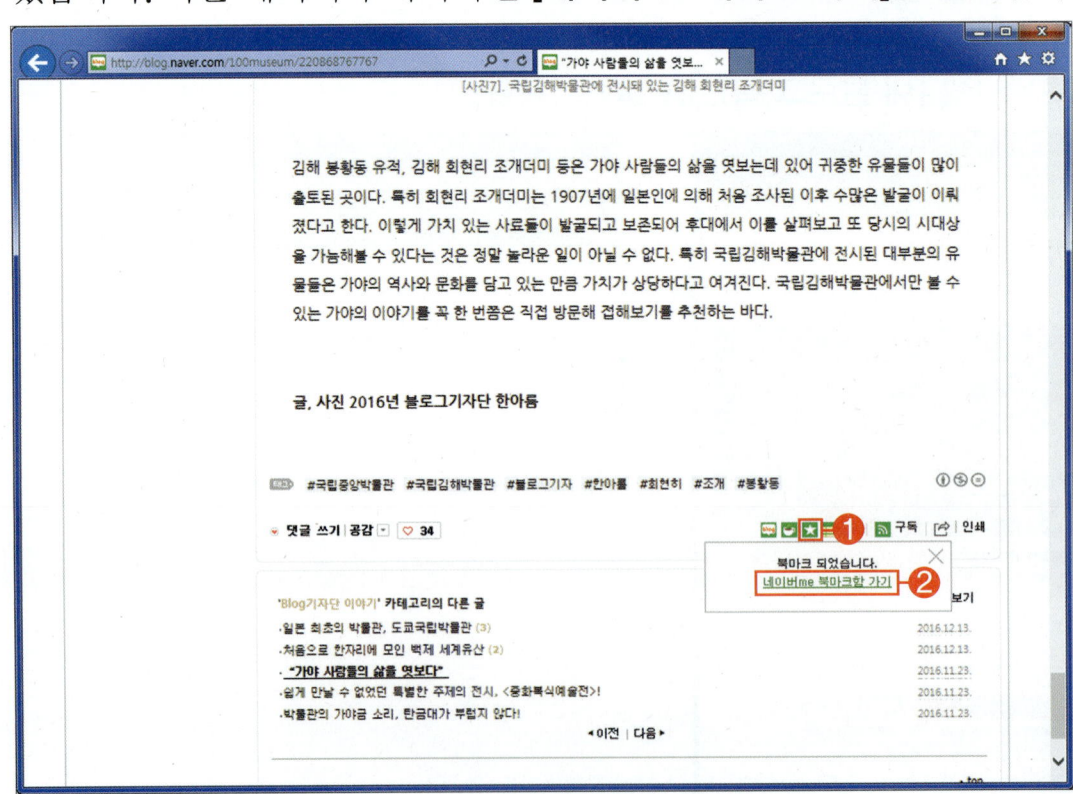

02 네이버 me 페이지가 실행되면서 선택한 블로그의 포스트 내용이 북마크로 추가된 것을 확인한 후 [네이버me] 탭을 닫습니다.

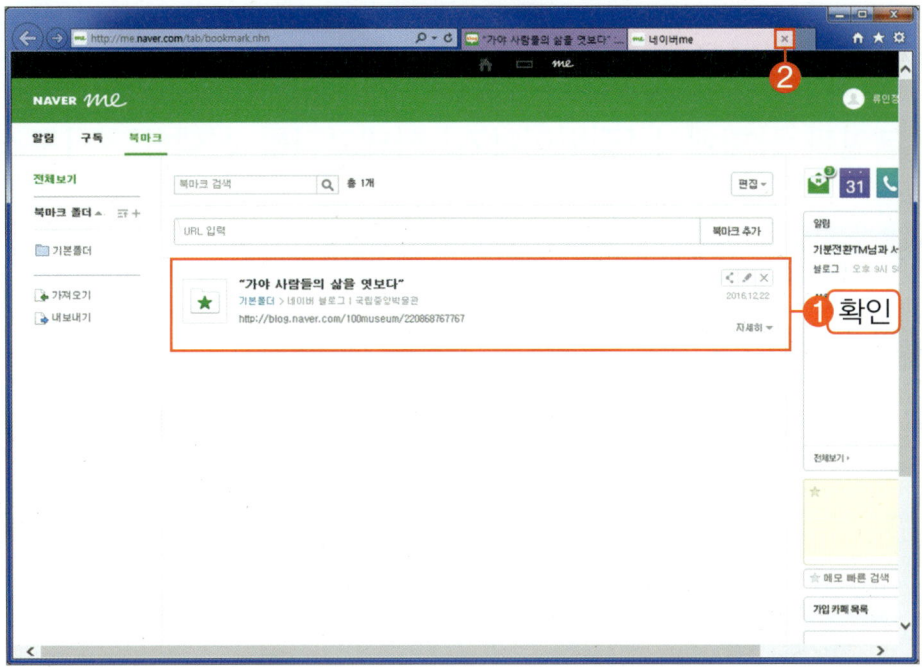

03 블로그 포스트 내용 아래쪽에서 [인쇄]를 클릭합니다. [포스트 내용 Print] 창이 실행되면 아래쪽에서 [출력하기]를 클릭합니다.

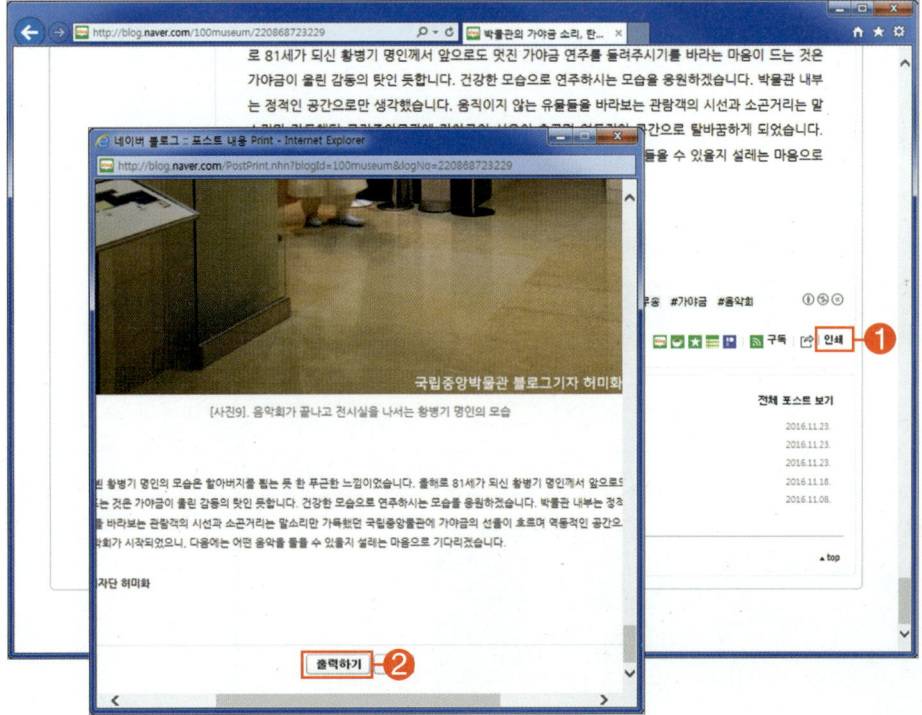

04 [인쇄] 대화상자가 나타나면 인쇄 옵션을 지정한 후 [인쇄]를 클릭하여 인쇄를 실행합니다.

03 블로그 공유를 위한 보호설정하기

포스트 쓰기에서 설정정보 지정하기

01 내 블로그에 로그인된 상태에서 **[집밖이야기] 카테고리를 선택**한 후 **[포스트쓰기]를 클릭**합니다.

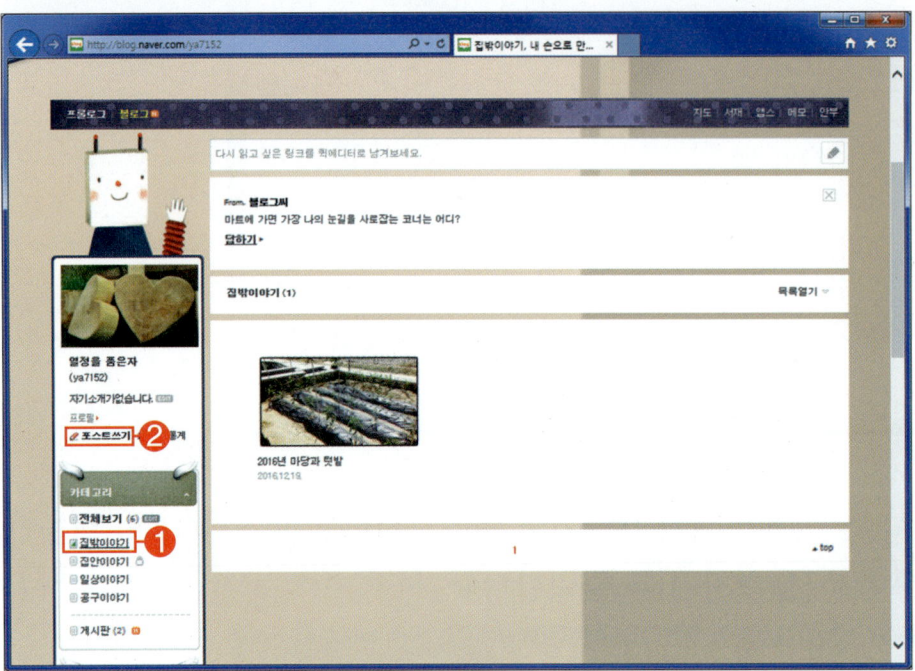

02 글쓰기 페이지가 나타나면 **제목과 내용을 입력**한 후 그림과 같이 **'마당.jpg' 사진을 삽입**합니다.

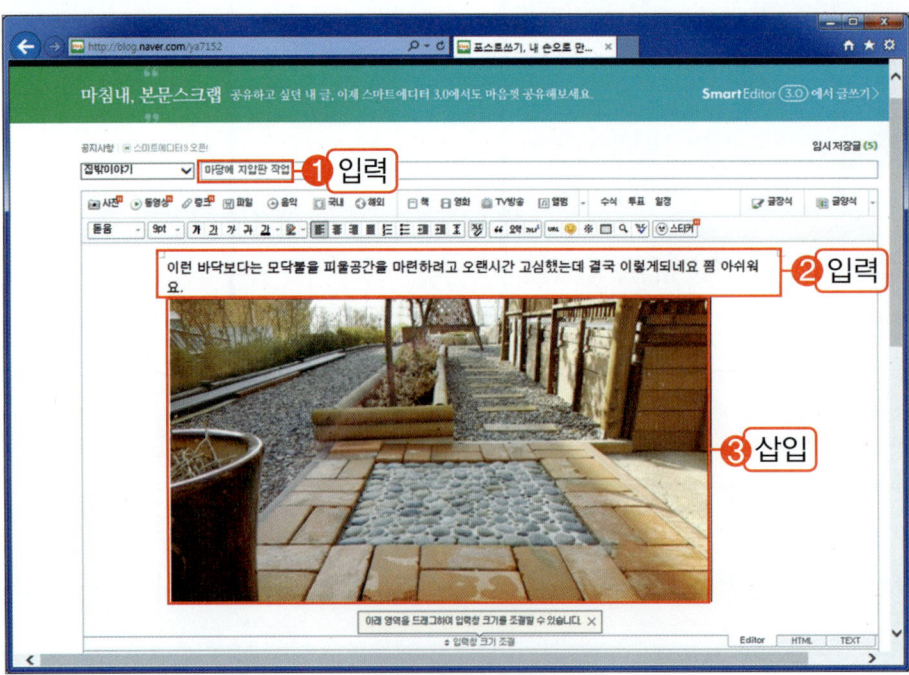

03 아래쪽에서 [댓글허용], [공감허용]과 [블로그/카페 보내기 링크허용] 항목의 체크를 해제한 후 [확인]을 클릭합니다.

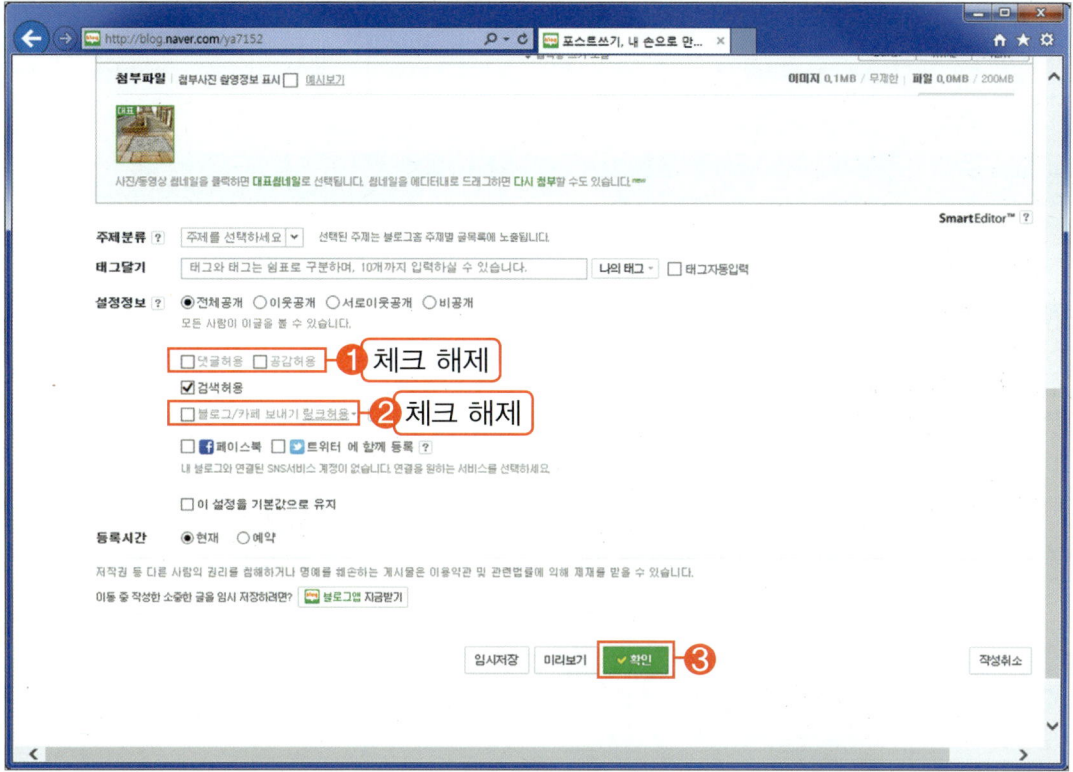

04 [댓글]과 [공감], [블로그 보내기(blog)]가 표시되지 않는 것을 확인합니다.

10 블로그에서 소통하기 • **139**

마우스 오른쪽 단추 금지 설정하기

01 로그아웃된 상태에서 내 블로그의 특정 게시글을 드래그하여 블록 지정되고 그림에서 마우스 오른쪽 단추를 누를 경우 바로 가기 메뉴가 표시되는 것을 확인합니다.

02 마우스 오른쪽 단추 사용을 금지하기 위해 로그인을 한 후 [관리]를 클릭합니다. 기본 설정에서 [컨텐츠 공유설정]을 클릭합니다.

03 컨텐츠 공유설정 페이지가 나타나면 마우스 오른쪽 버튼 금지 설정 항목을 **[사용]으로 선택**한 후 **[확인]을 클릭**합니다. 메시지 상자가 나타나면 다시 **[확인]을 클릭**합니다.

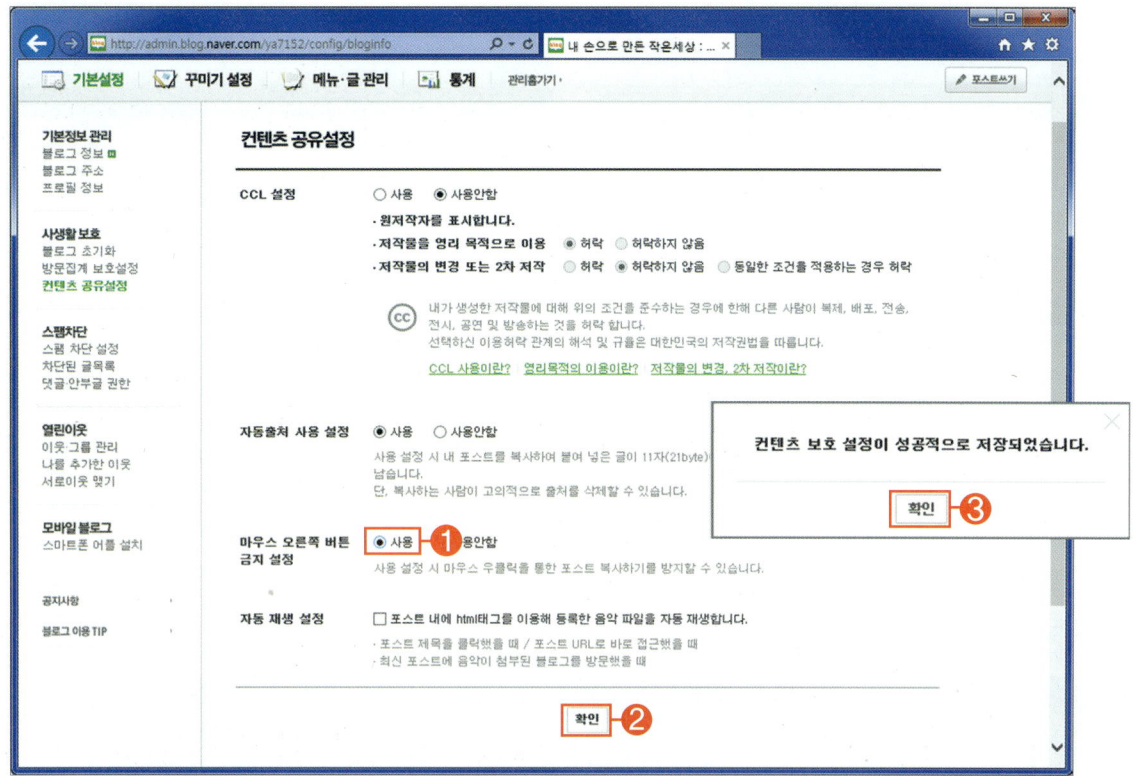

04 로그아웃을 한 후 내 블로그의 특정 게시글을 드래그 할 수 없고 그림에서 마우스 오른쪽 단추를 **클릭**하여 바로 가기 메뉴가 표시되지 않는 것을 확인합니다.

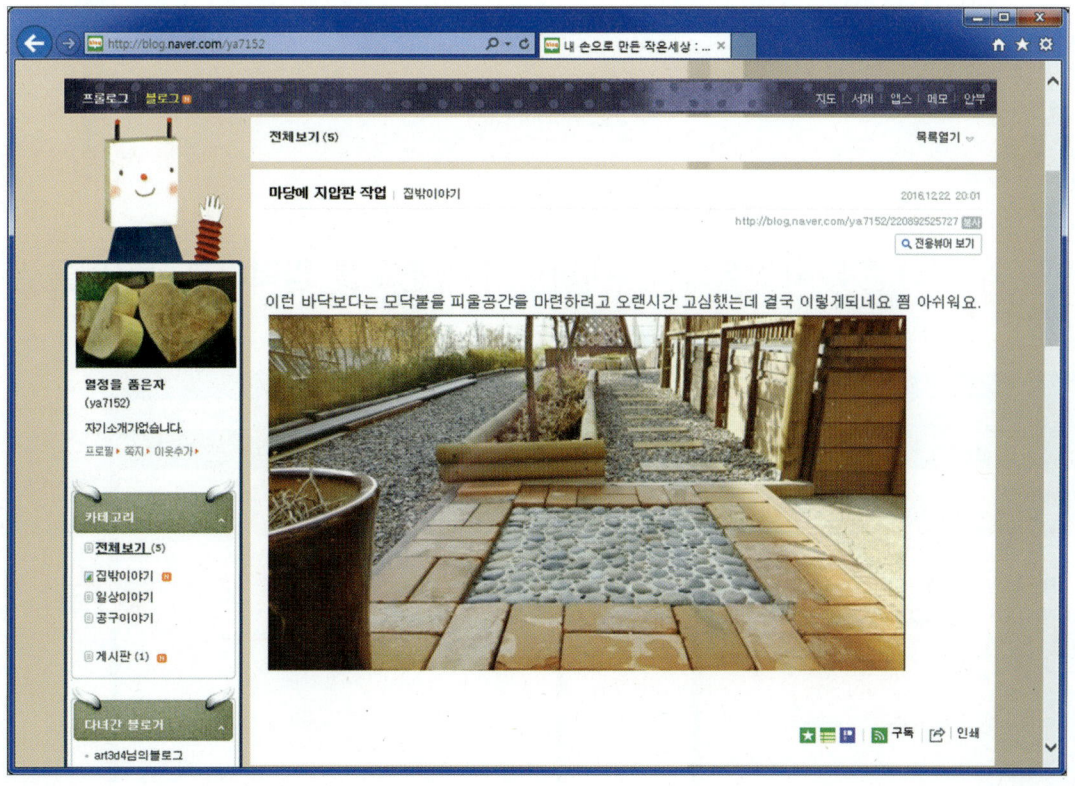

블로그 초기화하기

01 하나의 아이디에 하나의 블로그만 사용할 수 있습니다. 블로그를 처음 상태로 초기화하기 위해 [관리]를 클릭한 후 기본설정에서 [블로그 초기화]를 클릭합니다.

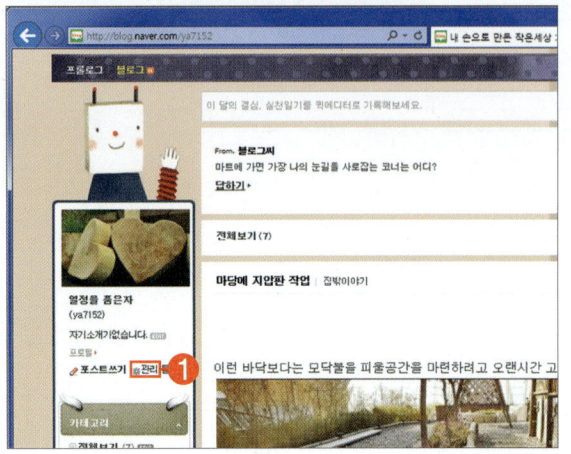 

02 블로그 초기화 페이지에서 원하는 초기화 예정일 종류를 선택한 후 [블로그 초기화 신청]을 클릭합니다.

03 비밀번호와 전화번호 확인을 묻는 대화상자에 정보를 입력하고 [확인]을 누르면 블로그가 초기화됩니다.

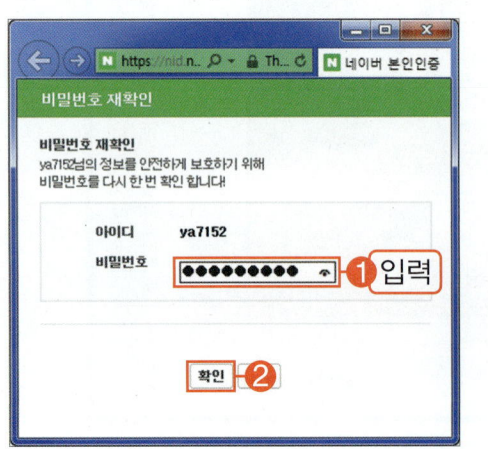 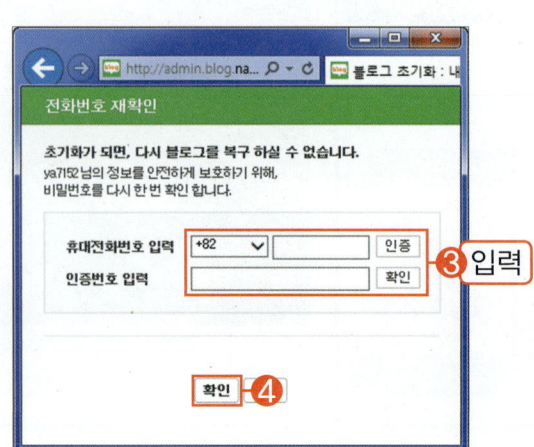

1. 네이버 공식블로그의 '공공기관' 카테고리 목록에서 원하는 블로그의 특정 게시글에 댓글과 스티커 댓글을 달아 봅니다.

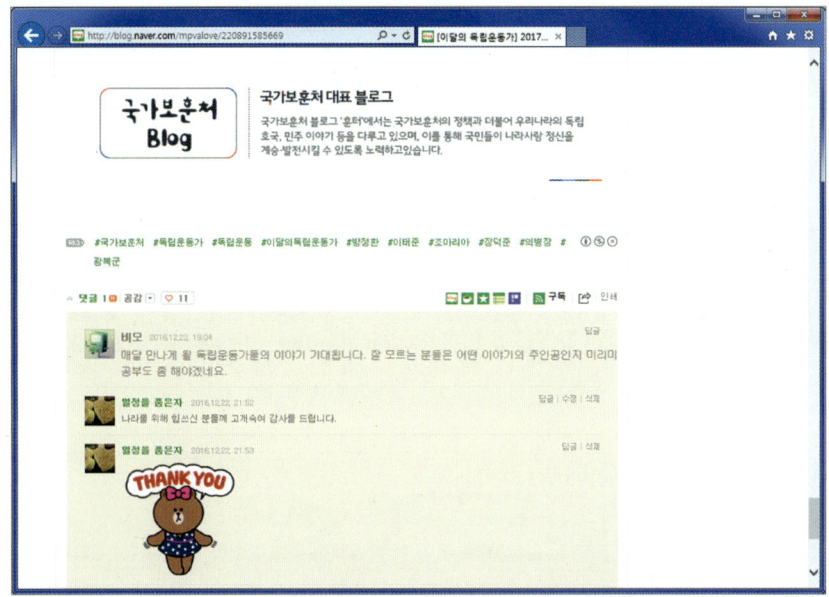

2. 네이버 공식블로그의 '매거진' 카테고리 목록에서 원하는 블로그의 특정 게시글을 내 블로그의 게시판으로 보내기해 봅니다.

소스파일 다운로드 방법

01 인터넷을 실행하여 시대인 홈페이지에 접속합니다.
　＊ www.sdedu.co.kr/book

02 [로그인]을 합니다.
　＊ '시대' 회원이 아닌 경우 [회원가입]을 클릭하여 가입한 후 로그인합니다.

03 화면 아래쪽의 [빠른 서비스]에서 [자료실]을 클릭합니다.

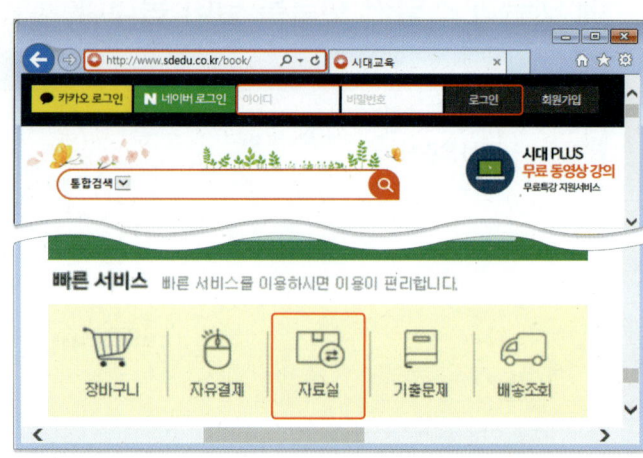

04 [프로그램 자료실]을 클릭합니다.

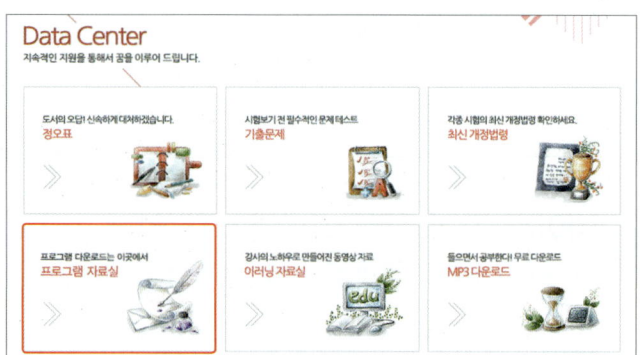

05 목록에서 학습에 필요한 자료 파일을 찾아 선택합니다.
　＊ 검색란을 이용하면 목록을 줄일 수 있습니다.

06 첨부된 zip(압축 파일) 파일을 클릭하여 사용자 컴퓨터에 저장합니다.

07 압축을 해제한 후, 연습을 시작합니다.

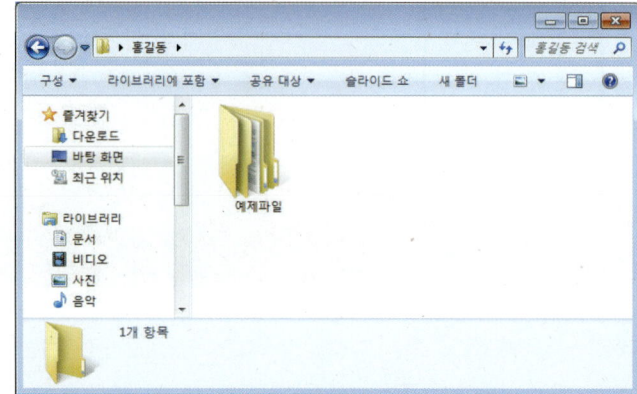

듬꾹이, 담꾹이, 꾹꾹이는 독자를 생각하는 마음으로 더 알찬 정보와 지식들을 듬뿍 도서에 담았다는 의미로 탄생하게 된 '시대인'의 브랜드 캐릭터입니다.